Adje van de Sande
Michel-André Beauvolsk
Gilles Renault

Consultation
Yves Couturier, Université de Sherbrooke
Martin Truchon, Université de Montréal

Le travail social

Théories et pratiques

2ᵉ édition

gaëtan morin
éditeur

CHENELIÈRE ÉDUCATION

Le travail social
Théories et pratiques, 2ᵉ édition

Adje van de Sande, Michel-André Beauvolsk et Gilles Renault

© 2011 Chenelière Éducation inc.
© 2002 gaëtan morin éditeur ltée

Conception éditoriale : Luc Tousignant
Édition : Frédéric Raguenez
Coordination : Catherine Nicole
Révision linguistique : Manon Leroux
Correction d'épreuves : Catherine Baron et Yvan Dupuis
Conception graphique : Christine Larose et Nicolas Leclair
  (Protocole communications d'affaires)

Catalogage avant publication
de Bibliothèque et Archives nationales du Québec
et Bibliothèque et Archives Canada

Van de Sande, Adje, 1949-

  Le travail social : théories et pratiques
  2ᵉ éd.

  Comprend des réf. bibliogr. et un index.
  Pour les étudiants du niveau collégial.
  ISBN 978-2-89632-057-8

  1. Service social. 2. Service social – Méthodologie. 3. Service social – Pratique. 4. Service social – Problèmes et exercices. I. Beauvolsk, Michel-André, 1944-   . II. Renault, Gilles, 1955-   . III. Titre.

HV40.V36 2011   361.3   C2011-940489-3

gaëtan morin éditeur

CHENELIÈRE ÉDUCATION

5800, rue Saint-Denis, bureau 900
Montréal (Québec) H2S 3L5 Canada
Téléphone : 514 273-1066
Télécopieur : 514 276-0324 ou 1 800 814-0324
info@cheneliere.ca

TOUS DROITS RÉSERVÉS.
Toute reproduction, en tout ou en partie, sous toute forme ou média et par quelque procédé que ce soit, est interdite sans l'autorisation écrite préalable de Chenelière Éducation inc.

ISBN 978-2-89632-057-8

Dépôt légal : 2ᵉ trimestre 2011
Bibliothèque et Archives nationales du Québec
Bibliothèque et Archives Canada

Imprimé au Canada

4 5 6 7 8 M 20 19 18 17 16

Gouvernement du Québec – Programme de crédit d'impôt pour l'édition de livres – Gestion SODEC.

Ce projet est financé en partie par le gouvernement du Canada | **Canadä**

Œuvre de la couverture

Artiste : Fritz Brandtner
Titre : *Construction*
Date : vers 1938
Médium : huile sur panneau de fibres dur
Mention : © Paul Kastel, Collection du Musée des beaux-arts de Montréal
Crédit photographique : MBAM, Christine Guest

Né à Danzig en 1896, Fritz Brandtner apprend à peindre en Allemagne. Il immigre au Canada en 1928 et poursuit son art à Winnipeg, puis à Montréal. Ces œuvres, créées notamment avec l'huile et le linoléum, se distinguent par un sens aigu de la conception et par l'exubérance de leurs couleurs.

Fritz Brandtner est l'un des peintres importants associés à l'art moderne au Canada. Ses œuvres sont exposées dans plusieurs musées partout au pays.

Remerciements

Nous tenons à remercier, pour leur excellent travail à titre de consultants, Yves Couturier, professeur au Département de service social de l'Université de Sherbrooke, et Martin Truchon, chargé de cours à l'École de travail social de l'Université de Montréal et au Département des sciences humaines de l'Université du Québec à Chicoutimi. Leur contribution transparaît, tout au long des chapitres de cette deuxième édition, dans le choix des exemples issus de la pratique québécoise.

Nous exprimons également notre reconnaissance à Halimatou Ba, chargé de cours à l'Université du Québec à Chicoutimi (UQAC), à Ginette D'Auray, chargée de cours à l'Université du Québec en Outaouais, à Sylvain Montmarquette, enseignant au Cégep Marie-Victorin, et à Lyliane Rachédi, professeure à l'Université du Québec à Montréal. Ces personnes, par la qualité et la pertinence de leurs commentaires et suggestions, nous ont orientés dans la préparation de cette deuxième édition.

Enfin, nous souhaitons remercier tout le personnel de Chenelière Éducation, en particulier Luc Tousignant, Frédéric Raguenez, Daphné Marion-Vinet et Catherine Nicole pour leur excellent travail d'édition.

Sources iconographiques

p. 2 : © weareadventurers/iStockphoto ; **p. 58 :** Jošt Gantar/iStockphoto ; **p. 154 :** © Kevin Russ/iStockphoto ; **p. 180 :** © Tyler Olson/iStockphoto.

Dans cet ouvrage, le masculin est utilisé comme représentant des deux sexes, sans discrimination à l'égard des hommes et des femmes, et dans le seul but d'alléger le texte.

Le matériel complémentaire mis en ligne dans notre site Web est réservé aux résidants du Canada, et ce, à des fins d'enseignement uniquement.

Table des matières

Introduction 1

Partie I
Les fondements du travail social

Chapitres

1 Quelques concepts et notions de base en travail social 3
  Le concept de besoin 3
  Le bien-être social 4
  Le bien-être social et le travail social 5
  Le travail social et ses valeurs 8
  Le travail social, une réponse aux besoins des personnes 9
    L'interdépendance entre la personne et son environnement 10
    Le rôle de médiateur 10
  Le changement planifié 11
  Les connaissances nécessaires à la pratique du travail social 12
  Le travail social, une profession ? 13
  • Étude de cas 14
  • Questions 14
  • Lectures suggérées 15

2 L'histoire du travail social 17
  L'époque caritative 17
  Les événements qui ont favorisé le développement du travail social 18
    Les années 1930 19
    Les années 1940 et 1950 20
    Les années 1960 et 1970 21
    Les années 1980 et 1990 22
    Les années 2000 23
  Les pionniers de la profession 24
  Les écoles de service social au Canada 26
  • Questions 27
  • Lectures suggérées 28

3 Les fondements théoriques 30
  L'apport des sciences humaines 31
  Les théories psychanalytiques 31
    La conception freudienne du fonctionnement psychique et du développement 32
    Les psychologues du moi et les phases du développement 34
  Les théories de l'apprentissage 34
    Le conditionnement classique 35
    Le conditionnement opérant 35
  La théorie marxiste 36
    La méthode dialectique et le matérialisme 36
    Les principes clés 37
    L'importance de la théorie marxiste pour le travail social 38
  La théorie des systèmes 38
    Les concepts de la théorie des systèmes ... 38
    L'influence de la théorie des systèmes sur le travail social 39
  Les théories féministes 40
    Les origines du modèle théorique 40
    Les fondements des théories féministes 42
  La roue médicinale 42
  • Questions 45
  • Lectures suggérées 45

4 La déontologie en travail social 47
  Les concepts clés 47
  Les codes de déontologie des travailleurs sociaux .. 48
    Le *Code de déontologie* de l'Association canadienne des travailleuses et travailleurs sociaux 49
    Le *Code de déontologie des travailleurs sociaux* du Québec 51
    Le code de déontologie de Fraser et Briskman pour les travailleurs sociaux progressistes 54
  • Questions 56
  • Lectures suggérées 57

Partie II
Les approches en travail social

Chapitres

5 L'approche psychosociale 59
  L'historique 59
  Les fondements théoriques 60
  Les concepts clés 61
    L'évaluation psychosociale et le diagnostic 61

Les techniques d'intervention................... 61
    Le soutien 62
    L'influence directe 62
    L'exploration descriptive et l'expression
    des émotions 63
    La discussion réflexive sur l'ensemble
    personne-situation 63
● Étude de cas............................... 64
● Critique 65
● Questions................................. 65
● Lectures suggérées 66

6 L'approche fonctionnelle..................... 67
L'historique.................................. 67
Les fondements théoriques 70
Les concepts clés............................. 71
    Le temps 71
    L'organisme 71
    La liberté de choisir 72
Les techniques d'intervention................... 72
● Étude de cas............................... 73
● Critique 74
● Questions................................. 74
● Lectures suggérées 75

7 L'approche centrée sur la modification
du comportement 76
L'historique.................................. 76
Les fondements théoriques 76
Les concepts clés............................. 77
Les techniques d'intervention................... 78
    La méthode ABC....................... 78
    Le renforcement (*token economy*) 79
    La démarche proposée par Herbert 79
● Étude de cas............................... 82
● Critique 83
● Questions................................. 84
● Lectures suggérées 84

8 L'approche familiale structurale 85
L'historique.................................. 85
Les fondements théoriques 88
Les concepts clés 88
    La structure 88
    La frontière 89
    Les sous-systèmes 89
    Les principes......................... 90
    L'adaptation au stress 91

Les techniques d'intervention 91
● Étude de cas............................... 92
● Critique 93
● Questions................................. 93
● Lectures suggérées 94

9 L'approche structurelle 95
L'historique.................................. 95
Les fondements théoriques 96
Les concepts clés............................. 97
    L'*empowerment*....................... 97
    L'évaluation 97
Les techniques d'intervention................... 98
    La matérialisation et la collectivisation
    des problèmes 98
    La défense du client 99
    La remise en question de l'idéologie
    dominante 99
    L'augmentation du pouvoir du client....... 99
● Étude de cas............................... 99
● Critique 100
● Questions.................................102
● Lectures suggérées 103

10 L'approche féministe........................104
L'historique..................................104
Les fondements théoriques 106
Les concepts clés et les objectifs................107
Les techniques d'intervention 108
● Étude de cas............................... 110
● Critique 110
● Questions................................. 111
● Lectures suggérées 112

11 L'approche interculturelle en contexte
multiculturel................................ 113
Quelques statistiques 113
L'historique.................................. 114
Les fondements théoriques 116
    L'ontosystème......................... 117
    Le microsystème...................... 118
    Le mésosystème...................... 118
    L'exosystème......................... 118
    Le macrosystème 119
Les concepts clés.............................120
    La centration culturelle 120
    La décentration culturelle 121
    Le sociocentrisme identitaire............. 121

Les techniques d'intervention 122
- Étude de cas 124
- Critique 125
- Questions 125
- Lectures suggérées 125

12 L'approche amérindienne, la roue médicinale : l'intervention en contexte autochtone 128
L'historique 128
La situation des nations autochtones du Québec ... 129
Les fondements théoriques 131
    L'exemple de la roue médicinale 131
Les concepts clés 133
Les techniques d'intervention 134
- Étude de cas 136
- Critique 137
- Questions 138
- Lectures suggérées 138

13 Les approches contemporaines 140
L'approche généraliste du travail social 140
L'approche à court terme centrée sur la tâche ... 141
L'approche centrée sur la résolution de problèmes 142
L'approche centrée sur les solutions 143
L'approche écologique 144
L'approche du milieu ou proactive 145
L'intervention de crise 146
    La reconnaissance de la crise 147
    La gestion de la crise 147
Les autres approches 149
    L'intervention en réseau et la prise en charge par le milieu 149
    Les pratiques alternatives 149
    La pratique réflexive 151
    L'intervention de milieu 151
- Questions 152
- Lectures suggérées 152

Partie III
Le processus d'intervention en quatre étapes

Chapitres

14 L'évaluation 155
L'analyse du contexte 155
Les objectifs de l'évaluation 156

Les caractéristiques de l'évaluation 157
    La continuité 157
    La réciprocité 157
    Les perspectives horizontale et verticale ... 158
    L'individualité 158
Les phases de l'évaluation 158
    La prise de contact 158
    La formulation préliminaire du problème 159
    Les hypothèses préliminaires 159
    La collecte des données 159
    L'analyse des renseignements recueillis 159
    Le contrat préliminaire 160
Les méthodes d'évaluation 160
    La perspective culturelle 161
    La cartographie des relations interpersonnelles 161
    L'évaluation de l'influence sociale et des besoins 162
- Étude de cas 162
- Questions 163

15 La planification 164
Les composantes du plan d'intervention 164
    Les buts et les objectifs de l'intervention ... 164
    Les cibles de l'intervention 165
    Les stratégies 165
Les facteurs influant sur la planification de l'action 166
    Le client 166
    Le problème 166
    L'approche privilégiée par l'intervenant 166
    L'organisme 166
    La communauté 166
Le contrat 167
- Étude de cas 168
- Questions 169

16 L'action ou l'intervention 170
Les interventions directes 170
    Les principes qui président au choix des interventions 171
    Les rôles possibles de l'intervenant ... 172
Les interventions indirectes 173
    L'action auprès des personnes influentes ... 173
    L'action concernant l'élaboration et la planification de programmes et de services 173

L'action touchant la coordination
de tâches ou de services 173
L'action sur l'environnement 174
L'action visant à changer une
organisation 174
La défense d'une cause 174
- Étude de cas 174
- Questions 176

17 La fin du processus 177
Les types de fin du processus 177
L'évaluation des résultats 178
- Étude de cas 179
- Questions 179
- Lectures suggérées 179

Partie IV
Les cibles de l'intervention

Chapitres

18 L'intervention individuelle 181
Les étapes du processus d'intervention 181
L'évaluation 181
La planification 185
L'action 185
La fin du processus d'intervention 186
- Étude de cas 186
- Questions 187
- Lectures suggérées 187

19 L'intervention familiale 188
Les étapes du processus d'intervention 188
L'évaluation 189
La planification 193
L'action 193
La fin du processus d'intervention 193
- Étude de cas 193
- Questions 194
- Lectures suggérées 194

20 L'intervention de groupe 195
Le groupe, système d'entraide 195
Les étapes du processus d'intervention 196
L'évaluation 196
La planification 197
L'action 197
La fin du processus d'intervention 199

Les étapes de l'évolution d'un groupe 200
La préaffiliation 200
La prise de pouvoir et de contrôle 202
L'intimité 202
La différenciation 203
La dissolution du groupe 204
Quatre approches pertinentes pour
l'intervention de groupe 205
L'approche centrée sur la personne 205
L'approche centrée sur la modification
du comportement 205
L'approche basée sur les groupes
d'entraide 206
- Étude de cas 206
- Questions 207
- Lectures suggérées 207

21 L'intervention communautaire 208
La finalité de l'intervention
communautaire 208
L'évolution de l'intervention
communautaire au Québec 208
Avant les années 1960 209
Les années 1960 209
Les années 1970 210
Les années 1980 210
Les années 1990 et 2000 211
Les trois modèles d'intervention
communautaire 212
Le développement local 212
La planification sociale 213
L'action sociale 213
Les étapes de l'intervention
communautaire 214
L'évaluation de la situation et la
préparation de l'intervention 215
La planification et le choix d'un projet
d'action 216
L'action ou la réalisation de
l'intervention 219
La fin du processus 220
- Étude de cas 220
- Questions 222
- Lectures suggérées 222

Conclusion 223
Glossaire 226
Bibliographie 229
Index 233

Introduction

Il est en règle générale assez facile de définir une profession, de déterminer son champ d'action. Dans le cas du travail social[1], toutefois, la chose n'est pas si simple. C'est vraisemblablement cette difficulté à circonscrire cette profession qui explique que, en Amérique du Nord, plusieurs États ou provinces ont tardé à adopter des lois relatives au travail social. L'Ontario, par exemple, ne s'est doté d'une loi sur le travail social qu'en 2000, après quelque 20 ans de débat entre le législateur et les membres de la profession au sujet de la portée de cette dernière.

Qu'est-ce que le travail social? Sur quels fondements sa pratique repose-t-elle? Quelles sont les activités liées à cette profession? Quelles sont les cibles de l'intervention? Voilà des questions qui ont constitué le fil conducteur de la préparation de cet ouvrage.

L'ouvrage se divise en quatre parties. La partie I aborde des aspects généraux du travail social. Dans le premier chapitre, nous présentons des concepts et notions de base en travail social, puis montrons en quoi ce dernier constitue une profession. Les chapitres suivants traitent de l'évolution de la profession, de ses fondements théoriques et des règles déontologiques qui encadrent sa pratique.

La partie II est consacrée à l'aspect théorique du travail social et aux grandes orientations de la profession. Diverses approches sont décrites, illustrées et critiquées, de l'approche psychosociale à l'approche amérindienne. Tous les chapitres présentent l'histoire de l'approche en question, puis ses fondements théoriques et les techniques d'intervention qui y sont associées.

La partie III explore le processus d'intervention. Quatre étapes sont étudiées, qui font chacune l'objet d'un chapitre: l'évaluation, la planification, l'action ou l'intervention proprement dite et la fin du processus. Dans l'intention de donner une vision globale du travail social, nous avons choisi de présenter ce processus dans la perspective de l'approche généraliste, qui ne fait toutefois pas l'unanimité parmi les travailleurs sociaux.

Enfin, la partie IV traite du travail social auprès de quatre types de clientèle: l'individu, la famille, le petit groupe et la communauté. Chacun des chapitres qui composent cette partie donne une brève description de l'intervention et permet aux étudiants de prendre connaissance de techniques utiles pour faire face à une variété de situations.

Nous concluons en revenant sur le travail social comme profession et en abordant les enjeux pertinents pour les années 2010 ainsi que l'orientation que devra prendre le travail social pour assurer son maintien et sa reconnaissance par la société.

---

1. Dans cet ouvrage, nous employons l'expression «travail social» pour désigner la profession.

Partie 1 : Les fondements du travail social

Chapitres

1. Quelques concepts et notions de base en travail social
2. L'histoire du travail social
3. Les fondements théoriques
4. La déontologie en travail social

Cette première partie, consacrée aux fondements de la pratique du travail social, s'intéresse aux concepts de base, à l'histoire, aux principales théories et aux valeurs propres à la profession. Le chapitre 1 donne une définition du travail social et le situe dans l'ensemble du système du bien-être social. On y verra pourquoi une société moderne a besoin du travail social et comment cette discipline peut influer sur les structures de la société. Le chapitre 2 fait un survol de l'histoire du travail social et présente quelques-uns de ses pionniers. Le chapitre 3 aborde ensuite les grandes théories qui servent à ancrer la profession dans le monde scientifique. Les théories sont exposées de façon à montrer l'évolution de la pensée au sein de la profession. Finalement, le chapitre 4 traite des règles déontologiques de la profession.

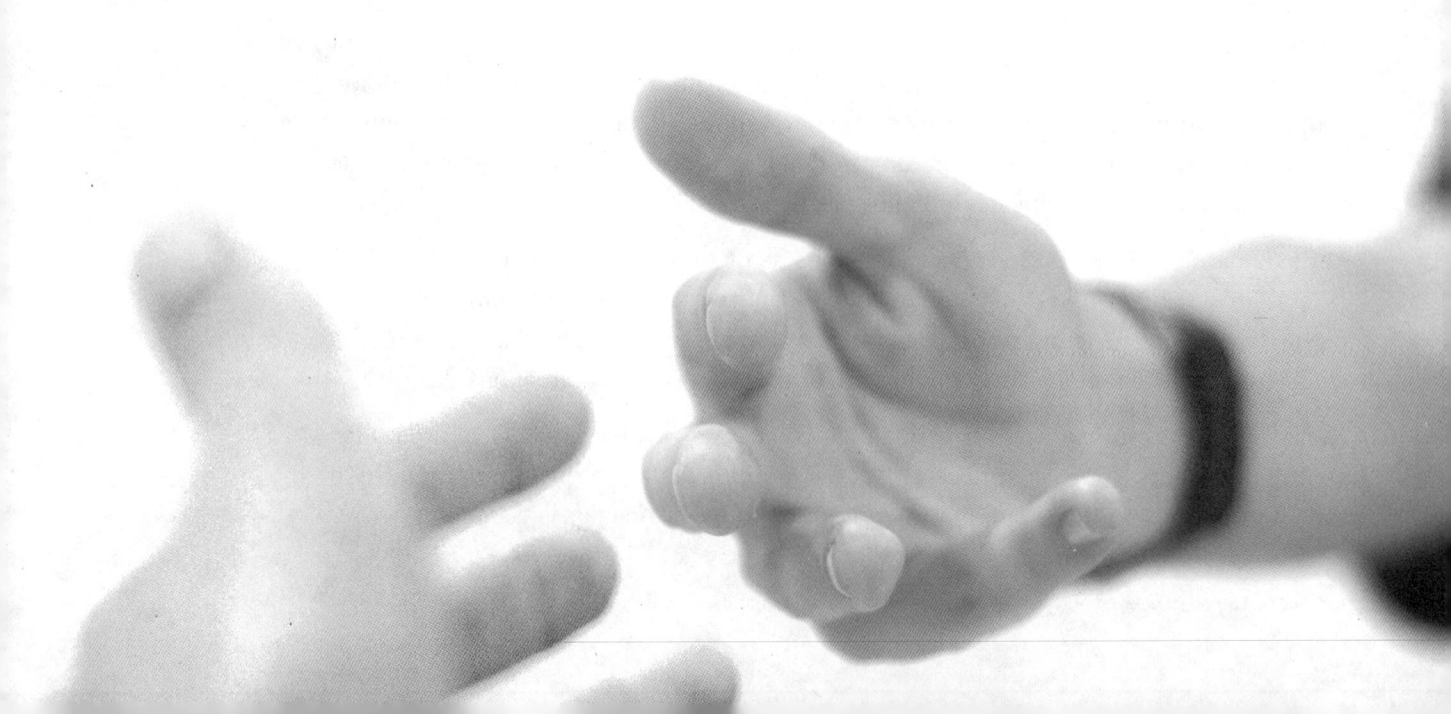

Chapitre 1
Quelques concepts et notions de base en travail social

Le travail social est une profession encore mal connue dans la société en général, si on la compare à d'autres, comme la médecine et le droit. De par sa nature et ses fonctions, le travail social s'intéresse particulièrement, mais non exclusivement, aux plus démunis de la société.

Certaines personnes croient que les travailleurs sociaux possédant une formation spécifique en travail social s'occupent uniquement de ceux et celles qui reçoivent des prestations d'aide sociale. D'autres pensent qu'ils travaillent principalement avec les enfants qui ont besoin de protection. En réalité, le travail social englobe tout cela et bien plus encore : loin de se limiter à une seule catégorie de la population, il s'exerce auprès de personnes appartenant à toutes les classes sociales (Rondeau et Commelin, 2005).

Dans ce chapitre, nous nous emploierons à définir le travail social. Après avoir discuté du concept de besoin, nous examinerons comment la société moderne se sert du système de bien-être social pour répondre, au moins en partie, aux besoins des individus et comment le travail social est né de ce système. Nous traiterons aussi du rôle de médiateur entre la personne et son environnement social que remplit le travailleur social, puis nous aborderons la notion de changement planifié, soit l'une des modalités premières de l'action en travail social. Enfin, nous nous pencherons sur le travail social en tant que profession.

Le concept de besoin

Comprendre le concept de besoin est essentiel pour bien saisir ce qu'est le **travail social**. Abraham Maslow (1954), bien connu en sciences humaines, a regroupé les besoins en cinq catégories hiérarchisées (*voir la figure 1.1, page suivante*). À la base de cette pyramide, on trouve les besoins physiologiques. Ceux-ci comprennent les besoins de manger, de boire, de dormir, d'avoir des relations sexuelles, de se loger, et ainsi de suite. Quand ces besoins ne sont plus une préoccupation majeure, ils cessent d'être une source de motivation première des comportements humains. Les individus deviennent alors motivés par les besoins appartenant à la catégorie suivante, soit les besoins de sécurité. Parmi ceux-ci figurent le besoin de se sentir à l'abri des menaces, le besoin de vivre sans crainte dans un environnement sûr et le besoin d'avoir des principes et des valeurs morales qui donnent un sens aux événements qui surviennent. Une fois les besoins de sécurité comblés, l'individu cherche à satisfaire des besoins supérieurs, tels que les besoins de socialisation et d'appartenance. Ce troisième niveau de besoins inclut les besoins de donner et de recevoir de l'affection, d'avoir des relations intimes avec une autre personne, d'avoir des amis et de faire partie de groupes sociaux comme la famille.

Travail social
Profession qui cherche à promouvoir le changement social, la résolution de problèmes dans le contexte des relations humaines, la capacité et la libération des personnes, afin d'améliorer le bien-être général (Fédération internationale des travailleurs sociaux, 2001).

FIGURE 1.1 La hiérarchie des besoins selon Maslow

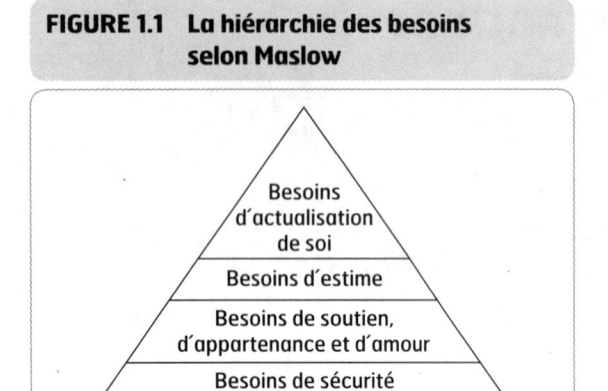

- Besoins d'actualisation de soi
- Besoins d'estime
- Besoins de soutien, d'appartenance et d'amour
- Besoins de sécurité
- Besoins physiologiques

La quatrième catégorie de besoins regroupe les besoins d'estime. Ces derniers sont de deux ordres ; le premier se rapporte à l'estime de soi, le second, à l'estime d'autrui. L'estime de soi fait appel à la confiance de l'individu en ses capacités et en sa valeur ; l'estime d'autrui correspond quant à elle au fait d'être apprécié et respecté par les autres, d'avoir un certain prestige social, d'être reconnu.

Enfin, les besoins ultimes sont les besoins d'actualisation de soi qu'on définit comme la capacité d'exploiter son plein potentiel, de devenir tout ce qu'on aspire à devenir (Abravanel, 1986). En travail social, ces besoins se traduisent par le principe d'*empowerment* («autonomisation») qui guide bon nombre d'interventions.

Selon Maslow, ces besoins sont universels et chaque personne les éprouve. Les besoins d'une catégorie inférieure doivent être comblés avant que l'individu tente de satisfaire ceux qui sont plus élevés dans la hiérarchie. *Ventre affamé n'a point d'oreilles*, dit le proverbe. Il est certes difficile de se concentrer sur le besoin d'affection, par exemple, lorsque les besoins physiologiques ne sont pas assouvis.

La satisfaction des besoins passe par la relation de l'individu avec son environnement social. Il en a toujours été ainsi. Pour survivre, les hommes préhistoriques ont dû se réunir en tribu. Au Moyen Âge, les gens formaient des familles étendues et se regroupaient dans des villages. Ces rassemblements facilitaient la satisfaction des besoins de chacun. De nos jours, même si nous avons pour répondre à certains de nos besoins des institutions sociales telles que le système de santé et de services sociaux et le système d'éducation, nous devons toujours avoir recours, pour une grande partie de nos besoins, à notre réseau social : famille, amis, collègues. Cela pose évidemment des problèmes à ceux dont le réseau social est limité ou dont les besoins ne peuvent trouver satisfaction dans le réseau existant.

La société est devenue un système très complexe ; une grande partie de la population ne peut plus s'associer à un réseau social informel et souffre de solitude. Il est facile de relever des cas illustrant cet isolement. Les jeunes mères monoparentales éloignées de leurs proches, les immigrants nouvellement arrivés qui n'ont pas encore de réseau social, les personnes âgées abandonnées à leur sort et les itinérants qui ont rompu tout lien social sont des exemples de personnes qui doivent faire appel à d'autres systèmes que le réseau social informel.

Le bien-être social

La société a mis en place un système pour répondre aux besoins des personnes aux prises, entre autres, avec des difficultés comme celles que nous venons de mentionner. Ce système s'inspire du principe de **bien-être social** (Mayer, 2002). Turner (1995, p. 3) en donne la définition suivante :

> Le système de bien-être social est un terme générique qui désigne le réseau complexe des lois, politiques sociales, programmes, établissements, professions, ressources et services qui existent dans toutes les sociétés afin d'assurer à chaque personne l'accès à la gamme de biens et services nécessaires pour se réaliser et s'épanouir pleinement comme individu, d'une façon qui le satisfait tout en respectant les droits des autres.

> **Bien-être social**
> Ensemble des lois, politiques sociales, programmes, établissements, professions, ressources et services qui existent afin d'assurer à chaque personne l'accès à la gamme de biens et services nécessaires pour se réaliser comme individu dans la société (Turner, 1995).

Cette définition englobe, tant au niveau fédéral que provincial, un système étendu et complexe (*voir la figure 1.2, page suivante*). Perron (1986, p. 45) explique :

> D'une manière générale, l'expression bien-être social désigne donc tous les moyens qu'utilise la société pour tenter de répondre adéquatement à tous les besoins sociaux de tous les individus, de toutes les familles et de toutes les couches sociales.

Pour Mayer (2002), ces moyens se présentent sous des formes variées : politiques sociales, services publics de santé et de services sociaux, projets découlant d'initiatives publiques, communautaires ou privées visant à résoudre divers problèmes sociaux, et ainsi de suite.

On est rarement conscient que chacun d'entre nous bénéficiera de ce système à un moment ou à un autre de sa vie. L'assurance-emploi et la pension de retraite au Canada, l'aide sociale et la régie des rentes au Québec sont des programmes relevant du système de bien-être social. On peut donc conclure que toute personne se trouvant dans une situation où son réseau social est incapable de répondre à certains de ses besoins pourra recourir à un tel programme. Le principe général de bien-être social est historiquement associé au développement de l'État-providence et a favorisé le développement du travail social.

Le bien-être social et le travail social

Quelle est la place du travail social dans ce système ? Le travail social est la discipline professionnelle qui met en œuvre les services sociaux. Perron (1986) le décrit comme une composante du système de bien-être social. La figure 1.2 (*page suivante*) illustre bien le lien entre le bien-être social et les services sociaux. La complexité de cette structure explique pourquoi peu de gens saisissent la nature de ce système.

Mais de quoi s'agit-il au juste ? S'il y a une profession difficile à définir, selon Molgat (2007, p. 19), c'est bien celle du travail social :

> Bien que [l'on ait] tenté au cours de la dernière décennie de formuler une définition relativement consensuelle de la profession, il est encore aujourd'hui difficile de donner une définition univoque du travail

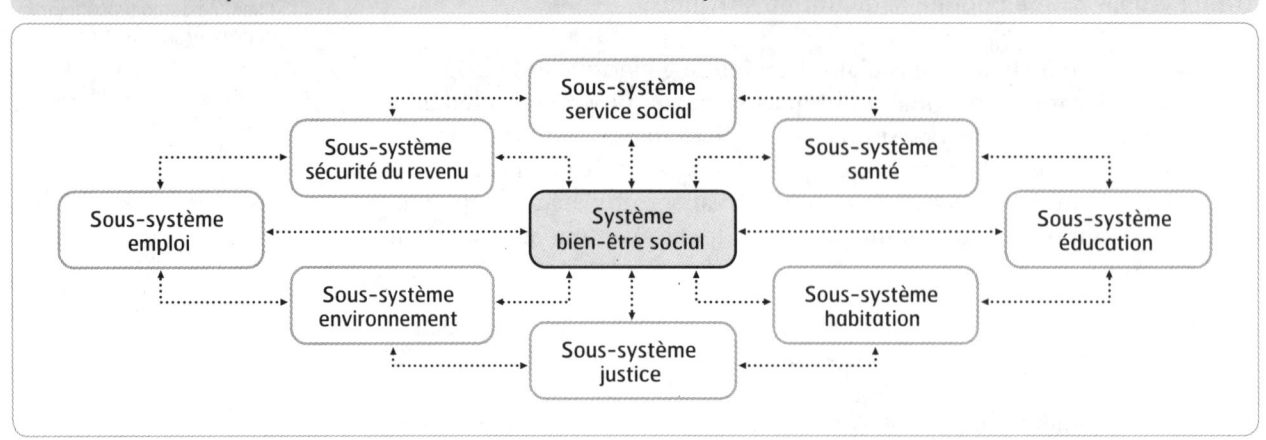

FIGURE 1.2 Le système de bien-être social et ses sous-systèmes

Système bien-être social au centre, relié par des flèches aux sous-systèmes : service social, sécurité du revenu, emploi, environnement, justice, habitation, santé, éducation.

Source : Adapté de Perron, J. (1986). *Administration sociale et services sociaux* (p. 46). Boucherville, Québec : Gaëtan Morin éditeur.

social. C'est que le travail social, comme toute profession, est l'objet de modifications constantes sous l'influence de débats d'idées et de changements sociaux et technologiques.

Ces tentatives de définir le travail social ne datent pas d'hier. En 1972, les auteurs du *Rapport de la Commission d'enquête sur la santé et le bien-être social au Québec*, MM. Castonguay et Nepveu, décrivent le **service social** de la façon suivante :

> Un ensemble de moyens de nature préventive ou corrective, par lesquels la société vient en aide à des personnes, à des familles, à des groupes et à des collectivités, afin de les maintenir, de les intégrer ou de les réintégrer dans ce qu'ils considèrent comme une vie normale et de favoriser leur développement. (Gouvernement du Québec, 1972, p. 26)

Les services sociaux, dans cette définition, se rapportent aux actions que la société entreprend pour s'assurer que ses membres disposent d'un système d'assistance et de soutien en vue d'éviter que certains besoins fondamentaux ne soient pas minimalement comblés. Reprenant les principes de cette définition, Perron (1986, p. 48) dégage sept dimensions des services sociaux :

a) les services sociaux sont un ensemble de moyens, donc un regroupement de plusieurs services de même nature concourant à l'obtention d'une même finalité ;

b) ils sont constitués de programmes préventifs et correctifs, une cohésion indispensable dans l'état présent de la société ;

c) c'est la société, donc l'État comme la population, le privé comme les ressources communautaires, qui en prend l'initiative ;

d) les notions d'aide et de sélectivité sont présentes : les [services] viennent « en aide à des personnes, à des familles et à des collectivités » ;

Service social

Action que la société entreprend pour s'assurer que ses membres disposent d'un système d'assistance et de soutien en vue d'éviter que certains besoins fondamentaux ne soient pas minimalement comblés (Gouvernement du Québec, 1972).

e) les fonctions apparaissent suffisamment complètes, avec le maintien, l'intégration et la réintégration, [c'est-à-dire] la prévention, la cohésion et la réhabilitation ;

f) les normes sociales sont considérées dans la définition des services ;

g) cette définition fournit aux services sociaux un objectif de développement.

Dans un chapitre portant sur le travail social contemporain au Québec, Lecomte (2000) définit le travail social :

- comme un art et une science, basé pour les uns sur des méthodes scientifiques, fondé pour les autres sur une vision plus « artistique » mettant en valeur l'expérience et la subjectivité ;

- comme une profession axée sur le bon fonctionnement des individus dans la structure sociale, sans remettre en question ces mêmes structures sociales ;

- comme une discipline pratique, basée sur une réflexion analytique sur la réalité et critique de celle-ci, où l'on n'hésite pas à remettre en question les structures sociales.

À la recherche d'un consensus au plan international, la Fédération internationale des travailleurs sociaux (FITS), l'Association internationale des écoles de service social (AIESS) et l'Association canadienne des travailleuses et travailleurs sociaux (ACTS) se sont entendues sur une définition commune du travail social :

> La profession d'assistant social ou de travailleur social cherche à promouvoir le changement social, la résolution de problèmes dans le contexte des relations humaines et la capacité et la libération des personnes afin d'améliorer le bien-être général. Grâce à l'utilisation des théories du comportement et des systèmes sociaux, le travail social intervient au point de rencontre entre les personnes et leur environnement. Les principes des droits de l'homme et de la justice sociale sont fondamentaux pour la profession. (Fédération internationale des travailleurs sociaux, 2001)

Enfin, au Québec, une définition plus détaillée de la profession est disponible sur le site Web de l'Ordre des travailleurs sociaux et des thérapeutes conjugaux et familiaux du Québec (OPTSQ). On y décrit les travailleurs sociaux comme des professionnels qui possèdent une formation reconnue en travail social. Ils sont des thérapeutes, des consultants, et ont pour mandat d'intervenir auprès des personnes-ressources. Ils aident à clarifier les besoins des personnes qui les consultent, à découvrir la source de leurs problèmes, à trouver des solutions adéquates et, au besoin, à les orienter vers les ressources appropriées. Ils offrent généralement des entrevues individuelles. La loi 21 précise leur action comme moyen thérapeutique. Selon leur formation et leur spécialité, ils peuvent aussi offrir des entrevues conjugales et familiales, et des entrevues de groupe. Certains sont spécialisés en organisation communautaire : ils répondent à des demandes de groupes sociaux désireux d'améliorer leur situation collective, évaluant leurs besoins et les conseillant dans leur démarche.

Une autre avenue intéressante proposée par Molgat (2007) consiste à définir le travail social à partir de ses différentes représentations au sein de la population : certaines sont associées à des tâches de contrôle exercées afin que soient respectés les lois et les règlements de l'État et que certains groupes sociaux soient protégés ; d'autres sont liées à un travail de soutien, d'assistance, de planification d'intervention et de mise en relation, destiné aux individus et aux familles aux prises avec des difficultés ; d'autres, finalement, sont axées sur l'action sociopolitique en faveur des démunis et des exclus de la société.

À partir de ces diverses définitions, Molgat (2007) retient cinq dimensions fondamentales du travail social :

- Il se pratique essentiellement auprès des catégories de personnes les plus défavorisées et les plus vulnérables de la société.
- Il se pratique au point de rencontre entre l'individu et son contexte social. Il dépend fortement du contexte dans lequel il est mis en œuvre, ce qui a pour effet de favoriser la coexistence d'une diversité de théories et d'approches.
- Il est alimenté principalement par les théories des sciences sociales, notamment la psychologie et la sociologie.
- Il se construit de manière importante sur les choix des travailleurs sociaux en ce qui a trait à leurs orientations et leurs pratiques quotidiennes.

Le travail social et ses valeurs

La complexité des problèmes et des services sociaux laisse entrevoir une tâche complexe pour le travail social. Celui-ci est perçu comme un service que se donne la société pour s'assurer que ses membres évoluent le plus harmonieusement possible dans le respect de l'ordre établi, alors que la profession promeut plutôt le changement social et la critique sociale. Pour le travailleur social, il y a là un dilemme : doit-il répondre aux besoins et aux attentes de la société ou à ceux des individus auprès desquels il intervient ?

De façon sommaire, on peut diviser les travailleurs sociaux en deux grands groupes. D'une part, il y a ceux qui croient que le rôle du travailleur social est d'aider les individus à s'adapter au sein de la société et à respecter l'ordre social existant, suivant le point de vue associé au **modernisme**. En fait, la perspective moderniste considère que la société fonctionne généralement bien et que c'est aux individus de s'adapter à la société et à ses règles. D'autre part, un nombre croissant de travailleurs sociaux se tournent vers le **postmodernisme**, une perspective qui considère que la société est composée de groupes aux intérêts divergents. Plus un groupe possède du pouvoir, plus il est en mesure de poursuivre ses propres intérêts et d'opprimer les autres par la coercition. On trouve un exemple de cette perspective postmoderniste dans les écrits de Dominelli (2002) et de Baines (2007), deux auteurs qui se sont penchées sur l'approche anti-oppressive. Nous reviendrons sur cette question au chapitre 4.

Modernisme
Vision liée à l'application de la méthode scientifique qui soutient que la théorie de la pratique du travail social est une proposition générale concernant le monde réel qui est essentiellement la vérité.

Postmodernisme
Paradigme qui se caractérise par une diversité de perspectives et qui envisage la société comme le lieu d'une lutte entre les différents groupes d'intérêts et de pouvoir.

La pratique du travail social cherche l'équilibre entre ces deux perspectives en menant une importante réflexion sur le thème des valeurs. La FITS parle des valeurs du travail social dans les termes suivants:

> Le travail social est issu d'idéaux humanitaires et démocratiques, et ses valeurs sont basées sur le respect de l'égalité, de la valeur et de la dignité de tous. [...] de façon solidaire avec les moins nantis, la profession vise le soulagement de la misère et la libération de personnes vulnérables, exclues et opprimées afin de renforcer leur capacité d'agir et leur participation à la vie de la société. (Fédération internationale des travailleurs sociaux, 2001)

Au Canada, le Code de déontologie de l'Association canadienne des travailleuses et travailleurs sociaux (2005) énonce les valeurs de la profession. Au Québec, le Code de déontologie des travailleurs sociaux (Gouvernement du Québec, 2010) détaille les devoirs et obligations des travailleurs sociaux. Ces deux documents seront abordés de façon plus détaillée au chapitre 4.

L'OPTSQ insiste sur le respect de la capacité d'autodétermination des personnes dans une perspective d'*empowerment*:

> Croyant en la valeur intrinsèque de la personne, en son droit à s'autodéterminer et en son aspiration à l'autonomie, la travailleuse sociale et le travailleur social visent, par leurs activités professionnelles, à mettre en place des conditions favorisant les capacités des personnes, des groupes et des collectivités à réaliser leurs potentialités et aspirations et à répondre à leurs besoins psychosociaux et communautaires, par des interactions sociales satisfaisantes. (OPTSQ, 2010)

Le travail social, une réponse aux besoins des personnes

Examinons un instant ce que sont les besoins des personnes, qu'on appelle les « usagers », les « clients » ou les « membres » selon le contexte. Le rôle du travail social est de répondre aux préoccupations et aux besoins des gens. Divers facteurs déterminent ces préoccupations et ces besoins. On peut prendre l'exemple d'un adolescent. Ses parents sont préoccupés parce que ses résultats scolaires ne sont pas bons; son enseignant est inquiet parce qu'il dérange les autres élèves en classe; sa petite amie le trouve dépressif; un commerçant du quartier est tourmenté, car le jeune garçon lui a volé des marchandises; la communauté est inquiète du taux de délinquance dans le quartier. De son côté, le garçon est très préoccupé par la séparation imminente de ses parents. Le travailleur social doit bien cerner toutes ces situations et voir comment elles influent les unes sur les autres. Il doit s'assurer que son point de départ, dans cette démarche, est bien le problème que lui expose le véritable client. Si c'est l'adolescent, l'intervenant vérifie s'il dispose de ce qu'il faut dans son environnement pour être fonctionnel et actualiser son potentiel. Comme le dit Lecomte (2000): « [L']objet du travail social n'est ni l'individu ni l'environnement (famille, école, quartier, communauté, société, etc.), mais bien les interactions dynamiques entre les deux. »

L'interdépendance entre la personne et son environnement

L'exemple précédent illustre bien l'interdépendance entre le garçon et son environnement. Pour arriver à s'épanouir, ce jeune homme a besoin de l'appui de sa communauté, mais, en retour, celle-ci doit en tirer avantage pour assurer son développement social. Cristina De Robertis (1981) appelle « champ social » le contexte dans lequel l'individu et la communauté interagissent, et elle montre comment ce champ complexe devient le centre de préoccupation du travailleur social.

La notion de champ social permet d'envisager le problème individuel ou collectif comme étant compris dans un ensemble de forces coexistantes dans un ensemble dynamique. Les rapports entre les différentes parties qui le composent, les influences réciproques qui s'y exercent peuvent être étudiés à la lumière du concept d'interdépendance (De Robertis, 1981). Chacune des composantes du champ existe par le rapport qu'elle entretient avec les autres composantes.

Le rôle de médiateur

Quel rôle le travailleur social joue-t-il dans ce champ social ? William Schwartz (1961) a inventé un concept, qu'il a appelé le *mediating model*, pour rendre compte de ce rôle qui prend forme au centre des interactions entre la personne et son environnement. Le concept de médiation dont il est question ici ne correspond pas à l'approche de médiation qu'on rencontre dans la littérature et qui est une approche en soi (lire à ce propos Savourey-Alezra, 2008) ; il s'agit plutôt d'une façon théorique de décrire les différents rôles du travailleur social dans le champ social (Freynet, 2004). Cette description fournit un encadrement à ces rôles (*voir le chapitre 16*). La figure 1.3 illustre cette idée.

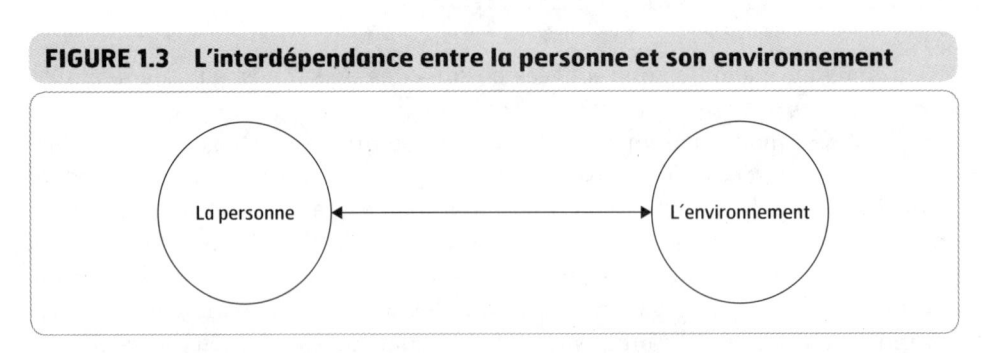

FIGURE 1.3 L'interdépendance entre la personne et son environnement

La personne ⟷ L'environnement

Il arrive cependant que des obstacles (blocages, interférences, ruptures) entravent la relation entre la personne et son environnement, ainsi que l'illustre la figure 1.4.

FIGURE 1.4　Les obstacles entre la personne et son environnement

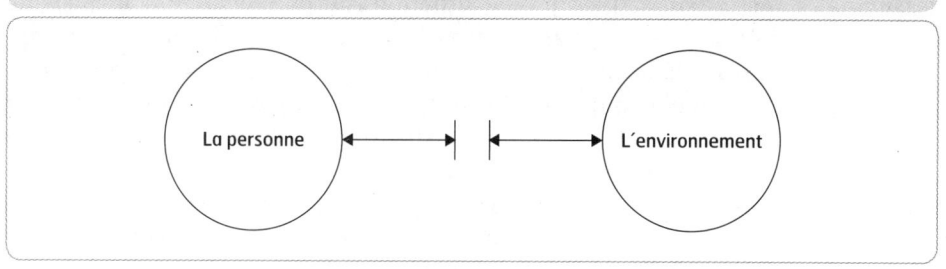

C'est ici qu'intervient le travailleur social, qui remplit une fonction de médiation pour rétablir une relation harmonieuse entre l'individu et son environnement, comme le montre la figure 1.5.

FIGURE 1.5　La médiation entre le client et son environnement

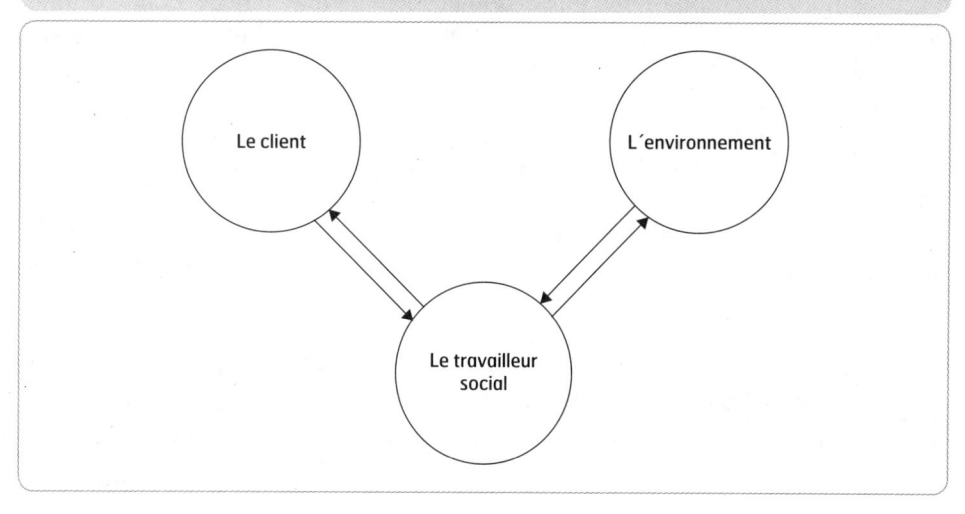

Quels sont au juste les obstacles que nous venons d'évoquer? D'une part, une personne peut se sentir isolée dans son milieu et peut ne pas avoir accès aux ressources dont elle a besoin pour évoluer adéquatement. Dans un tel cas, l'intervention mettra l'accent sur le rapport de la personne à ce contexte, en s'efforçant d'aider le client à avoir accès aux ressources qui lui sont nécessaires. D'autre part, il peut arriver que ces dernières ne soient pas disponibles. L'intervention portera alors plus directement sur l'environnement et consistera à accroître la disponibilité des ressources nécessaires à l'épanouissement de la personne.

Le changement planifié

La démarche qu'accomplissent ensemble un travailleur social et un client est essentiellement une démarche de changement, qu'elle soit volontaire ou non. Le plus souvent, le changement visé est défini conjointement par le client et le professionnel. Mais il peut arriver qu'une situation soit perçue comme menaçante pour une personne, ce qui peut amener le travailleur social à intervenir en s'appuyant sur la légitimité légale (par exemple, en vertu de la *Loi sur la protection de la jeunesse*), en vue de modifier les conditions qui causent ou qui font durer cette situation. Que ce soit dans un contexte volontaire ou non, dans tous les cas il s'agit de produire un changement. Ce que ce changement a de particulier c'est qu'il est planifié. Un processus de changement planifié suppose des buts et des objectifs, idéalement fixés en collaboration avec le client ou son représentant (pour un mineur ou une personne inapte). Reconnaissant l'importance de ce processus, Pincus et Minnahan (1973) ont qualifié de « système d'agent de changement » l'action du travailleur social et de ceux qui travaillent avec lui.

Nous ouvrirons ici une parenthèse pour préciser que nous donnons une très large acception aux termes « client » ou « usager » employés dans cet ouvrage. Il peut s'agir d'une personne, d'une famille, d'un petit groupe, d'une organisation, d'une communauté, ou même parfois de la société en général. La cible d'intervention du travailleur social peut donc être l'un ou l'autre de ces « clients ». La terminologie employée par les membres de la profession demeure toutefois controversée. Les termes « client », « patient », « usager » ou d'autres signalent une relation inégale entre l'intervenant et la personne cherchant de l'aide. Le terme « patient » renvoie, bien entendu, davantage au monde de la santé, celui d'« usager », à l'idée que c'est la personne qui utilise un service, alors que celui de « client » renvoie à l'idée d'une relation choisie, ce qui est en fait rarement le cas. Comme d'autres auteurs, nous reconnaissons ce problème mais, faute de pouvoir proposer un terme qui engloberait tous les types d'« aidés », nous avons choisi d'utiliser ici le mot « client ». Sur cette question, il est intéressant de lire l'article de St-Amand (2000), dont la référence est fournie dans les lectures suggérées à la fin du chapitre. Il faut enfin souligner que, dans le monde des organismes communautaires, le mot « membre » est en usage.

Nous traiterons plus en profondeur du processus de changement planifié dans les prochains chapitres. Notons seulement que beaucoup assimilent la pratique du travail social à ce processus ou à celui de résolution de problèmes, qui s'en rapproche (Timberlake, Zajicek, Farber et Sabatino, 2007).

Les connaissances nécessaires à la pratique du travail social

À la lecture de ce qui précède, il est aisé de comprendre que le travailleur social, pour être efficace, a besoin de solides connaissances. Ces dernières sont variées, allant de celles qui concernent la personne et son développement à celles qui se rapportent à la société et à ses caractéristiques, en passant par les connaissances, plus spécifiques, relatives aux problèmes sociaux et aux interventions efficaces. C'est pourquoi tous les programmes de formation en travail social comprennent des cours de base, notamment en psychologie et en sociologie. Si une bonne partie des connaissances nécessaires à la pratique du travail social sont liées à ces deux disciplines, il n'empêche que le travail social possède aussi sa propre base de connaissances et de théories qui lui sont propres. Le travail social s'est développé comme une discipline scientifique, avec toute la base théorique que cela implique (Watts, Elliott et Sada, 1995).

Le travail social, une profession ?

Le travail social est désormais bien établi dans notre société. Cependant, il subsiste des interrogations quant à savoir s'il s'agit vraiment d'une profession. Ce n'est pas un hasard si un tel questionnement persiste, explique Mayer (2002), puisque la professionnalisation du travail social est le résultat d'un long processus, marqué par des avancées et des reculs. Au fil des ans, de nombreux événements, qui ont marqué l'histoire du pays, ont rendu nécessaire la formation d'un personnel compétent capable de répondre à des besoins de plus en plus complexes à l'aide de méthodes de plus en plus rationnelles. Nous reviendrons plus en détail sur quelques-uns de ces événements dans le chapitre 2, portant sur l'histoire du travail social.

Après un siècle d'évolution, il est clair de nos jours que le travail social s'est doté d'un ensemble de caractéristiques propres à une profession reconnue et sanctionnée. Dans la plupart des régions d'Amérique du Nord, il faut au moins un baccalauréat en travail social pour utiliser le titre de travailleur social. Au Canada, la formation collégiale est reconnue dans la majorité des provinces, y compris par le ministère de l'Éducation, du Loisir et du Sport du Québec, grâce aux diplômes d'études collégiales décernés par les cégeps. Cette formation de technicien en travail social est considérée comme une formation de qualité, mais elle ne donne pas accès, au Québec, au titre réservé de travailleur social ainsi qu'aux actes réservés ou partagés avec d'autres professionnels reconnus. La profession possède un code de déontologie et s'appuie sur divers textes normatifs, canadiens et provinciaux, qui indiquent l'existence d'une culture professionnelle. Cependant, il n'existe pas de consensus sur la base théorique de formation requise ; des personnes qui n'ont pas de formation universitaire en travail social s'attribuent indûment le titre de travailleur social ou souffrent de ne pas être reconnues comme des professionnels qualifiés par leurs collègues universitaires et par les instances publiques de régulation. Enfin, la plupart des travailleurs sociaux étant des salariés de l'État, ils ne jouissent pas de l'autonomie professionnelle que l'on associe souvent aux professions libérales.

En résumé, nous avons défini dans ce chapitre le travail social comme une profession reposant sur une solide base théorique et un système de valeurs connues et partagées. Le travailleur social répond généralement à la demande d'une personne en difficulté en entreprenant avec elle une démarche de changement planifié qui vise à harmoniser la relation entre la personne et son environnement, afin de permettre à celle-ci de répondre à ses besoins et d'atteindre ses objectifs de vie.

✓ ÉTUDE DE CAS

Mélissa est une adolescente de 16 ans qui vient de donner naissance à un bébé, qu'elle a appelé Olivier. Abandonnée par son père, elle a peu de contacts avec sa mère. Elle reçoit de l'aide sociale et habite avec son bébé dans un petit logement au centre-ville.

Mélissa a été placée très jeune dans un centre d'accueil; elle y est demeurée jusqu'à l'âge de 13 ans, puis a passé son adolescence dans un foyer de groupe. Elle avait de bons résultats scolaires, mais, à la naissance du bébé, elle a décidé d'abandonner l'école pour s'occuper de son enfant. Elle était alors en deuxième secondaire. Elle a décidé d'avoir un enfant parce qu'elle désirait avoir quelqu'un à aimer, qui ne la quitterait pas.

Mélissa n'a pas de famille étendue. Suzanne, une travailleuse sociale, est son principal soutien. Elle suit Mélissa depuis le début de son placement en centre d'accueil et elle la considère comme une jeune femme qui a beaucoup de potentiel.

Suzanne a comme objectif à court terme d'aider Mélissa à bien jouer son rôle de mère. Elle respecte sa décision de garder son enfant, mais le fait que l'adolescente cherche dans son enfant une source d'amour et d'affection l'inquiète. Elle sait que, parfois, les jeunes enfants sont une source de frustration et de stress. Elle croit que Mélissa devrait faire partie d'un groupe d'appui pour jeunes parents seuls. Un groupe de jeunes mères se réunit trois avant-midi par semaine. Suzanne croit qu'une participation à ce groupe apporterait un soutien non négligeable à Mélissa, qui aurait également l'occasion de partager son vécu.

À long terme, Suzanne veut encourager Mélissa à retourner aux études pour qu'elle puisse réaliser son potentiel et améliorer l'image qu'elle a d'elle-même. Des succès scolaires l'aideraient à atteindre cet objectif, et Suzanne est convaincue que Mélissa possède le talent et les compétences nécessaires pour y arriver.

Pour sa part, Mélissa aime bien Suzanne et a toujours pris en considération ses avis et ses opinions; elle accepte donc de se joindre au groupe de mères. Elle se montre aussi ouverte à l'idée de reprendre ses études, mais désire attendre qu'Olivier ait l'âge de fréquenter un centre de la petite enfance (CPE).

Le plan d'intervention ayant été discuté et accepté, Mélissa et Suzanne entrevoient l'avenir avec optimisme.

Les valeurs sur lesquelles repose cette intervention sont, notamment, le respect et la dignité de l'individu, le renforcement de sa capacité d'agir et l'importance de la prise de décision.

❓ QUESTIONS

1. Énumérez les différents besoins des personnes selon la théorie de Maslow.
2. Quel lien existe-t-il entre le travail social et le bien-être social?
3. Expliquez comment le travail social peut contribuer à la satisfaction des besoins humains.
4. Pourquoi existe-t-il une interdépendance entre la personne et son environnement?
5. Comment le travailleur social joue-t-il un rôle de médiateur entre la personne et son environnement?
6. Qu'est-ce que le changement planifié?
7. À quels sujets se réfèrent les connaissances de base en travail social?

8. Quelles sont les conditions de base de la légitimité d'une profession ?
9. Pourquoi le travail social a-t-il besoin d'un code de déontologie ?

+ LECTURES SUGGÉRÉES

Association internationale des écoles de travail social et Fédération internationale des travailleurs sociaux (2001). Définition du travail social, rubrique. Repéré à www.iassw-aiets.org, le 19 mai 2010.

Bouchard, L. et Ducharme, M.-N. (2000). Les défis posés au travail social à l'ère des technologies de l'information. *Nouvelles pratiques sociales, 13*(1), 118-136.

Dominelli, L. (2004). *Social Work. Theory and Practice for a Changing Profession*. Cambridge, Angleterre, et Malden, États-Unis : Polity Press.

Dubois, M. et Garceau, M.-L. (2000). Se définir et se renouveler en dépit des contraintes. *Reflets, 6*(1), 10-15.

Freynet, M.-F. (2004). *Les médiations du travail social. Contre l'exclusion, (re)construire les liens*. Lyon, France : Chronique sociale.

Groulx, L.-H. et Rondeau, G. (1995). Le travail social au Québec. *Vie sociale, 4*, 104-113.

Healy, K. (2005). *Social Work Theories in Context. Creating Frameworks for Practice*. Houndmills, Angleterre, et New York : Palgrave Macmillan.

Laforest, J. (1984). La nature du service social. *Intervention, 68-69*, 22-23.

Lecomte, R. (2000). La nature du travail social contemporain. Dans J.-P. Deslauriers et Y. Hurtubise (dir.), *Introduction au travail social* (pp. 13-33). Québec, Québec : Les Presses de l'Université Laval.

Mayer, R. (2002). *Évolution des pratiques en service social*. Boucherville, Québec : Gaëtan Morin Éditeur.

Mayer, R. et Laforest, J. (1990). Problème social : le concept et les principales écoles. *Service social, 39*(2), 13-43.

Mercier, C. et Mathieu, R. (2000). Dossier : le nouveau travail social. *Nouvelles pratiques sociales, 13*(1), 15-25.

Molgat, M. (2007). Définir le travail social... Dans J.-P. Deslauriers et Y. Hurtubise (dir.), *Introduction au travail social* (pp. 19-40). Québec, Québec : Les Presses de l'Université Laval.

Ordre des travailleurs sociaux et des thérapeutes conjugaux et familiaux du Québec (OPTSQ) (2010). Profession du travailleur social, rubrique. Repéré à www.optsq.org/fr/index_ordre_travailleursocial_profession.cfm, le 19 mai 2010.

Ordre professionnel des travailleurs sociaux du Québec (OPTSQ) (2006). *Référentiel de compétences des travailleuses sociales et des travailleurs sociaux*. Montréal : OPTSQ.

Payne, M. (2005). *Modern Social Work Theory*. Chicago, Illinois : Lyceum Books.

Rondeau, G. et Commelin, D. (2005). La profession de travailleur social au Québec. Dans J.-P. Deslauriers et Y. Hurtubise (dir.), *Le travail social international. Éléments de comparaison* (pp. 255-282). Québec, Québec : Les Presses de l'Université Laval.

Rondeau, G. et Commelin, D. (2007). La formation en travail social. Dans J.-P. Deslauriers et Y. Hurtubise (dir.), *Introduction au travail social* (pp. 295-318). Québec, Québec: Les Presses de l'Université Laval.

Savourey-Alezra, M. (2008). *Re-créer les liens familiaux: médiation familiale et soutien à la parentalité*. Lyon, France: Éditions Chronique Sociale.

St-Amand, N. (2000). Des noms qui en disent long... *Reflets, 6*(1), 36-63.

Timberlake, E., Zajicek Farber, M. et Sabatino, C. A. (2007). *Generalist Social Work Practice: A Strengths-Based Problem Solving Approach*. Boston, Massachusetts: Pearson Education.

Watts, T., Elliot, D. et Sada, N. (1995). *International Handbook on Social Work Education*. Westport, Connecticut: Greenwood Press.

Sites Web à consulter

Association canadienne pour la formation en travail social (ACFTS)
www.caswe-acfts.ca/en

Association internationale des écoles de travail social (AIETS)
www.iassw-aiets.org/

Council of Social Work Education (CSWE)
www.cswe.org/

Fédération internationale des travailleurs sociaux (FITS)
www.ifsw.org/

National Association of Social Workers (NASW)
www.naswdc.org/

Ordre des travailleurs sociaux et des thérapeutes conjugaux et familiaux du Québec (OPTSQ)
www.optsq.org/

Regroupement des unités de formation universitaire en travail social du Québec
www.unites.uqam.ca/rufuts/

Chapitre 2 — L'histoire du travail social

Pour comprendre une profession comme le travail social, il faut connaître son histoire. Qu'est-ce qui a donné naissance à la profession ? Qui sont les personnes qui ont contribué à son évolution ? Quels sont les événements marquants de son histoire ?

Dans ce chapitre, nous présentons un survol de l'histoire du travail social. Pour commencer, nous examinerons la façon dont les problèmes sociaux étaient traités au Canada et ailleurs dans le monde avant que la profession existe officiellement. Nous verrons que le travail social n'a pas connu la même évolution partout au Canada. Au Québec, par exemple, le rôle joué par l'Église a retardé l'implantation des services sociaux sous leur forme professionnelle. Nous nous intéresserons également au rôle de certaines personnes dans l'évolution de la profession et à leur apport pratique ou théorique. Enfin, nous jetterons un regard rapide sur les écoles de service social et les associations professionnelles.

L'époque caritative

Avant la Confédération, autrement dit avant 1867, la population canadienne vivait principalement en milieu rural. Un système informel d'entraide était alors bien établi. La nécessité d'une profession comme le travail social ne se faisait donc pas sentir, ce qui ne signifie pas que les ruraux n'aient pas eu besoin d'aide sous une forme ou une autre. Fecteau (1989) note que les disettes, les épidémies et les intempéries étaient le lot des populations de cette époque. De ces catastrophes découlaient divers besoins, dont le plus fréquemment exprimé était le besoin de nourriture.

La question du rôle de l'Église catholique au Québec durant cette période de l'histoire est un sujet de débat encore brûlant. Certains sont convaincus que l'Église avait la responsabilité de tous les programmes et services. D'autres, comme Fecteau (1989), affirment qu'elle a joué un rôle moins important qu'on ne le croit généralement. D'après lui, les curés des paroisses (le bas clergé) auraient joué le rôle d'informateur au sujet du degré d'indigence dans laquelle vivait la population, et non celui de distributeur d'aide pécuniaire et de biens.

Devant les besoins de la population en matière de soins, les communautés religieuses féminines ont créé et administré les hôpitaux du Québec en s'inspirant du modèle français. Cependant, quel que soit le point de vue qu'on adopte, il n'en demeure pas moins que l'Église a joué un rôle important dans la pratique et l'évolution du travail social.

> **The Poor Laws**
> Ensemble de lois qui établit la responsabilité de l'État (en Angleterre et dans certaines provinces canadiennes) envers les pauvres. En vertu de ces lois, les paroisses devaient s'occuper des pauvres.

Au Canada anglais, l'Église protestante s'est beaucoup moins immiscée dans la vie quotidienne de la population. Henri VIII, en prenant la tête de l'Église d'Angleterre au XVIe siècle, a plutôt établi la responsabilité de l'État auprès des pauvres. Un ensemble de lois sur cette population, *The Poor Laws* (« Lois sur les pauvres »), s'est fait l'écho de cette responsabilité. En vertu de ces lois, les paroisses devaient s'occuper des pauvres et construire au besoin des établissements comme les « maisons des pauvres » et les « maisons de travail ».

Seuls la Nouvelle-Écosse et le Nouveau-Brunswick ont adopté avant 1867 le modèle anglais des *Lois sur les pauvres*. Mais, en raison de leur faible population, ces provinces n'avaient pas les ressources nécessaires pour répondre aux exigences du modèle. Souvent, les orphelins étaient vendus à la criée et les sans-abri, placés dans des « maisons des pauvres » lorsque celles-ci existaient. Comme peu de paroisses pouvaient se permettre ce genre d'établissement, il arrivait fréquemment, comme le souligne Guest (1993), qu'un même établissement accueille des pauvres « méritants » (mères célibataires, handicapés, enfants, vieillards, etc.) et des pauvres « non méritants » (personnes capables de travailler), des criminels et des malades. Cette époque fut d'ailleurs surnommée « l'ère de l'enfermement » : presque tous ceux qui étaient considérés comme susceptibles de « déranger » l'ordre établi étaient alors enfermés pêle-mêle, se voyant pour la plupart contraints au travail forcé (Mayer, 2002).

Dans le Haut-Canada (l'Ontario actuel), il n'y avait pas d'organisation systématique des services sociaux. Il n'était pas du devoir de l'État de s'occuper des pauvres, et il était convenu que les municipalités et les paroisses devaient assumer cette responsabilité. Là aussi, les sans-abri et les criminels se retrouvaient parfois dans les mêmes établissements, une situation qui soulevait de vives controverses. Le gouvernement du Haut-Canada ordonna finalement que les sans-abri et les criminels soient séparés. C'est ainsi que le pénitencier de Kingston vit le jour, le premier au Canada (Guest, 1993).

Les premiers colons étaient indépendants de nature ; ils percevaient la charité comme le tout dernier recours. Ils admettaient difficilement leur état de pauvreté, celle-ci étant considérée comme un signe de faiblesse (Guest, 1993). En général, malgré l'aide que pouvaient offrir l'État ou l'Église, ils préféraient régler eux-mêmes leurs problèmes. En cas de besoin, la famille était souvent la seule source de soutien. Cette mentalité a changé avec l'urbanisation. La concentration croissante de la population dans les villes a fait apparaître, dès la seconde moitié du XIXe siècle, une forme de paternalisme, selon lequel l'aide aux plus démunis relevait de la charité et de la philanthropie privée, que celle-ci soit le fait du clergé (catholique ou protestant) ou de laïques issus de la bourgeoisie (Mayer, 2002).

> **Industrialisation**
> Croissance industrielle dans les grandes villes et passage, sur les plans social et économique, d'une société rurale basée sur l'agriculture à une société urbaine basée sur l'industrie.

Les événements qui ont favorisé le développement du travail social

Après la Confédération, le Canada est caractérisé par une **industrialisation** rapide. La population urbaine connaît une forte croissance, notamment à Toronto et à Montréal. Cette croissance repose sur deux facteurs : l'immigration et la migration intérieure. Les campagnes se dépeuplent au profit des villes et les nouveaux citadins fournissent aux usines en plein essor la main-d'œuvre dont elles ont besoin. Toutefois, les conditions de travail en usine sont généralement pitoyables. Les ouvriers, souvent des enfants, doivent travailler de longues heures pour des salaires scandaleusement bas et sans aucune protection contre la maladie et les accidents du travail.

Le travail social, comme profession, s'établit en réaction aux phénomènes de l'**urbanisation** et de l'industrialisation. Les conditions de travail de la classe ouvrière attirent l'attention de membres de la classe plus aisée, surtout des femmes. Bénévolement, ces femmes commencent à apporter de l'aide aux familles pauvres. Yelaja (1985, p. 24) dépeint de la façon suivante ces premières « travailleuses sociales » :

> Les premières travailleuses sociales, qu'on appelait « visiteuses amicales », étaient animées avant tout par l'intuition, un bon cœur, la compassion et un désir sincère de venir en aide aux membres moins favorisés ou démunis de la société. Issues de la bourgeoisie et de la haute société, ces femmes offrant une aide bénévole aux gens des classes inférieures représentaient le courant principal en travail social.

Urbanisation
Migration de la population des villages ruraux vers les grandes villes causée par l'industrialisation et la croissance de l'emploi dans les usines.

Ces femmes bénévoles, souvent liées à des organismes de charité, n'ont aucune formation particulière qui puisse guider leur action. Elles sont exclusivement inspirées par leur désir d'aider. Cependant, épousant l'idéologie de l'époque, elles croient que les pauvres se trouvent dans cette situation à cause de leurs faiblesses morales et spirituelles. Leur intervention consiste par conséquent à amener ces personnes à changer leurs comportements. Plus tard, ce sont les infirmières visiteuses qui seront à l'origine d'un début de professionnalisation des métiers voués aux pauvres urbains. En effet, en 1918 se réunissent à l'Université McGill quelques-unes de ces femmes, qui fonderont en 1923 la Montreal School of Social Work, la première école québécoise de travail social.

Au Canada français, il faut remonter à la guerre de 1914-1918 pour comprendre les origines du travail social. Les problèmes sociaux causés par la Première Guerre mondiale d'abord, puis par la grande crise économique des années 1930, mettent en évidence la nécessité de former du personnel compétent capable de répondre à des besoins de plus en plus complexes et de se doter de normes et de méthodes d'intervention plus rationnelles (Mayer, 2002).

Les années 1930

Au cours des années 1930, le travail social professionnel fait son apparition au Canada français. Groulx (2007) souligne que le travail social est à cette époque considéré comme une vocation, qu'il est réservé aux femmes et a un caractère confessionnel. Formateurs, travailleurs et étudiants souscrivent alors à cette conception du service social, dont les exigences sont moralement élevées. La travailleuse sociale est choisie pour ses qualités « féminines », notamment la générosité, le goût du sacrifice, le dévouement, l'affection. Il faut, en outre, être catholique pour être admise dans la première école de service social, appelée l'« École d'action sociale », fondée en 1931. Le terme « service », par opposition à « travail » social, exprime d'ailleurs encore aujourd'hui cette lointaine filiation catholique. Il existe alors une différence entre le service social catholique et le service social « neutre » ou philanthropique, lequel est associé au protestantisme. Toutefois, pour étudier le service social à l'Université McGill, une auxiliaire sociale doit obtenir la permission de l'archevêché (Groulx, 2007).

Dans les institutions francophones, l'enseignement du travail social est fortement influencé par la doctrine sociale de l'Église catholique, qui restera très présente jusqu'à la Révolution tranquille (Mayer, 2002). À cette époque, les interventions sont centrées sur la conduite et le sens moral des indigents. On distingue deux catégories de pauvres : les vertueux et les dépravés. L'auxiliaire sociale fait prendre conscience aux pauvres de la honte de leur état et s'efforce de les amener à adopter de bons comportements.

Les années 1940 et 1950

En 1939, le déclenchement de la Seconde Guerre mondiale consacre le recours à des travailleuses sociales dans les agences de service social, appelées à faire leur « effort de guerre », en collaboration avec les ministères de la Défense et des Anciens Combattants (Mayer, 2002).

Au Québec, la période qui suit la Seconde Guerre mondiale et qui se poursuit tout au long des années 1950 a été surnommée « la grande noirceur » (Mayer, 2002). Cette époque voit la domination du gouvernement par l'Union nationale de Maurice Duplessis, au pouvoir de 1944 à 1959. À Ottawa, le gouvernement fédéral prend comme modèle le rapport publié en 1943 par Leonard Marsh pour concevoir la version canadienne de l'État-providence. Le gouvernement du Québec, pour sa part, choisit le scénario inverse et favorise une approche de « laisser-faire » quant à l'économie et à la sécurité sociale (Vaillancourt, 1988). Appuyé par l'alliance entre la petite bourgeoisie et l'Église catholique, le gouvernement de Duplessis croit que la responsabilité des pauvres est avant tout du ressort des municipalités et des paroisses (Mayer, 2002). Cette époque voit néanmoins le développement du modèle asilaire, selon lequel se fondent de très grandes institutions gérées par des religieuses dans le domaine de la santé, de l'aide aux personnes âgées et de la santé mentale.

Malgré les efforts du gouvernement de Duplessis pour imposer une position non interventionniste, c'est sous son règne que s'opère une certaine professionnalisation du travail social. C'est également pendant ces années que se crée un vaste réseau d'établissements de services sociaux au Québec. Au cours de cette période, les écoles de travail social et les établissements de services sociaux sont fortement influencés par des valeurs et des principes catholiques véhiculés par le conservatisme duplessiste. L'approche d'intervention principale est alors le *casework*, qui signale le début d'une professionnalisation des techniques moralistes d'aide (Mayer, 2002).

Les années 1960 et 1970

Avec la mort de Maurice Duplessis en 1959 et l'élection du Parti libéral sous la direction de Jean Lesage, le Québec entre dans une période qu'on appelle la « Révolution tranquille ». Cette époque sera marquée par une expansion industrielle rapide, une diminution de l'influence de l'Église catholique et la modernisation de l'État. Les changements amorcés dès 1943 au Canada s'opéreront en mode « rattrapage » au Québec en une dizaine d'années. C'est aussi une période de transition vers la laïcisation et la reconnaissance du travail social comme une profession à part entière (Mayer, 2002).

Dans ce contexte où les fondements traditionnels du travail social sont remis en question et où l'État investit le champ du social, écartant du même coup l'Église, les travailleurs sociaux tentent de montrer la spécificité de leur travail et l'utilité de leur intervention afin d'accéder à un statut professionnel reconnu et sanctionné. Leur discours perd graduellement sa couleur religieuse pour devenir laïque, et se veut ou se prétend plus rationnel, plus scientifique (Mayer, 2002). La première moitié des années 1960 est aussi marquée par la création de la **Corporation des travailleurs sociaux professionnels du Québec (CTSPQ)** en 1958 et son incorporation légale en 1960 (Mayer, 2002).

De 1966 à 1972, la **Commission d'enquête sur la santé et le bien-être social** (le rapport Castonguay-Nepveu) propose une réorganisation totale des programmes de la santé et des services sociaux au Québec sous le contrôle de l'État (Mayer, 2002). En une décennie sont créés le ministère de l'Éducation (création des polyvalentes, cégeps et universités du Québec) et les CLSC, la *Loi sur la protection de la jeunesse* est promulguée, et ainsi de suite.

Il s'agit d'une période d'agitation politique assez importante, où le nationalisme est florissant, avec pour résultat l'élection, en 1976, de René Lévesque et du Parti québécois, qui soutient l'idée de l'indépendance du Québec. De plus, les revendications de tendance marxiste sont nombreuses. Dans les années 1960, la guerre à la pauvreté déclarée par le gouvernement de Lyndon Johnson, aux États-Unis, crée un climat propice à l'organisation des populations des quartiers défavorisés ou des régions rurales et à la revendication de meilleures conditions de vie. Selon Favreau (1989), ce mouvement a favorisé le regroupement des « citoyens ordinaires » autour de problèmes sociaux précis, susceptibles d'être résolus.

L'existence de divers courants de pensée au sein du groupe des travailleurs sociaux provoque toutefois des conflits. Ceux qui pratiquent l'intervention individuelle (*casework*) accusent de marxisme ceux qui privilégient l'intervention collective ou leur reprochent simplement d'oublier les besoins individuels ; les seconds, pour leur part, estiment qu'il faut agir sur les conditions sociales qui engendrent la pauvreté. Les premiers se voient ainsi soupçonner de favoriser le maintien du statu quo, voire d'appuyer l'oppression. Ces conflits existent encore de nos jours dans la profession, mais à un degré moindre. La mise en valeur de l'approche généraliste (*voir le chapitre 13*) a contribué au rapprochement des divers intervenants.

Corporation des travailleurs sociaux professionnels du Québec (CTSPQ)

Organisation québécoise, aujourd'hui appelée « Ordre des travailleurs sociaux et des thérapeutes conjugaux et familiaux du Québec » (OPTSQ), qui représente les travailleuses et travailleurs sociaux. Pour utiliser le titre « travailleur social professionnel » (tsp) au Québec, il faut être membre de l'Ordre.

Commission d'enquête sur la santé et le bien-être social

Commission d'enquête connue aussi sous le nom de « rapport Castonguay-Nepveu », qui a engendré une réorganisation totale des programmes de la santé et des services sociaux au Québec, les faisant passer sous le contrôle de l'État.

Au début des années 1970, trois événements majeurs viennent renforcer la professionnalisation du travail social : la création du ministère des Affaires sociales en 1970, l'adoption de la *Loi sur les services de santé et les services sociaux* (loi 65) en 1971 et la mise en place du nouveau système public de santé et de services sociaux du Québec en 1972 (Mayer, 2002). La professionnalisation du travail social est aussi marquée par l'instauration du *Code des professions* (loi 250) en 1973, qui conduira à la création de l'Office des professions du Québec et qui définit les nouvelles fonctions des corporations professionnelles, y compris la CTSPQ. Ce climat politique permet l'émergence de nombreux combats citoyens, qui favorisent la naissance de plusieurs organisations populaires (aujourd'hui qualifiées de communautaires). Par exemple, le mouvement de défense des droits des consommateurs a été soutenu par le mouvement syndical, notamment avec la création des associations coopératives d'économie familiale (ACEF), qui couvrent encore aujourd'hui la quasi-totalité du territoire québécois.

Les années 1980 et 1990

Si les années 1960 et 1970 sont caractérisées par une orientation interventionniste de l'État dans le domaine de la santé et des services sociaux, les décennies qui suivent seront marquées par un retour à l'approche du « laisser-faire » (aujourd'hui appelée « néolibérale ») et à une réorganisation importante de l'État-providence. Les récessions successives (crise du pétrole de 1973, crise économique de 1981, etc.) et la combinaison de l'inflation avec la stagnation ont convaincu les gouvernements d'Ottawa et de Québec que les niveaux de pauvreté et de chômage sont influencés par des facteurs économiques globaux et que la seule intervention du gouvernement ne peut résoudre le problème. La priorité des pouvoirs publics consiste dès lors à rendre l'économie du Canada et du Québec plus compétitive en faisant face au déficit croissant. Les moyens mis en œuvre pour y arriver incluent des compressions budgétaires de programmes sociaux, des coupures de prestations de l'assurance-chômage et de l'assistance sociale, et des réductions d'impôts. Le gouvernement fédéral réduit de manière importante ses contributions aux programmes provinciaux dans des domaines tels que la santé, l'éducation et le logement, avec pour conséquence le transfert par les provinces de la responsabilité financière de programmes tels que la garde des enfants et le logement, aux municipalités, aux communautés ou aux individus. Ces mesures néolibérales entraînent une réduction du déficit du gouvernement et une augmentation de la compétitivité de l'économie, mais également une augmentation considérable du niveau de pauvreté et du chômage.

Désormais dotée d'un statut professionnel légal et reconnu, la profession du travail social vit au rythme des transformations apportées au système de santé et de services sociaux par une succession de gouvernements, de ministres de la Santé et des Services sociaux et de commissions d'enquête ou d'étude, tels le rapport Brunet, paru en 1987, sur les nouvelles orientations à donner aux CLSC, et le rapport de la Commission d'enquête sur la santé et les services sociaux (commission Rochon) en 1988 (Mayer, 2002).

Au début des années 1990, le travail social est marqué par l'instauration de la réforme du ministre Côté, à la suite du dépôt du livre blanc intitulé *Une réforme axée sur le citoyen* en 1990 et de l'adoption de la *Loi sur les services de santé et les services sociaux* (loi 120) en 1991 (Rondeau et Commelin, 2005). Puis vient la mise en œuvre du virage ambulatoire du ministre Rochon (Rondeau et Commelin, 2005).

Malgré les pressions néolibérales, il importe de bien distinguer que cette époque n'est pas un retour en arrière vers les années 1960. L'État intervient toujours, mais de façon différente. Ces décennies sont celles de la création des services d'aide à domicile aux personnes âgées, de la désinstitutionnalisation des clientèles âgées ou souffrant de problèmes de santé mentale – donc la fin des grands établissements asilaires –, de la création des services de garde et de nouveaux organismes communautaires (aide aux victimes d'actes criminels, travail de rue, etc.). En fait, l'État soutient partiellement le développement de services dans la communauté.

La situation économique et les politiques sociales du Québec et du Canada pendant cette période ont un impact important sur la pratique du travail social. Tandis que la littérature sur le sujet reflète une exploration des approches alternatives basées sur les principes marxistes et féministes, les pratiques quotidiennes dans les établissements réglementés par l'État, par exemple relativement à la protection de l'enfance ou aux jeunes contrevenants, sont caractérisées par un contrôle plus bureaucratique et des évaluations. Au Québec, la commission Rochon formule de nombreuses critiques à l'égard des établissements de santé et de services sociaux. Plusieurs mesures sont proposées pour rendre le fonctionnement de leurs programmes plus efficace (Mayer, 2002). En même temps, les organismes communautaires voient leur budget coupé ou réorienté. Par la force des choses, plusieurs d'entre eux commencent à adopter des approches à court terme, centrées sur la tâche, etc.

Les années 2000

Les années 2000 voient se poursuivre les réformes précédentes, qui favorisent l'émergence de nouveaux modes d'organisation des services. Par exemple, cette époque est marquée par une série d'innovations découlant du virage ambulatoire dans les domaines des personnes âgées en perte d'autonomie ou des personnes souffrant de problèmes de santé mentale. Aussi, des réseaux intégrés de services s'implantent, ainsi que la gestion de cas ou le suivi systématique. En 2001, la Commission d'étude sur les services de santé et les services sociaux (commission Clair) publie son rapport et formule des recommandations pour une meilleure « gouvernance » du réseau (Mayer, 2002). La pression s'accroît en matière de privatisation des services de santé. La grande réforme de 2004, caractérisée par la création des centres de santé et de services sociaux (CSSS), marque une transformation du rapport entre les professions sociales et médicales et l'intensification des rapports interprofessionnels, entre autres. La même année, une nouvelle opération de rationalisation du réseau, de son fonctionnement et de ses coûts est mise en branle: une importante fusion d'établissements a lieu à travers la province. On regroupe, à l'échelle d'une région ou d'une sous-région, plusieurs CLSC, centres hospitaliers de soins prolongés et centres hospitaliers généraux sous une seule administration : les centres de santé et de services sociaux (CSSS) (Rondeau et Commelin, 2005).

Les pionniers de la profession

Nombreuses sont les personnes qui ont exercé une influence marquante sur le travail social. Dans le Québec d'antan, comme nous l'avons déjà mentionné, c'est surtout le clergé catholique qui veille à l'organisation et à la distribution des services sociaux, et ce, jusqu'à ce que l'État prenne en charge cette fonction, dans les années 1960, lors de la Révolution tranquille. C'est pourquoi les lois sur les services sociaux apparaissent plus tard au Québec que dans les autres provinces canadiennes, où l'État est responsable des services sociaux depuis plus longtemps.

Au dire de certains, Marguerite Bourgeoys a été la première travailleuse sociale au Canada. Au XVIIe siècle, elle a travaillé auprès des colons venus s'établir en Nouvelle-France (Yelaja, 1985).

> En 1640, Marguerite Bourgeoys se joint à une congrégation d'enseignantes non cloîtrées d'un couvent de Troyes, dirigé par la sœur du gouverneur de Maisonneuve, fondateur de Ville-Marie (Montréal). Elle fait route vers le Canada en 1653 et, en 1658, ouvre une école pour filles dans une étable à Montréal. En plus de chaperonner les filles venues de France comme futures épouses des colons (Filles du Roi), elle recrute des Françaises et des Canadiennes pour enseigner, ouvre un pensionnat pour filles à Montréal, une école pour les filles autochtones dans la réserve des Sulpiciens de La Montagne, ainsi qu'une école d'arts ménagers. Ses « sœurs » commencent à enseigner dans des paroisses rurales. Elle justifie leur refus d'être cloîtrées en faisant valoir que la Vierge Marie est demeurée laïque. Mgr de Laval leur interdit de prononcer leurs vœux, mais Mgr Saint-Vallier, son successeur, les invite à fonder une école à l'île d'Orléans. Elles ont bientôt une école d'arts ménagers et une école primaire à Québec. (Jaenen, 2010)

En Ontario, John Joseph Kelso a travaillé dans le domaine des services aux enfants et a ainsi contribué au développement du service social. Journaliste, il s'intéressait notamment à la situation des enfants abandonnés à Toronto à la fin du XIXe siècle.

> En 1887, il fonde la Toronto Humane Society qui a pour mission de prévenir la cruauté envers les enfants et les animaux. En 1888, il fonde le Fresh Air Fund et le Santa Claus Fund, afin d'offrir des excursions et de l'agrément aux femmes et aux enfants pauvres, puis en 1891, la Société d'aide à l'enfance. En 1893, il devient le premier surintendant responsable des enfants à charge et des enfants privés de soins pour l'Ontario. Jusqu'à sa retraite, en 1934, il préside à la mise sur pied de sociétés d'aide à l'enfance partout en Ontario, en plus de jouer un rôle clé dans leur acceptation par d'autres provinces. Il prône également la

création de tribunaux juvéniles spéciaux, la distribution d'allocations aux mères et la légalisation de l'adoption, s'employant à la fermeture de maisons de correction et à l'ouverture de terrains de jeux. Si les réformes de Kelso ne sont pas novatrices, elles contribuent tout de même à diffuser et à promouvoir des méthodes et des idées venues d'ailleurs. Après 1895, on le considère comme le plus éminent spécialiste canadien de l'aide à l'enfance et on lui donne le titre d'« ami des enfants ». (Shipton, 2010)

L'une des contributions fondatrices de la profession vient, sans aucun doute, de Mary Richmond. Son ouvrage *Social Diagnosis*, publié en 1917, est le premier à décrire d'une manière ordonnée le processus d'intervention en service social, de l'évaluation à l'intervention.

Contrairement à la plupart des personnes engagées activement dans le service social à cette époque, [Mary Richmond] n'est pas issue d'un milieu riche. Sa mère meurt quand elle a trois ans et elle est élevée par sa grand-mère, qui tient une pension dans un quartier ouvrier de Baltimore, et ses deux tantes. Après avoir obtenu son diplôme d'un collège réputé, elle travaille comme secrétaire, puis comme trésorière adjointe à la Baltimore Charity Organization Society. C'est là qu'elle s'initie au service social. À la maison, on discute couramment des droits des femmes, du racisme, d'éducation et de réformes politiques.

Mary Richmond éprouve un intérêt particulier pour les pauvres et les opprimés. Son travail avec l'Église ainsi que l'influence de certaines femmes engagées dans les réformes sociales renforcent cet intérêt. Soutenue par ces femmes, elle réussit à obtenir le poste de directrice de la Baltimore Charity Organization Society, un poste occupé avant elle par des hommes ayant une formation supérieure. En tant que directrice de cette société, Mary Richmond a joué un rôle important dans le mouvement de réforme sociale aux États-Unis. On lui doit notamment la relation d'aide scientifique (*scientific casework*), qu'elle lance aux États-Unis dans les années 1920. (Popple et Leighninger, 1990, p. 67)

Comme bien d'autres professions d'ordre social de cette époque, le travail social veut acquérir un caractère scientifique pour se donner une crédibilité dans le milieu; la médecine est alors la référence et les autres professions tendent à imiter son modèle. Il existe encore aujourd'hui des intervenants sociaux qui utilisent les termes « diagnostic » et « traitement » (issus du modèle médical) au lieu de parler d'évaluation et d'intervention. Cette perspective médicale favorise une intervention individuelle. Il existe cependant une perspective plus collective, qui tire son origine du mouvement des foyers universitaires (*university settlements*), dont la première expérience est celle de Toynbee Hall, à Londres, dans les années 1880. Jane Addams, une Américaine, alla visiter Toynbee Hall, qui l'inspira. De retour aux États-Unis, elle fonda avec ses collègues la Hull House à Chicago, en 1889. Dans ce genre d'établissement, les intervenants étaient en contact avec les pauvres, et la direction prônait la réforme sociale.

On y trouvait : une garderie, un club social pour les jeunes femmes au travail, des programmes de formation. Les intervenants de ce « foyer » étaient engagés politiquement et cherchaient à améliorer les conditions de vie de la classe ouvrière de Chicago. Jane Addams fut également une leader dans les mouvements internationaux de défense des droits des femmes et des enfants. Elle a beaucoup écrit et ses œuvres les mieux connues sont *Democracy and Social Ethics* (1902) et *Twenty Years at Hull House* (1910) (Evene, 2010). Les semences de l'action sociale, approche que nous décrirons au chapitre 21, étaient jetées.

L'intervention individuelle, quant à elle, est influencée, à partir des années 1930, par la théorie freudienne et ses dérivés, comme les techniques d'intervention psychodynamique. Florence Hollis est celle qui a le mieux représenté cette approche dans ses écrits (*voir Hollis, 1972*). On estimait alors que 85 % des intervenants adoptaient le modèle analytique. Aujourd'hui, très peu s'appuient sur ces concepts, même s'ils ont marqué la culture d'intervention, notamment pour ce qui est du concept d'inconscient, encore en usage.

Dans les années 1940, Mgr Charles-Édouard Bourgeois, un personnage incontournable de l'histoire du service social au Québec, fonde à Trois-Rivières un organisme polyvalent de services sociaux. Ses ambitions, toutefois, sont plus grandes, comme l'explique Jules Perron (1986, p. 20) : « Homme de vision, entreprenant de nature et fin stratège, Mgr Bourgeois poursuivait sans relâche l'idée de doter l'ensemble de la population du Québec d'un réseau de services sociaux à l'image de l'agence trifluvienne. »

Grâce à ses relations au sein de l'Église et des milieux politiques, il réussit à convaincre de nombreuses gens du bien-fondé de sa vision. L'Université de Sherbrooke lui décernera un doctorat *honoris causa* en 1958, en reconnaissance de sa carrière et de sa contribution sociale.

Une autre personnalité importante au Québec dans le domaine du service social est sœur Marie Gérin-Lajoie, qui fonde, en 1931, l'École d'action sociale, destinée à la formation en travail social. Marie Gérin-Lajoie est issue d'un milieu de tendance féministe et fait partie de la première cohorte de bachelières du Collège Marguerite-Bourgeoys (premier collège classique féminin au Québec). En 1909, Marie Gérin-Lajoie met sur pied le Cercle d'étude féminin où l'on pratique une forme de service social bénévole. En 1919, elle crée un cours préparatoire à l'action sociale au sein de l'École d'enseignement supérieur pour jeunes filles, puis participe à la structuration du service social de l'Hôpital Sainte-Justine en 1921. L'année suivante, elle fonde les Sœurs de l'Institut Notre-Dame-du-Bon-Conseil de Montréal, puis ouvre un premier centre social du Bon-Conseil dans un quartier ouvrier de la ville. En 1931, elle établit l'École d'action sociale et familiale. Le rôle de Marie Gérin-Lajoie dans l'implantation du service social reste peu connu, mais on peut sans aucun doute parler d'elle comme d'un précurseur. Les actions que mène sa communauté dès le début des années 1930, en particulier la création des centres sociaux paroissiaux, peuvent être considérées comme des actions de service social (Mayer, 2002).

Les écoles de service social au Canada

C'est l'Université de Toronto qui a ouvert la première école de service social au Canada, en 1914. L'Université McGill suit son exemple en 1918, puis l'Université de Colombie-Britannique en 1927. La première université francophone à offrir une formation en service social sera l'Université de Montréal, en 1940, suivie de près par l'Université Laval en 1943 (Rondeau et Commelin, 2007). Aujourd'hui, huit universités québécoises offrent un programme de baccalauréat spécialisé en service social ou en travail social. Actuellement, le baccalauréat constitue l'exigence minimale pour accéder à la profession de travailleur social (Rondeau et Commelin, 2005, 2007).

L'Université Wilfrid Laurier, à Waterloo, est la première à se doter d'un programme de maîtrise en service social en 1940. Aujourd'hui, toutes les écoles de travail social du Québec offrent un programme de deuxième cycle (Rondeau et Commelin, 2005, 2007). Dès 1951, l'Université de Toronto offre le premier doctorat. Il existe de nos jours deux programmes doctoraux en travail social au Québec (celui de l'Université Laval et le programme conjoint des universités de Montréal et McGill).

L'arrivée des programmes de formation collégiale a fait en sorte qu'il existe désormais deux catégories de professionnels en travail social. Tous les collèges communautaires de l'Ontario et 12 cégeps québécois offrent une formation en travail social (Rondeau et Commelin, 2005, 2007). Ces programmes donnent aux étudiants la possibilité d'acquérir des connaissances de base en travail social. Une fois sa formation terminée, le technicien doit être en mesure d'intervenir de manière préventive dans diverses situations problématiques, d'aider des individus ou des groupes aux prises avec des problèmes sociaux et d'accomplir diverses tâches liées à l'accueil, à l'évaluation, à l'intervention, à la prévention et à la relance (Rondeau et Commelin, 2005, 2007). La différenciation des tâches entre les diplômés collégiaux et universitaires fait l'objet de fréquentes discussions et négociations entre ces deux catégories professionnelles.

L'Association canadienne des travailleuses et travailleurs sociaux est fondée en 1926 et, à la fin des années 1960, l'Association canadienne des écoles de service social (ACESS) voit le jour (il s'agit aujourd'hui de l'Association canadienne pour la formation en travail social). Au début des années 1980, le Regroupement des unités de formation universitaire en travail social (RUFUTS) est créé au Québec pour représenter les intérêts des écoles universitaires québécoises. Au cours de la même période, le Regroupement des enseignantes et enseignants des collèges en techniques de travail social du Québec (REECETTSQ) est mis sur pied.

À la lumière de ce qui précède, il est clair que le travail social constitue une profession établie et reconnue au Canada. Malgré les compressions budgétaires, la nécessité et l'utilité de cette profession ne font aucun doute. Le travail social a pris différentes formes selon les époques et les contextes.

QUESTIONS

1. Selon vous, est-ce à l'Église ou à l'État que revient le rôle d'offrir les services sociaux à la population ?
2. Pourquoi Mary Richmond a-t-elle choisi le terme *diagnosis* (« diagnostic ») ?
3. Traditionnellement, pourquoi le service social comme profession était-il perçu comme une activité féminine ? Qu'en est-il à l'heure actuelle ?

4. Croyez-vous que la profession du travail social devrait s'intéresser aux mœurs de l'individu ? Expliquez.
5. En vous imaginant être membre d'une famille qui a besoin de l'aide d'un travailleur social, dites comment vous vous sentiriez devant une enquête à caractère moral.

➕ LECTURES SUGGÉRÉES

Auclair, R. (2003). *Introduction à la sécurité sociale au Québec*. Québec, Québec : Presses de l'Université Laval.

Daigneault, D. (2000). Les techniques de travail social : un programme révisé, le rôle du travail social revisité. *Intervention, 13*(1), 191-198.

Deslauriers, J.-P. et Hurtubise, Y. (dir.) 2005. *Le travail social international. Éléments de comparaison* (pp. 255-282). Québec, Québec : Les Presses de l'Université Laval.

Deslauriers, J.-P. et Hurtubise, Y. (2007). L'actualité de Mary Richmond. Dans J.-P. Deslauriers et Y. Hurtubise (dir.), *Introduction au travail social* (pp. 5-18). Québec, Québec : Les Presses de l'Université Laval.

Favreau, L. (2000). Le travail social au Québec (1960-2000) : 40 ans de transformation d'une profession. *Nouvelles pratiques sociales, 13*(1), 27-47.

Groulx, L.-H. (1993). *Le travail social : analyse et enjeux*. Laval, Québec : Les éditions Agence d'ARC.

Groulx, L.-H. (2007). L'histoire du service social : éléments d'analyse. Dans J.-P. Deslauriers et Y. Hurtubise (dir.), *Introduction au travail social* (pp. 41-68). Québec, Québec : Les Presses de l'Université Laval.

Groulx, L.-H. (2009). La restructuration récente des politiques sociales au Canada et au Québec : éléments d'analyse. *Labour/Le travail, 63*, 9-46.

Groulx, L.-H. et Rondeau, G. (1995). Le travail social au Québec. *Vie sociale, 4*, 104-114.

Guest, D. (1993). *Histoire de la sécurité sociale au Canada*. Beauceville, Québec : Les Éditions du Boréal.

Lecomte, R. (2000). L'évolution du travail social : une histoire à suivre. *Reflets, 6*(1), 18-34.

Maioni, A. (1998). Les politiques sociales. Dans M. Tremblay (dir.), *Les politiques publiques canadiennes* (pp. 111-134). Québec, Québec : Les Presses de l'Université Laval.

Mayer, R. (2002). *Évolution des pratiques en service social*. Boucherville, Québec : Gaëtan Morin Éditeur.

Mayer, R. et Goyette, M. (2000). Politiques sociales et pratiques sociales au Québec depuis 1960. Dans J.-P. Deslauriers et Y. Hurtubise (dir.), *Introduction au travail social* (pp. 35-66). Québec, Québec : Les Presses de l'Université Laval.

Rondeau, G. et Commelin, D. (2005). La profession de travailleur social au Québec. Dans G. Rondeau et D. Commelin (2007). La formation en travail social. Dans J.-P. Deslauriers et Y. Hurtubise (dir.). *Introduction au travail social* (pp. 295-318). Québec : Les Presses de l'Université Laval.

Ulysse, P.-J. et Lesemann, F. (2004). *Citoyenneté et pauvreté. Politiques, pratiques et stratégies d'insertion en emploi et de lutte contre la pauvreté*. Québec, Québec : Presses de l'Université du Québec.

Sites Web à consulter

Association canadienne pour la formation en travail social (ACFTS)
www.caswe-acfts.ca

Council on Social Work Education (CSWE)
www.cswe.org/

Canada's Unique Social History
www.socialpolicy.ca/cush/

Regroupement des unités de formation universitaire en travail social du Québec (RUFUTS)
www.unites.uqam.ca/rufuts/

Information for Practice
www.nyu.edu/socialwork/ip/

Chapitre 3 — Les fondements théoriques

Toute profession s'appuie sur des fondements théoriques, c'est-à-dire sur un modèle d'explication de la réalité. Le travail social n'y fait pas exception. La différence généralement reconnue entre un professionnel et un intervenant non professionnel réside dans la planification explicite de l'intervention en fonction d'un ou de plusieurs modèles théoriques. Quels sont donc les modèles théoriques s'appliquant au travail social et à quoi servent-ils ?

On comprendra qu'il est impossible, dans le cadre de ce chapitre, d'exposer toutes les théories qui ont exercé ou qui exercent encore une influence sur la profession ; nous nous limiterons par conséquent à un examen sommaire de celles qui ont le plus marqué la pratique du travail social.

Une théorie est un ensemble d'idées, de concepts qui visent à expliquer une réalité dans un contexte ou une situation spécifiques. Cet ensemble d'idées et de concepts permet de donner un sens à l'organisation des choses et des événements. Les modèles d'intervention en travail social reposent tous sur des fondements théoriques qui ont été vérifiés cliniquement ou scientifiquement dans la réalité.

Ces modèles théoriques sont présentés ici dans l'ordre de leur apparition dans la profession. Après avoir exposé dans ses grandes lignes l'apport des sciences humaines au développement du travail social, nous présenterons les théories psychanalytiques, puis les théories de l'apprentissage, dont découlent des modèles plaçant l'individu au cœur de l'intervention. Nous nous attarderons par la suite à la théorie marxiste et à celle des systèmes. Ces deux modèles théoriques constituent les points d'ancrage d'une nouvelle approche qui émerge dans les années 1960 et qui place la personne dans son environnement.

Une section est consacrée au courant féministe et aux théories auxquelles il a donné lieu. Il ne fait aucun doute qu'aujourd'hui les modèles théoriques produits par le féminisme ont une incidence sur l'orientation générale des interventions en travail social et sur l'encadrement de la pratique. Ces modèles, tout comme ceux qui proviennent d'autres champs de connaissances, ont contribué à l'intensification de la lutte contre la marginalisation et l'exclusion de certains groupes sociaux. Enfin, nous présenterons une conception amérindienne de l'être humain et de son milieu, symbolisée par la roue médicinale.

L'apport des sciences humaines

Les sciences humaines, qui ont connu un essor important au XXe siècle, ont contribué fortement à l'évolution du travail social, dont la pratique est centrée sur l'interaction entre les personnes et leur environnement. Il importe que les interventions reposent sur une connaissance du fonctionnement des personnes et des milieux dans lesquels celles-ci évoluent. En ce qui concerne le milieu, la sociologie et les disciplines connexes, comme l'anthropologie et l'ethnologie, nous permettent de comprendre comment il se comporte. Karl Marx nous a donné un modèle d'analyse des comportements sociaux et des structures d'inégalités sociales, et Max Weber a décrit les systèmes de normes constituant les sociétés modernes à l'aide d'une sociologie compréhensive sensible au sens que donnent les individus aux phénomènes sociaux. Alain Touraine s'est, quant à lui, intéressé aux mouvements sociaux et Pierre Bourdieu, aux formes diverses de domination. Ce sont là quelques apports de la sociologie.

Pour ce qui est de la personne, le modèle médical a longtemps exercé une influence déterminante sur la manière d'appréhender les problèmes sociaux, alors associés à une pathologie sociale. Le travailleur social devient un « soignant » qui doit diagnostiquer et traiter la personne qui a un problème. De nombreux chercheurs ont également apporté une contribution appréciable à ce modèle, les spécialistes de la psychanalyse et de la psychiatrie expliquant par des arguments scientifiques l'individuation des problèmes sociaux. Erik Erikson a élaboré une théorie du développement de la personne et Abraham Maslow, un modèle associant les besoins et la motivation. Sigmund Freud, pour sa part, a développé une compréhension de l'inconscient, alors que Carl Rogers a posé les bases d'une psychologie humaniste dont l'un des principes stipule que toute intervention doit être centrée sur les besoins exprimés par la personne. La psychologie humaniste a fourni de nombreux outils et valeurs en travail social ; par exemple, la distinction classique entre empathie et sympathie, qui a beaucoup influencé l'analyse des types de fonctionnement hérités des expériences de l'enfance (aussi appelée « analyse transactionnelle »).

Toutes ces théories permettent au travailleur social d'évaluer de façon méthodique une situation et de planifier une intervention.

Les théories psychanalytiques

Les **théories psychanalytiques** ont surtout servi de fondement à l'approche psychosociale en travail social. Elles sont issues des travaux de Freud et des psychologues du moi qui mettent l'accent sur les instincts et les conduites inconscientes expliquant les comportements individuels. Nous présentons ici quelques concepts clés de ces théories.

Théorie psychanalytique

Théorie issue des travaux de Freud et des psychologues du moi qui met l'accent sur les instincts et les conduites inconscientes expliquant les comportements individuels. Ce type de théorie a servi de fondement à l'approche psychosociale en travail social.

La conception freudienne du fonctionnement psychique et du développement

La dimension dynamique du psychisme

Freud (1938)[1] soutient que les comportements sont déterminés par des pulsions. Il relève deux types de pulsions : Éros et Thanatos. Éros se transforme en tension ou en énergie que l'on nomme « libido » ou « instinct sexuel ». Selon cette théorie, les personnes cherchent constamment à satisfaire leurs pulsions. Elles doivent cependant le faire dans un environnement social qui impose des contraintes, des normes et des valeurs ; elles trouvent alors des façons socialement acceptables de combler ces besoins, transformant l'énergie de la libido en comportements satisfaisants. La libido est aussi à l'origine des rêves et des fantasmes. Thanatos correspond à la pulsion de mort ou de destruction. Selon Freud, chacun porterait en lui un instinct de mort ; il ne s'est toutefois pas attardé à ce concept, qui peut aider à comprendre certains comportements autodestructeurs.

L'élaboration d'un point de vue génétique

Le modèle analytique suppose que la libido évolue selon différents stades, auxquels sont associés des expériences caractéristiques, une zone de stimulation génératrice de sensations agréables et des objets d'attachement sexuel particuliers. Ces stades sont déterminants dans la formation de la personnalité. Le premier stade est le stade oral ; ici, Freud fait le lien entre la satisfaction des besoins et le rôle dominant des expériences orales au début de la vie. Le stade anal constitue l'étape suivante ; selon Freud, durant cette période, un lien se crée entre les fonctions d'élimination et les règles sociales, par exemple la propreté. Vient ensuite le stade phallique qui est associé à l'éveil de la sexualité et à l'identification au père ou à la mère. C'est pendant ce stade que se développerait le complexe d'Œdipe. Finalement, à la puberté, après une période de latence, commence le stade génital, qui correspond à l'achèvement du développement libidinal et se caractérise par la subordination des pulsions partielles à la zone génitale. Le point culminant de ce stade est la sexualité adulte épanouie. D'après Freud, la non-résolution des conflits vécus au cours d'un de ces stades entraînerait l'apparition de la personnalité névrotique et, à l'extrême, de la personnalité psychotique.

L'appareil psychique

Selon un premier modèle proposé par Freud, l'appareil psychique se compose du conscient, du préconscient et de l'inconscient, trois instances à l'œuvre en autant de niveaux. Le conscient correspond à l'ensemble des faits psychiques dont on a une connaissance immédiate plus ou moins claire. Le préconscient, un lieu intermédiaire entre le conscient et l'inconscient, est l'instance qui assure le fonctionnement dynamique de l'appareil psychique. S'y trouvent des faits psychiques susceptibles de devenir conscients si aucune censure ne s'y oppose. L'inconscient, enfin, notion au centre de la théorie psychanalytique, est

---

1. L'exposé présenté ici puise en grande partie son contenu dans l'article de Strean (1986).

constitué de pulsions, de désirs et d'éléments refoulés qui n'ont pu pénétrer dans le conscient ou le préconscient. Si l'inconscient échappe entièrement à la conscience, même quand on cherche à le percevoir, il exerce néanmoins une forte influence sur les comportements. Les désirs, les fantasmes et les rêves sont la voie par laquelle il se manifeste.

Freud a par la suite élaboré un second modèle et nommé « ça », « moi » (ou ego) et « surmoi » (ou superego) les instances de l'appareil psychique, des lieux qui sont différenciés, mais interdépendants. Dans ce modèle, le ça, qui est le réservoir premier de l'énergie psychique, correspond à l'inconscient. Siège des pulsions, des désirs inconscients cherchant leur satisfaction immédiate, cette instance entre en conflit avec les deux autres. Le surmoi (ou superego), lui, est le produit de l'intériorisation des exigences ainsi que des interdits parentaux et sociétaux. Il agit comme juge et censeur et détermine, par ses conflits avec le moi, les sentiments inconscients de culpabilité. Il est le gardien de la morale. Finalement, le moi (ou ego), la structure de la personnalité psychique sans doute la plus connue, permet une défense contre la réalité et les pulsions. Le moi est dominé par le principe de réalité. C'est lui qui arbitre les conflits entre le ça, le surmoi et les impératifs de la réalité. Il intervient en quelque sorte comme un médiateur entre les désirs du ça, les directives du surmoi et les exigences du monde extérieur.

Les mécanismes de défense

Selon Freud, nous sommes déterminés par le jeu qui s'opère entre les pulsions de notre ça et les règles de notre surmoi. Le moi ne remplit qu'un rôle d'arbitre pour rendre acceptables les comportements qui résultent de l'énergie de ces pulsions. Cependant, quand les demandes de la réalité ou des pulsions deviennent trop fortes pour le moi, ou quand celui-ci n'a pas, dans son répertoire de comportements possibles, une réponse adéquate à fournir à ces demandes, il met en œuvre ce que la psychologie du moi a appelé des « mécanismes de défense ». Grâce à ceux-ci, l'énergie instinctuelle peut être détournée et transformée en un comportement acceptable pour le moi. Par exemple, on pourra imputer à quelqu'un d'autre une caractéristique indésirable qui nous est propre, un mécanisme qui s'appelle la projection ; le refoulement est un mécanisme qui permet d'éliminer de la conscience une pulsion ou un souvenir susceptible de causer de l'angoisse ou de susciter un sentiment de culpabilité.

Comme nous le verrons dans le chapitre 5, l'approche psychosociale à laquelle ont souscrit la majorité des travailleurs sociaux jusque dans les années 1970 repose sur les théories de Freud et des psychologues du moi. L'interprétation psychanalytique des motivations humaines et des comportements individuels fut l'un des principaux instruments utilisés pour diagnostiquer la société (Mayer, 2002).

La théorie psychanalytique est très vaste et a donné naissance à de nombreuses théories. Il est impossible de toutes les évoquer ici, mais il est bon de souligner l'importance du concept de transfert/contre-transfert pour les praticiens. Dans la relation clinique entre un client et son thérapeute, le premier peut exprimer des pulsions à l'égard de l'intervenant, que celui-ci interprétera non pas comme un message lui étant personnellement adressé, mais bien comme l'expression des tensions ayant cours entre les trois instances psychiques de la personne en analyse. Il faudra alors leur donner un statut de connaissance et, bien entendu, ne pas réagir aux sentiments exprimés par le client.

Les psychologues du moi et les phases du développement

Dans les années 1940, on a commencé à remettre en question l'idée que la personnalité, une fois formée, ne peut plus changer et que le moi n'a aucun pouvoir sur celle-ci. Un groupe, appelé les « psychologues du moi », a émis l'hypothèse selon laquelle le moi exerce sa propre influence et peut s'adapter. Erikson (1950) est la figure de proue de la psychologie du moi. Un des principaux apports qu'on lui doit est la définition de huit stades du développement du moi, qu'il associe à des crises psychosociales. Nous rappellerons ici simplement ces crises sans les expliquer :

1. la confiance ou la méfiance ;
2. l'autonomie ou la honte et le doute ;
3. l'initiative ou la culpabilité ;
4. l'activité et la compétence ;
5. l'identité ou la confusion des rôles ;
6. l'intimité ou l'isolement ;
7. la générativité ou le repli sur soi ;
8. la plénitude ou le désespoir.

À chaque stade correspondent certains objectifs. Dans l'éventualité où l'individu ne les atteint pas, le développement de son moi peut être affecté. Le travail social a accueilli avec intérêt l'idée d'un moi en constante évolution, car elle corrobore la possibilité de changement chez la personne. On doit à cette théorie l'approche par la résolution de problèmes et l'intervention centrée sur l'ego, sur lesquelles nous reviendrons au chapitre 13.

Les théories de l'apprentissage

> **Théorie de l'apprentissage**
> Théorie qui appartient au courant de la psychologie qu'on appelle le « béhaviorisme ». Selon cette perspective, tous les comportements sont appris, c'est-à-dire qu'ils proviennent de réactions à des stimuli de l'environnement. Pavlov et Skinner en sont les théoriciens les plus connus.

Les théories psychanalytiques ont longtemps représenté les plus importants modèles d'explication du développement et du comportement des personnes. L'une de leurs principales contributions fut sans doute de remettre en question les explications déterministes et religieuses du fonctionnement humain, héritées de l'époque victorienne. Plusieurs critiques ont toutefois été formulées contre le courant analytique, en ce qui concerne, entre autres choses, son caractère trop abstrait, son manque de rigueur scientifique et la difficulté de mesurer et de vérifier empiriquement ses observations. C'est donc en réaction à ces faiblesses que sont apparues les **théories de l'apprentissage**.

Pavlov et Skinner sont les scientifiques les plus connus ayant contribué au progrès de ces théories; ils appartiennent au courant de la psychologie qu'on appelle le « béhaviorisme ». Selon cette perspective, tous les comportements sont appris, c'est-à-dire qu'ils proviennent de réactions à des stimuli de l'environnement. Si j'adopte un comportement donné, c'est que quelque chose dans mon environnement l'a provoqué. Pour les béhavioristes, les théoriciens du développement de la personne devraient limiter leurs études à des éléments observables et quantifiables. Cette position est à l'origine de nombreux débats qui durent encore aujourd'hui. Jetons un très bref regard sur certains concepts clés des théories de l'apprentissage.

Le conditionnement classique

La théorie du conditionnement soutient qu'un comportement peut être appris par l'établissement d'une relation entre un stimulus conditionnel (ou neutre) et un stimulus inconditionnel. L'exemple classique de cette relation est une expérience menée par Pavlov (1927): un chien salive à la vue et à l'odeur de la viande; si, chaque fois qu'on lui présente de la viande, on fait sonner une cloche, le temps viendra où le chien salivera au simple son de la cloche, même en l'absence de viande.

Dans cet exemple, le stimulus neutre, soit la cloche, associé au stimulus conditionnel, dans ce cas la viande, provoque, au-delà de la réponse non conditionnée qu'est la salivation en présence de viande, une réponse conditionnée qui est la salivation sans la présence de viande.

Le conditionnement explique comment on peut apprendre des comportements par association. Il est utilisé dans certains traitements de l'alcoolisme, telles les thérapies aversives ou béhaviorales, axées sur la punition ou la récompense.

Le conditionnement opérant

Une autre forme de conditionnement, le conditionnement opérant (Skinner, 1938), fait appel à des renforcements positifs ou négatifs; on fait référence ici aux notions de récompense et de punition. Si un comportement donné reçoit un renforcement positif, il est probable qu'il se répète. Si le renforcement cesse, le comportement peut aussi cesser. Si un comportement amène un renforcement négatif, il peut ne pas se répéter; à l'inverse, si le renforcement négatif cesse, le comportement sera repris.

Ces explications simples résument l'essentiel de la théorie du conditionnement opérant, qui comporte en réalité infiniment plus de subtilités. Elles permettent néanmoins de se faire une idée de ce concept, qui est à la base de l'approche centrée sur la modification du comportement, décrite dans le chapitre 7.

La théorie marxiste

Théorie marxiste
Théorie selon laquelle le système capitaliste crée deux classes de personnes : la classe bourgeoise, qui détient les moyens de production (usine, machines, etc.) et la classe ouvrière, dont la survie dépend de sa force de travail.

Une des théories qui continue d'exercer une influence importante sur le travail social est la **théorie marxiste**, que l'on doit à Karl Marx, un philosophe et économiste allemand qui a étudié les conditions de vie des ouvriers en Angleterre à l'époque de la révolution industrielle. Plusieurs auteurs en travail social, notamment Ramesh Mishra (1981), Angela Djoa (1983) et Bob Mullaly (1998) ont écrit sur la contribution du marxisme à la profession. Ces auteurs ont beaucoup critiqué les effets du capitalisme sur la société. D'après Mullaly (1998), il est impossible, dans un régime capitaliste, d'avoir un système social qui réponde vraiment aux besoins de la population.

La méthode dialectique et le matérialisme

Marx a utilisé une méthode dialectique pour élaborer son cadre matérialiste et procéder à l'analyse de l'histoire et de l'évolution de la production économique. Chez Marx, le mot « matérialiste » réfère au rôle central joué par la production des biens matériels et à l'impact de cette production sur les relations sociales et économiques. L'idée centrale de la théorie sociale de Marx, qui est très utile pour penser le travail social, est que les conditions de vie déterminent la conscience des sujets, et non le contraire. Parmi ces conditions de vie, le système économique est la condition déterminante la plus importante. Des néomarxistes comme Pierre Bourdieu s'intéresseront à d'autres déterminants, comme le capital social ou symbolique (par exemple, un diplôme prestigieux).

Le marxisme est avant tout une théorie économique. Marx s'est posé la question suivante : Qu'est-ce qui crée la valeur ? Sa réponse : le travail. Lorsqu'un arbre devient une table, le prix de la matière est décuplé par le travail exécuté sur le bois brut. La richesse est donc le produit du travailleur, qui se fait voler cette richesse par celui qui lui donne un salaire, le capitaliste. La solution de Marx contre ce vol réside dans la création de coopératives de travail, par exemple les kolkhozes soviétiques. Sans cette solution, le salarié reste dépendant de son salaire, ce qui l'empêche d'être libre. Plus encore, la société capitaliste tend à reproduire l'exploitation des ouvriers et à les maintenir dans la pauvreté.

Comme l'explique Burghardt (1996), le capitalisme fourmille de contradictions ; par exemple, couper les subventions pour le logement abordable pour réduire les dépenses du gouvernement, et aggraver ainsi le problème de l'itinérance. Les coupures dans les programmes sociaux peuvent aider les gouvernements à réduire le déficit financier, mais elles ont pour conséquence la création de déficits sociaux.

Dans son approche d'analyse matérialiste de l'histoire, Marx a présenté trois concepts : les forces de la production, les relations de la production, et les superstructures sociales et économiques (Burghardt, 1996). Comme les forces de la production changent, les relations de la production et les superstructures changent aussi. À un moment donné pendant notre histoire, une certaine capacité productive est déterminée par le nombre d'ouvriers, la manière dont ils coopèrent et les technologies qu'ils emploient. Par exemple, en comparant le féodalisme au capitalisme, Marx explique que, sous le système capitaliste, les forces de la production sont plus efficaces que sous le système féodal (Burghardt, 1996). Sous le système féodal au Moyen Âge, les forces de la production étaient en grande partie basées sur un système agricole utilisant des animaux et des humains. Avec le changement des forces de la production, les superstructures ont dû changer aussi. Par exemple, l'Église a joué un rôle important sous le système féodal, mais bien moindre sous le système capitaliste. Les écoles, pour leur part, étaient moins importantes sous le système féodal qu'elles peuvent l'être dans un monde capitaliste, le système capitaliste ayant davantage besoin d'une main-d'œuvre instruite. Nous verrons au chapitre 9 comment est utilisée aujourd'hui cette façon d'analyser les structures sociales.

Les principes clés

Le principe de base de la théorie économique de Marx est que le système capitaliste crée deux classes de personnes : la classe bourgeoise, qui détient les moyens de production (usines, machines, etc.), et la classe ouvrière, qui est dépendante pour sa survie de sa capacité à vendre sa force de travail. Ces deux classes se trouvent continuellement en opposition du fait du caractère irréconciliable de leurs intérêts respectifs : dans le partage de la richesse créée par la différence entre le profit et le salaire, l'une prend à l'autre. Selon cette théorie, les problèmes sociaux ne relèvent pas des faiblesses des individus, mais résultent de la structure même du mode de production capitaliste. C'est pourquoi, pour les marxistes purs et durs, ils ne peuvent être éliminés que par une transformation structurelle du mode de production et non simplement par une politique sociale. D'après Marx, la seule solution possible est que la classe ouvrière s'approprie les moyens de production en les collectivisant (Mullaly, 1998).

Un autre principe clé de cette théorie est que chaque personne doit contribuer selon ses habiletés et être récompensée selon ses besoins. En conséquence, le système social doit établir un minimum vital qui favorisera la pleine participation de chaque personne au système et garantir ce minimum à chaque citoyen (Mullaly, 1998).

Pour transformer une société fondée sur des principes capitalistes en une société reposant sur des principes plus ou moins directement marxistes, deux voies sont possibles. La première est la révolution, à l'image de ce qui s'est passé en Russie et en Chine. Les partisans de l'autre voie préconisent une transformation graduelle de la société, à la faveur d'une évolution, de compromis entre les forces contradictoires en présence. C'est cette voie qui s'est exprimée par les profondes transformations des sociétés occidentales qui, à la fin de la Seconde Guerre mondiale, ont craint que le communisme ne gagne du terrain. Les années 1940 ont donc vu apparaître au Canada, aux États-Unis et en Europe des systèmes de bien-être social nommés « États-providence », qui avaient pour but explicite d'éviter la montée des solutions marxistes dans ces pays. L'État-providence est en quelque sorte une réponse éclairée des capitalistes aux revendications ouvrières (Vaillancourt, 1988).

L'importance de la théorie marxiste pour le travail social

La théorie marxiste est importante pour la profession du travail social, et ce, pour trois raisons : 1) elle donne une explication du fonctionnement de la société, c'est-à-dire qu'elle met en lumière les conséquences du capitalisme dans la société et la lutte entre les classes ; 2) elle propose une façon de transformer la société en une société où le bien-être des personnes est fondamental ; 3) elle permet de concevoir les comportements individuels comme un produit des conditions de vie des personnes plutôt que comme le seul fait de leur volonté individuelle. En fait, la théorie marxiste stimule le sens critique et amène à comprendre qu'il ne suffit pas de changer l'individu, mais qu'il faut aussi et surtout modifier les conditions de vie qui maintiennent les inégalités. De nos jours, plusieurs membres de la profession du travail social croient encore que la théorie marxiste offre la seule solution pour améliorer notre système de bien-être social et la profession (Mullaly, 1998). Ils considèrent les services sociaux comme un instrument de domination économique, politique et idéologique, évoluant selon les transformations du mode de production capitaliste et la réorganisation des rapports de classe, et obéissant à un processus de rationalisation capitaliste du travail (Mayer, 2002). La théorie marxiste est une des théories qui servent de fondement à l'approche structurelle (Moreau, 1987) que nous examinerons au chapitre 9.

La théorie des systèmes

Une approche théorique a sans contredit fortement orienté la pratique du travail social au cours des 30 dernières années : la **théorie des systèmes**. C'est à Ludwig von Bertalanffy (1956) que l'on doit cette approche qui prend sa source dans les sciences naturelles. Aujourd'hui, en travail social, personne n'ignore l'existence de la théorie des systèmes et le jargon professionnel est parsemé de la terminologie systémique, issue de celle-ci. Il importe de rappeler brièvement certains des concepts de cette approche théorique.

Théorie des systèmes
Théorie selon laquelle un système est un ensemble d'éléments en interaction formant un tout qui est plus grand que la totalité des éléments qui le composent. Toute modification de l'un ou l'autre des éléments entraîne une modification de tout le système.

Les concepts de la théorie des systèmes

Bertalanffy soutient qu'un système est un ensemble d'éléments en interaction formant un tout qui est plus grand que la totalité des éléments qui le composent. Toute modification de l'un ou l'autre des éléments entraîne une modification de tout le système.

Un supersystème est un système composé d'un groupe de systèmes qui s'influencent mutuellement. Par exemple, la communauté est un supersystème par rapport aux familles qui en font partie.

Un sous-système est un système compris dans un système plus complexe. Par exemple, le couple est un des sous-systèmes de la famille.

La frontière est l'élément qui délimite un système par rapport à son environnement (*voir la figure 3.1*). Il existe des frontières rigides, alors que d'autres sont

FIGURE 3.1 Le système

Intrant (*input*) → Système → Extrant (*output*)

Rétroaction (*feedback*)

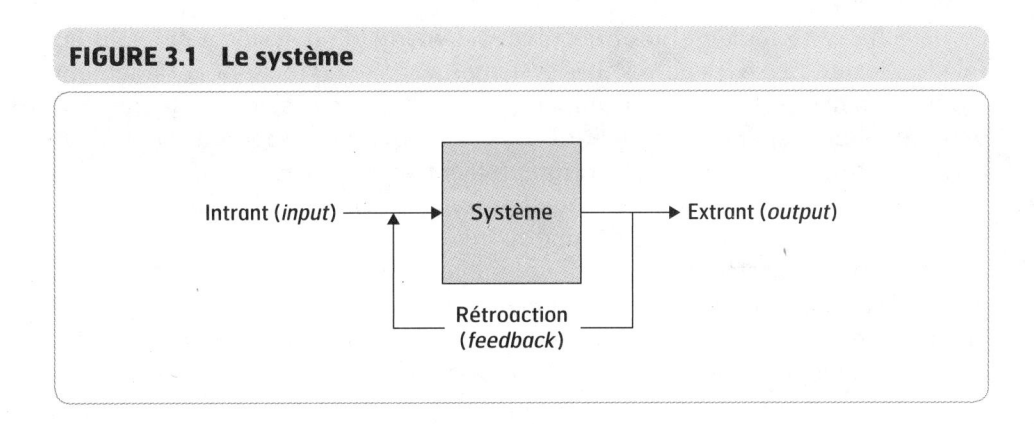

claires ou perméables selon la possibilité qu'a l'environnement d'influencer le système ou d'y faire pénétrer de l'information ou de l'énergie. La frontière indique clairement ce qui est inclus ou non dans un système.

Un intrant (*input*) est une information ou de l'énergie qui pénètre dans le système et le modifie. Un extrant (*output*) correspond aux éléments, à l'énergie ou à l'information qui en sort.

La rétroaction (*feedback*) est l'information que reçoit le système sur son fonctionnement en vue de maintenir son équilibre ; elle peut être positive ou négative.

Un système ouvert est un système qui est perméable aux influences extérieures, c'est-à-dire à ce qui lui vient des systèmes externes et des supersystèmes. L'ouverture d'un système permet l'adaptation de celui-ci ; toutefois, une trop grande ouverture risque de le mener à la désintégration. Un système fermé est un système qui résiste aux influences extérieures en vue de préserver à tout prix son équilibre ; il risque l'autodestruction par manque d'intrants.

L'homéostasie se définit comme le processus par lequel un système s'adapte aux changements et atteint l'équilibre. Chaque système cherche à maintenir son équilibre et utilise à cette fin des énergies extérieures et intérieures. L'équilibre du système est une condition de sa pérennité, mais aussi de son évolution.

L'entropie est la tendance à la désorganisation d'un système fermé qui dépense toutes ses énergies à essayer de se maintenir sans être ouvert aux intrants. La néguentropie est la tendance inverse.

L'équifinalité est la caractéristique des systèmes qui fait que l'on peut arriver à des résultats identiques malgré des conditions initiales différentes.

La multifinalité est la caractéristique des systèmes selon laquelle on arrive à des résultats différents bien que les conditions initiales soient identiques.

L'influence de la théorie des systèmes sur le travail social

Comme nous l'avons souligné précédemment, la théorie des systèmes a eu une influence considérable sur le travail social. L'observation des phénomènes de notre univers, aussi bien des objets physiques que des êtres humains, permet de détecter cette force qui unit les divers éléments d'un système qui sont en relation les uns avec les autres. Les systèmes se créent, croissent et s'adaptent en fonction des personnes et de leurs interactions. La nature de ces interactions détermine les systèmes et permet de les caractériser. La théorie des systèmes est à la base des modèles d'intervention élaborés par plusieurs théoriciens du travail social, notamment l'approche familiale décrite dans le chapitre 8, où elle remplace la psychanalyse comme cadre de référence. Le professionnel qui adopte le modèle systémique conçoit un problème comme le résultat d'une interaction insatisfaisante entre une personne et son environnement. Cette approche est donc éminemment utile pour l'intervenant qui cherche à favoriser un bon fonctionnement entre l'individu et son milieu (Mayer, 2002).

Les théories féministes

Marx estimait que les conditions de vie économiques déterminent la conscience des individus et qu'elles ont tendance à se reproduire dans le temps grâce aux forces exercées par le capitalisme. Le féminisme partage ce point de vue général des conditions qui produisent la conscience, mais en lui attribuant une autre cause: la domination masculine (ou patriarcat). Le travail social, comme profession porteuse de changement social, est très sensible à la lecture féministe puisque cette dernière se concentre sur l'un des déterminants les plus importants et anciens de nos sociétés, le patriarcat. L'oppression des femmes a été abondamment démontrée (Berlin et Kravetz, 1981; Corbeil et coll., 1983; Freeman, 1973; Friedan, 1974; Gornick et Moran, 1971) ainsi que ses répercussions dans la profession du travail social (Donadello, 1980; Faulkner, 1980; Valentich, 1996).

Il nous apparaît pertinent de présenter les approches théoriques féministes, d'abord pour rappeler l'existence de l'oppression, et ensuite pour souligner l'obligation dans laquelle se trouvent les travailleurs sociaux d'essayer de la combattre. Le livre de Corbeil et coll. (1983) constitue à cet égard un très bon ouvrage de base.

Les origines du modèle théorique

Le mouvement de libération des femmes peut être divisé en trois vagues. Humm (1992) explique que la première vague se préoccupait surtout de faire reconnaître les femmes comme des citoyennes à part entière. Les premières féministes de cette vague faisaient partie du mouvement des suffragettes. À l'époque de la Première Guerre mondiale, les États-Unis, qui se présentaient comme un modèle de démocratie dans le monde, n'avaient pas encore accordé le droit de vote aux femmes (Krolokke et Sorenson, 2006). Les suffragettes ont milité pour obtenir le droit de vote et être considérées comme égales aux hommes en vertu de la loi. Au Canada, le gouvernement fédéral a donné en 1918 aux femmes le droit de vote, qui leur avait déjà été accordé dans plusieurs provinces (le Québec ne faisait pas partie de ces dernières).

En 1929, la Canadienne Nellie McClung a revendiqué avec succès la redéfinition du concept de personne dans l'Acte de l'Amérique du Nord britannique, pour y inclure la femme. Emily Howe Stowe, pour sa part, a tracé la voie qui a permis à des femmes de fréquenter des écoles médicales. Agnes McPhail, la première femme élue députée au Canada, a contribué quant à elle à la réforme des prisons. Parmi les organismes voués à l'avancement des droits et conditions de la femme qui ont été créés durant la première vague, on trouve les YWCA, dont le premier fut fondé au Nouveau-Brunswick en 1893, et le Conseil national des femmes (dans la même décennie), dont le but était d'améliorer la vie des femmes et la société en général (Statut des femmes, Canada, 2001). Les Guides (*Girl Guides*) et les Sociétés Elizabeth Fry furent également fondées à cette époque.

C'est pendant cette première vague du mouvement féministe qu'est né le travail social comme profession. Les pionniers les plus célèbres incluent Jane Addams, un des premiers chefs du mouvement des résidences sociales (*settlement houses*) à Chicago, et Mary Richmond, directrice d'une organisation de charité à Baltimore (Charity Organization Societies) (Lundy, 2004). Au Canada, le journaliste J. J. Kelso est une figure connue ; au début du XXe siècle, il a travaillé dans le domaine de la protection de l'enfant et a œuvré à la création des Sociétés de l'aide à l'enfance (Lundy, 2004).

La deuxième vague du féminisme a pris son envol en partie grâce aux groupes de conscientisation dans les années 1960 aux États-Unis. Grâce à eux, les femmes ont davantage pris conscience du sexisme inhérent aux structures politiques et économiques de la société américaine. Humm (1992) explique que la conscience des femmes a également été éveillée par des livres tels que celui de Betty Friedan, *The Feminist Mystique,* publié en 1963. Le terme « mystique » a été choisi pour décrire le problème « sans nom » des femmes au foyer sans revenu et la « détresse éprouvée par les femmes sans carrière publique, aux prises avec les soucis domestiques » (Humm, 1992, p. 182). Les féministes de la deuxième vague ont revendiqué l'égalité au travail, la garde des enfants et le droit à l'avortement. C'est la deuxième vague qui a produit des expressions telles que « le personnel est politique » (Krolokke et Sorenson, 2006, p. 9).

La troisième vague du féminisme, née au cours des années 1990, influencée par le postmodernisme, se caractérise par une diversité de perspectives. Les féministes de la troisième vague remettent en question les positions prises durant la deuxième vague – et surtout ses réponses universelles sur le sexisme – et le fait qu'elles ont divisé les gens en « nous » et « eux » (Krolokke et Sorenson, 2006, p. 16). Valentich (1996) explique que les connaissances en travail social découlent d'une meilleure compréhension de la « multiplicité des expériences des femmes » (Valentich, 1996, p. 286). Ces féministes s'inspirent des effets de la mondialisation, d'événements comme la chute du communisme et de la menace du fondamentalisme et de l'intégrisme religieux (Krolokke et Sorenson, 2006). La troisième vague se préoccupe aussi de la création d'alliances avec les Noirs, les gens de la diaspora, ainsi que de la reconnaissance du mouvement *queer* dans toute sa diversité, permettant ainsi aux femmes de construire leurs propres identités (Krolokke et Sorenson, 2006).

Alors que certaines travailleuses sociales féministes adoptent le postmodernisme, Valentich (1996) souligne que d'autres le voient comme une menace : « Le relativisme épistémologique (les connaissances) n'est pas propice à l'activisme social ; pour cette raison, certaines féministes ont conclu que le postmodernisme représente un danger pour les projets politiques féministes » (Jagger et Rothenberg, dans Valentich, 1996, p. 287). En dépit de ces critiques, on assiste néanmoins à une acceptation croissante de la diversité des perspectives.

Les fondements des théories féministes

> **Théorie féministe**
> Théorie qui affirme que l'oppression existe, soutenue et nourrie par les structures et les valeurs patriarcales qui maintiennent l'inégalité entre les hommes et les femmes et qui sont la cause des problèmes personnels de ces dernières.

Aucun modèle théorique ne rend compte du développement de la femme de manière spécifique. Les **théories féministes** se fondent sur l'idée de Simone de Beauvoir qu'on ne naît pas femme, mais qu'on le devient, soit l'idée que le genre est une construction sociale, produit des rapports sociaux de domination patriarcale. Cette construction introduit chez la femme l'idée (fausse) que son estime de soi dépend de la perception qu'elle a de l'accomplissement de ses tâches traditionnelles ; la femme se culpabilise si elle joue d'autres rôles. Selon les théories féministes, un tel état de choses prend sa source dans les structures et l'idéologie de nos sociétés ; par conséquent, il faut changer non seulement la conscience des personnes, mais aussi les structures sociales qui produisent cette conscience. En somme, les approches féministes affirment que l'oppression existe, soutenue et nourrie par les structures et les valeurs qui maintiennent l'inégalité entre les hommes et les femmes et qui sont la cause des problèmes personnels de ces dernières.

Les théories féministes, comme toutes les autres théories, sont en constante évolution et se transforment sous la poussée de nouveaux paradigmes. Par exemple, le paradigme postmoderne postule qu'il n'existe pas qu'une seule vérité, que chaque groupe social a son propre système de pensée et essaie de l'imposer aux autres. Par conséquent, si l'on suit cette logique, le féminisme ne constitue qu'un système de pensée parmi plusieurs, et à l'intérieur même du féminisme existe une pluralité de positions théoriques : du féminisme libéral, ayant pour modèle l'ex-première ministre britannique Margaret Thatcher, au féminisme radical, estimant que Mme Thatcher est aussi un produit du patriarcat.

Étant donné que les femmes forment une part très importante de la clientèle en travail social et qu'elles sont aussi très nombreuses à exercer cette profession, la lecture féministe de leurs problèmes est moins individualiste et plus sociale.

La roue médicinale

Nous avons jusqu'ici examiné des modèles théoriques d'origine occidentale, issus de la culture judéo-chrétienne. À vrai dire, ces théories nous invitent à saisir la réalité qui nous entoure selon le point de vue qu'elles privilégient. En effet, le modèle psychanalytique explique le fonctionnement psychique et le développement psychosocial ; la théorie des systèmes, dans un horizon élargi, nous aide à comprendre les interactions et les interrelations. Il n'en demeure pas moins que la culture qui est à la base de l'élaboration de ces théories est la même et qu'elle en dicte les limites. Par exemple, la culture occidentale nous incite à croire que les êtres humains peuvent agir sur leur environnement grâce aux progrès de la science et de la technologie ; cette croyance est essentielle à la validité de plusieurs théories.

Or, il existe d'autres cultures et d'autres façons d'envisager et d'expliquer le monde et la réalité. La roue médicinale, issue de la culture amérindienne, est un exemple d'une approche non occidentale. La roue est le symbole utilisé par les guérisseurs traditionnels amérindiens. Ce symbole représente les interrelations et l'interdépendance des humains avec l'ensemble des éléments de l'environnement ; ses principes constituants montrent comment on peut vivre en harmonie avec son milieu.

Avant de présenter la roue, il est utile de faire état de quelques différences existant entre les Occidentaux et les Amérindiens quant à la perception du monde. Les autochtones d'Amérique du Nord croient que les êtres humains et l'environnement forment un tout et qu'ils ne peuvent être séparés. De plus, pour eux, le monde des esprits (qui sont aussi vivants) et celui des humains sont imbriqués. Cette dernière affirmation peut être difficile à accepter pour l'intervenant qui appartient à la culture dominante. Cette croyance peut être associée à une forme de religion et, dans ce cas, on risque d'oublier qu'il s'agit d'une réalité pour la plupart des Amérindiens.

La roue que nous présentons (*voir la figure 3.2*) est celle qu'on trouve chez les Ojibwés du nord de l'Ontario, et plus précisément celle de la communauté vivant à Sagamok, une réserve amérindienne située près de Massey, dans la région des Grands Lacs.

La roue est divisée en quatre parties. Le chiffre quatre est très important dans ce modèle : il y a quatre saisons, quatre points cardinaux et quatre races humaines. Les quatre parties du cercle ont chacune une couleur différente : en haut, le blanc symbolise le nord, l'hiver, l'esprit et la race blanche ; à droite, le jaune représente l'est, le printemps, la raison et la race jaune ; en bas, le rouge symbolise le sud, le corps et la race rouge ; enfin, à gauche, le noir correspond à l'ouest, au cœur et à la race noire. Quatre fils, un pour chaque couleur, sont attachés au centre du cercle et sont orientés dans les quatre directions. Sur le fil blanc sont collés sept coquillages symbolisant les leçons apprises des sept grands-pères. Ces leçons sont :

- l'éternité ;
- la sagesse et la connaissance ;
- l'amour et la confiance ;
- la vérité et l'honnêteté ;
- l'humilité et la patience ;
- le courage et la force ;
- le respect.

FIGURE 3.2 La roue médicinale

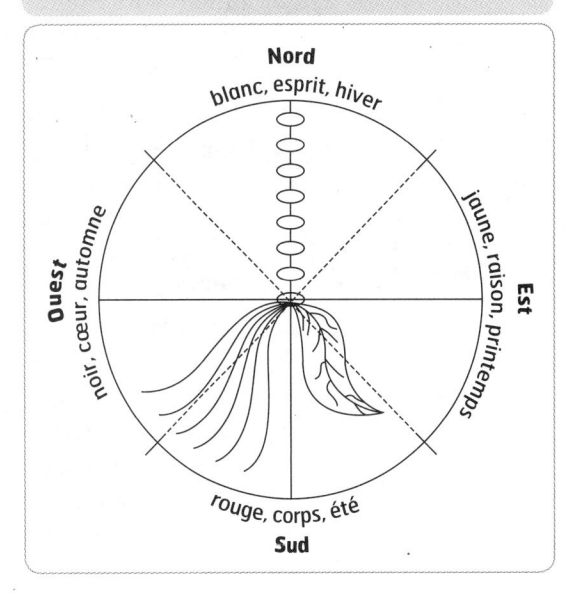

Les autochtones sont convaincus que chaque qualité a son contraire, que chaque personne a un bon et un mauvais côté, comme la haine s'oppose à l'amour. Ces leçons contiennent les valeurs essentielles de la culture amérindienne, celles auxquelles on doit souscrire dans la vie spirituelle et sur lesquelles repose l'équilibre avec l'environnement.

Au centre de la roue, attachés au fil et à un huitième coquillage se trouvent une plume et six rubans. La plume représente le souffle créateur qui donne la vie à tout ce qui existe. Les six rubans sont de couleur différente, quatre reprenant les couleurs des parties du cercle, un cinquième, bleu, représentant le ciel, et le dernier, vert, symbolisant la Terre mère. Tout ce qui existe se trouve dans ces six couleurs.

La roue médicinale remplit-elle les critères d'une théorie ? À la lumière de la définition donnée au début de ce chapitre, à savoir qu'une théorie est l'explication d'une réalité qui nous permet de donner un sens à l'organisation des choses et des événements, il est possible de dire que, pour les peuples amérindiens, la roue médicinale est une théorie. Ceux qui, parmi les Occidentaux, croient qu'une théorie doit être fondée sur des faits pouvant être mesurés éprouveront des difficultés à accepter la roue médicinale comme telle. Néanmoins, il faut reconnaître et accepter le fait que la vision occidentale n'est pas la seule vision du monde, ce qui explique que nous présentions ici la roue médicinale comme une théorie, tout en sachant pertinemment qu'il est peu probable que celle-ci soit utilisée en travail social, si ce n'est par des travailleurs sociaux amérindiens.

Nous venons de parcourir très rapidement plus de neuf décennies d'évolution des fondements théoriques du travail social. Ce tour d'horizon est forcément superficiel, et il appartient à chacun d'approfondir ses connaissances pour bien saisir les origines et les assises théoriques de la profession. Il est nécessaire de retenir qu'au cours des 50 dernières années, plusieurs modèles théoriques ont été élaborés et sont venus orienter, chacun à sa manière, les modèles d'intervention privilégiés par les travailleurs sociaux à un moment ou à un autre de leur pratique.

Parmi ceux-ci, on peut mentionner le culturalisme, dont l'un des principaux théoriciens, Oscar Lewis (1965), étonné par le caractère répétitif inexorable des schémas de comportement adoptés par les familles à problèmes multiples, a conclu que la pauvreté ne se limite pas à un état de privation, de désorganisation ou de manque, mais présente une structure, un système de rationalisation et d'autodéfense sans lesquels les pauvres ne pourraient survivre. C'est ainsi que les culturalistes ont commencé à expliquer les problèmes sociaux, de la pauvreté à l'homosexualité, par les différences culturelles entre les sociétés et entre les individus, à l'aide du concept de sous-culture (Mayer, 2002).

Un autre courant influent des années 1970, l'interactionnisme symbolique, s'est quant à lui intéressé au contexte immédiat dans lequel s'inscrit le comportement des individus, et il propose la théorie de l'étiquetage (*labelling*) et de la réaction sociale pour expliquer les problèmes sociaux. Les comportements déviants, par exemple, ne sont pas simplement une affaire de tares personnelles et ne peuvent s'expliquer sans prendre en considération la dynamique sociale contribuant à l'émergence des normes morales, sociales ou pénales qui déterminent ce qui est acceptable ou non dans une société (Mayer, 2002).

S'inspirant de l'approche précédente, le constructivisme a aussi exercé, et exerce encore aujourd'hui, un attrait important chez beaucoup de théoriciens et de praticiens du travail social. Apparu à la fin des années 1970, ce courant s'intéresse aux processus par lesquels des groupes construisent ou définissent les problèmes sociaux; il accorde moins d'importance aux conditions objectives des situations qui posent problème. Une situation devient un problème social dans la mesure où elle fait l'objet de démarches effectuées par des individus ou des groupes pour que soient modifiées certaines conditions sociales (Spector et Kitsuse, 1977).

Finalement, les tenants de la théorie de la régulation sociale analysent et interprètent les politiques sociales comme le résultat de compromis institutionnels entre divers rapports de force assurant la pérennité des régimes d'accumulation du capital et le maintien de l'équilibre nécessaire à la survie de la société.

Voilà, en résumé, quelques exemples de courants théoriques qui ont influencé la pratique du travail social. Ce survol, quoique bref, aura tout de même montré la diversité et la complexité de l'évolution de la pensée en travail social.

? QUESTIONS

1. D'où viennent les théories qu'on trouve en travail social?
2. Quel rôle joue la théorie en travail social?
3. En quoi le choix d'une théorie influence-t-il la façon d'évaluer les besoins du client?
4. Quelles sont les critiques qu'on peut formuler à l'endroit de la théorie psychanalytique?
5. Pourquoi les béhavioristes se limitent-ils à l'étude du comportement?
6. Quel aspect de la base théorique du travail social les théoriciennes féministes ont-elles remis en question?
7. Pourquoi est-il important de connaître diverses conceptions du monde, telle la vision amérindienne?

+ LECTURES SUGGÉRÉES

Bourgon, M. (1987). L'approche féministe en termes de rapports sociaux ou l'art de survivre sur la corde raide en talons hauts. *Service social, 36*(2-3), 248-273.

Corbeil, C. et coll. (1983). *Intervention féministe: ses fondements théoriques.* Montréal, Québec: Éditions coopératives Albert Saint-Martin.

Gubin, É. et coll. (2005). *Le siècle des féminismes.* Paris: Éditions de l'Atelier.

Humm, M. (1992). *Modern Feminisms: Political, Literary, Cultural.* New York: Columbia University Press.

Krolokke, C. et Sorenson, A. S. (2006). *Gender Communication Theories and Analyses: From Silence to Performance.* Thousand Oaks, Californie: Sage.

Lewis, O. (1965). *La Vida.* Paris: Gallimard.

Mayer, R. (2002). *Évolution des pratiques en service social*. Boucherville, Québec: Gaëtan Morin Éditeur.

Mensah, M. N. (2005). *Dialogues sur la troisième vague féministe*. Montréal, Québec: Les éditions du remue-ménage.

Moreau, M. (1987). L'approche structurelle en travail social: implications pratiques d'une approche intégrée conflictuelle. *Service social, 36*(2-3), 227-247.

Soulet, M.-H. (2003). Penser l'action en contexte d'incertitude: une alternative à la théorisation des pratiques professionnelles? *Nouvelles pratiques sociales, 16*(2), 125-141.

Spector, M. et Kitsuse, J. L. (1977). *Constructing Social Problems*. Menlo Park, Californie: Cumming.

Strean, H. (1986). Psychoanalytic Theory. Dans F. J. Turner (dir.), *Social Work Treatment: Interlocking Theoretical Approaches*. New York: Free Press.

Valentich, M. (1996). Feminism and Social Work Practice. Dans F. J. Turner (dir.), *Social Work Treatment: Interlocking Theoretical Approaches* (pp. 282-318). New York: Free Press.

Chapitre 4 — La déontologie en travail social

Dans ce chapitre, nous nous intéresserons au code de déontologie, aux principes qui y sont énoncés et aux valeurs qui guident la pratique du travail social. Chaque profession est ancrée dans un système de valeurs préconisé par ses membres et sanctionné par l'État, plus précisément par l'Office des professions du Québec. Le travail social, comme d'autres professions, possède un code de déontologie qui régit la conduite des praticiens et, du mÐme coup, protège le public contre toute forme d'abus de la part de ceux-ci.

Les concepts clés

Il importe d'abord de préciser ce que nous entendons par « morale », « **éthique** » et « **déontologie** ».

D'abord, Fortin (1995, p. 28) définit la morale de cette façon :

> La morale consiste en un système de normes et valeurs qui nous aide à répondre à la question « Que dois-je faire ? ». Elle peut être définie comme l'ensemble des règles qui guident les êtres humains dans leur appréhension du bien et du mal et qui régissent leurs conduites individuelles et collectives. Elle n'a pas une fonction légale, comme c'est le cas de la déontologie.

En ce qui concerne l'éthique, Fortin (1995, p. 38) en donne la définition suivante :

> L'éthique nous aide à répondre à la question « Comment vivre ? ». Elle peut être définie comme la réflexion – l'analyse et la critique – sur les règles et les fins qui guident l'action humaine, c'est-à-dire les jugements d'appréciation sur les actes qualifiés de bons ou de mauvais dans un contexte particulier. Une décision éthique concerne un cas de figure concret, dans toute sa complexité. Elle peut donc être considérée comme la recherche d'un art du bien-vivre qui fait appel à la créativité et à la responsabilité au-delà des exigences de la morale.

Pour ce qui est de la déontologie professionnelle, O'Neil (1998, p. 42) la définit ainsi :

> La déontologie professionnelle campe à mi-chemin entre l'éthique générale et l'éthique sociale. Elle vise à guider le comportement moral de catégories d'individus s'adonnant à des activités spécifiques qui

---

Éthique

Science qui traite des principes régulateurs de l'action et de la conduite morale (CNRTL, 2010).

Déontologie

Ensemble de règles visant à guider le comportement moral de catégories d'individus s'adonnant à des activités techniques spécifiques qui exigent un degré élevé de responsabilité morale et de conscience professionnelle.

font appel à des connaissances techniques particulières et qui, par suite de leurs conditions d'exercice, exigent un niveau élevé de responsabilité morale et de conscience dite professionnelle.

La déontologie, contrairement à l'éthique, n'est pas délibérative, c'est-à-dire qu'elle n'est pas le fruit d'une décision particulière pour une situation particulière ; elle est clairement prescriptive, elle indique ce qu'il ne faut pas faire. Supposez un instant que vous êtes un travailleur social responsable d'une adolescente de 16 ans placée en résidence dans un centre d'accueil pour enfants en difficulté. Lors d'une visite dans sa famille, elle a vu son petit ami, ils ont eu des relations sexuelles et elle est maintenant enceinte. Après quelques semaines, l'adolescente vous informe qu'elle veut garder le bébé. Votre superviseur vous suggère d'explorer comme mesure de protection de l'enfant le retrait de l'autorité parentale de la mère. Vous êtes certain qu'elle peut et veut avoir la responsabilité de son futur enfant. Votre superviseur accepte à la condition que votre cliente participe activement à un programme de formation à l'intention des mères adolescentes. Elle devra se rendre seule au lieu où se donnent les cours, ce qui l'obligera à faire de longs déplacements. Votre superviseur insiste sur l'assiduité : si votre cliente manque une seule séance du programme, elle devra penser sérieusement à une mesure de protection légale. Pour lui, c'est une question de protection du bébé.

> **Valeur**
>
> Aspiration profonde à la source d'un engagement professionnel. Elle est le reflet de ce qui a de l'importance pour une personne, un groupe ou une communauté.

Un travailleur social est souvent déchiré entre des options et des **valeurs** qui s'opposent. Le cas que nous venons d'évoquer comporte plusieurs dilemmes pour le travailleur social. Envers qui est-il responsable : l'adolescente, le bébé, la société ? Qui est le client : la jeune fille, le bébé, les deux ? Comment départager les besoins de chacun ? Comment réagir aux exigences de son superviseur ? Le travailleur social dispose de différents outils susceptibles de le guider vers la meilleure solution, outils que nous allons examiner dans les pages qui suivent.

Les codes de déontologie des travailleurs sociaux

Dans le premier chapitre, nous avons mentionné que le code de déontologie était l'un des cinq critères déterminant la légitimité d'une profession. Le travailleur social fonde son intervention sur une perspective et des concepts théoriques, mais il doit d'abord s'appuyer sur un ensemble de valeurs que l'on trouve habituellement dans le code de déontologie. Le *Code des professions* du Québec enjoint l'Ordre des travailleurs sociaux et des thérapeutes conjugaux et familiaux du Québec (OPTSQ) de produire et de faire appliquer auprès de ses membres un code de déontologie prescrivant les règles à suivre. Le *Code de déontologie des travailleurs sociaux* (Gouvernement du Québec, 2010) a pour but principal de protéger le public et non le professionnel. Il balise par exemple le secret professionnel, les normes de tenue de dossiers, etc.

Au Canada, il existe de nombreux codes d'éthique au sein des établissements et des associations œuvrant dans le domaine des services sociaux. Par exemple, l'Association canadienne des travailleuses et travailleurs sociaux (ACTS) a adopté le premier code d'éthique de la profession en 1983. Une deuxième édition révisée a paru en 1994 et une troisième, en 2005. Ce code n'a cependant pas un caractère obligatoire, contrairement à celui des établissements, qui s'applique à tout employé, peu importe sa formation.

Comme nous l'avons déjà mentionné, le débat sur les valeurs fondamentales qui guident ces divers codes se poursuit toujours. Par exemple, certains croient que le code de 2005 ne met pas assez l'accent sur la justice sociale et la pratique anti-oppressive. Entre autres, Bob Mullaly, spécialiste du travail social structural, formule de telles critiques et préconise l'utilisation du code établi par Fraser et Briskman (2004).

Le *Code de déontologie* de l'Association canadienne des travailleuses et travailleurs sociaux

Nous allons maintenant examiner les six valeurs sur lesquelles se fonde le *Code de déontologie* de l'ACTS de 2005[1] avec quelques points saillants pour chaque valeur. Bien que ce code ne comporte pas de caractère obligatoire, il fournit de bonnes balises aux travailleurs sociaux qui désirent réfléchir sur ces questions.

> **Valeur 1: Respect de la dignité et de la valeur inhérentes des personnes**
> Le service social se fonde sur un engagement de longue date à respecter la dignité et la valeur individuelles de toutes les personnes. Lorsque la loi l'oblige à passer outre aux souhaits d'un client, le travailleur social prend soin de n'avoir recours qu'au minimum de coercition requis. Le travailleur social reconnaît et respecte la diversité de la société canadienne, en tenant compte des vastes différences qui existent parmi les individus, les familles, les groupes et les collectivités. Il reste fidèle aux droits humains des individus et des groupes tels qu'exprimés dans la *Charte canadienne des droits et libertés* (1982) et dans la *Déclaration universelle des droits de l'homme* des Nations Unies (1948). [...]
>
> **Valeur 2: Poursuite de la justice sociale**
> Le travailleur social croit en l'obligation qui est faite à tous, individuellement et collectivement, de fournir des ressources, des services et des possibilités pour le bénéfice général de l'humanité et de les protéger de tout dommage. Il encourage l'équité sociale et la juste répartition des ressources, et travaille à réduire les obstacles et à élargir la gamme de choix pour tous, en portant une attention particulière à ceux qui sont marginalisés, désavantagés ou vulnérables, ou qui ont des besoins spéciaux. Le travailleur social s'oppose aux préjugés et à la discrimination à l'endroit de toute personne ou groupe de personnes, pour quelque raison que ce soit, et affronte particulièrement

---

1. Le *Code de déontologie*, adopté par le conseil d'administration de l'ACTS, est entré en vigueur en mars 2005 et a remplacé le *Code de déontologie* de l'ACTS de 1994. Il est réimprimé ici avec la permission de l'ACTS. Le droit d'auteur du document a été enregistré auprès de l'Office de la propriété intellectuelle du Canada, numéro d'enregistrement 1030330.

les points de vue et les actions qui catégorisent des personnes ou des groupes particuliers selon des stéréotypes. [...]

Valeur 3: Service à l'humanité
La profession du service social considère le service dans l'intérêt des autres, conformément aux principes de justice sociale, comme un objectif professionnel fondamental. Dans l'exercice de sa profession, le travailleur social réalise un équilibre entre les besoins, les droits et les libertés particuliers, et les intérêts collectifs au service de l'humanité. Lorsqu'il agit en tant que professionnel, le travailleur social place le service professionnel avant les buts et avantages personnels, et se sert de son pouvoir et de son autorité de manière disciplinée et responsable au service de la société. La profession du service social contribue à l'acquisition des connaissances et des compétences qui aident à la gestion des conflits et de leurs répercussions à vaste échelle. [...]

Valeur 4: Intégrité dans l'exercice de la profession
Le travailleur social fait preuve de respect à l'égard des buts, des valeurs et des principes déontologiques de sa profession dans le cadre de son champ de pratique. Le travailleur social maintient un degré élevé de conduite professionnelle en agissant de façon honnête et responsable, et en faisant connaître les valeurs de la profession. Il s'efforce d'être impartial dans sa pratique professionnelle et évite d'imposer ses valeurs, ses points de vue et ses préférences personnelles à ses clients. Il lui incombe d'établir la teneur de ses relations professionnelles avec les clients et avec d'autres personnes, et de maintenir des limites professionnelles. En tant qu'individu, le travailleur social veille à ce que ses actions ne nuisent pas à la réputation de la profession. L'intégrité dans l'exercice de la profession repose essentiellement sur l'obligation de rendre compte exprimée dans le présent *Code de déontologie*, la *Déclaration internationale des principes éthiques de service social* de la FITS et d'autres normes et lignes directrices provinciales ou territoriales. Lorsque des conflits existent au sujet des sources de ces conseils déontologiques, le travailleur social est fortement incité à demander conseil, notamment à consulter son organisme de réglementation professionnelle. [...]

Valeur 5: Confidentialité dans l'exercice de la profession
La confidentialité à l'égard de toutes les questions reliées aux services professionnels dispensés aux clients est une pierre angulaire des relations professionnelles. Le travailleur social respecte la confiance que placent en lui ses clients, les collectivités et d'autres professionnels en protégeant le caractère privé de l'information appartenant au client et en respectant le droit de celui-ci de contrôler le lieu et le moment où cette information pourra être communiquée à des tiers. Le travailleur social ne communique l'information confidentielle à d'autres parties (y compris des membres de sa famille) qu'avec le consentement éclairé du client ou de son représentant légalement autorisé, ou lorsque la loi ou le tribunal l'ordonne. Pour le travailleur social, le principe général de la confidentialité de l'information ne s'applique pas lorsque la communication est nécessaire pour empêcher que des torts graves, prévisibles et

imminents soient faits à un client ou à d'autres personnes. Dans toutes les circonstances, le travailleur social ne révèle que le minimum d'information confidentielle nécessaire pour atteindre le but escompté. [...]

Valeur 6: Compétence dans l'exercice de la profession
Le travailleur social respecte le droit du client à recevoir des services compétents. Il analyse la nature des besoins et des problèmes sociaux et encourage l'application de solutions innovatrices et efficaces pour répondre aux besoins nouveaux et existants et, si c'est possible, contribue à accroître la base de connaissances de la profession. Il lui incombe de maintenir l'excellence dans la profession, de chercher continuellement à augmenter ses propres connaissances et aptitudes professionnelles, et d'appliquer ses nouvelles connaissances selon son niveau de formation, d'aptitude et de compétence professionnelles, consultant ses collègues ou faisant superviser son travail lorsque c'est nécessaire. [...]

Le *Code de déontologie des travailleurs sociaux* du Québec

Au Québec, le *Code de déontologie des travailleurs sociaux* (Gouvernement du Québec, 2010) détaille les **devoirs** et responsabilités des travailleurs sociaux envers le public, le client et la profession, ainsi que les restrictions et obligations relatives à la publicité. Des extraits des principaux articles du *Code* sont reproduits ici. Certaines parties ont été reformulées pour alléger le texte et en faciliter la compréhension.

> **Devoir**
> Obligation morale souvent liée à un corps professionnel précis.

1. **Les devoirs généraux et obligations envers le public** Le travailleur social tient compte des normes professionnelles généralement reconnues en travail social. Il tient compte, notamment, de l'ensemble des conséquences prévisibles de son activité professionnelle non seulement sur le client mais aussi sur la société. Il favorise et appuie toute mesure susceptible d'améliorer la qualité et l'accessibilité des services professionnels en travail social. Afin d'informer et d'éduquer le public au sujet de la profession, il pose les gestes qu'il juge appropriés en fonction de cet objectif.

2. **Les devoirs et obligations envers le client** Le travailleur social doit avoir en tout temps une éthique professionnelle irréprochable. Avant d'accepter un mandat et durant son exécution, il tient compte des limites de sa compétence et des moyens dont il dispose, et n'entreprend pas de travaux pour lesquels il n'est pas préparé sans obtenir l'assistance nécessaire. Il doit établir et maintenir une relation de confiance avec son client. À cette fin, il respecte, dans toutes ses interventions, les valeurs et les convictions de ce dernier. Il n'intervient à son égard que s'il possède les données suffisantes pour porter un jugement éclairé sur la situation.

   Il doit s'acquitter de ses obligations professionnelles avec intégrité et objectivité, en renseignant son client sur tous les aspects de ses activités professionnelles susceptibles de l'aider à décider de recourir ou non à ses services. Après avoir obtenu son accord, il doit l'informer de la nature et de la portée du problème qui lui est soumis, des solutions possibles et de leurs implications. Si le bien de son client l'exige, il peut, avec son autorisation, consulter un autre travailleur social, un membre d'un autre ordre professionnel ou une autre personne compétente.

Il doit faire preuve de disponibilité et de diligence. Quand il ne peut répondre à une demande dans un délai raisonnable, il doit en expliquer les motifs à son client. Il ne peut, sauf pour des motifs raisonnables (perte de confiance du client, situation conflictuelle compromettant la relation avec le client, etc.), cesser de lui rendre des services. Si une telle situation se présente, il doit alors aviser le client dans un délai acceptable et veiller à ce que cette situation ne lui cause aucun préjudice.

Il sauvegarde en tout temps son indépendance professionnelle et évite toute situation où il serait en conflit d'intérêts. Si une telle situation se produit ou risque de se produire, il doit en informer son client et lui demander s'il l'autorise à continuer son mandat. Il s'abstient de recevoir, en plus de la rémunération à laquelle il a droit, tout avantage, ristourne ou commission relatifs à l'exercice de sa profession. De même, il ne doit pas verser ou offrir de verser à un tiers un tel avantage, ristourne ou commission. En cas de conflit, il agit pour une seule des parties en cause. Si ses devoirs professionnels exigent qu'il agisse autrement, il doit informer toutes les parties concernées qu'il cessera d'agir si la situation devient incompatible avec son devoir d'impartialité.

Il doit respecter la nature confidentielle de tout renseignement obtenu dans l'exercice de sa profession. Il ne peut être relevé du secret professionnel qu'avec l'autorisation de son client ou que lorsque la loi l'ordonne. Dans certaines circonstances particulières, il peut communiquer un renseignement protégé par le secret professionnel, en vue de prévenir un acte de violence, dont un suicide, lorsqu'il a un motif raisonnable de croire qu'un danger imminent de mort ou de blessures graves menace une personne ou un groupe de personnes identifiable. Il doit aussi veiller à préserver la confidentialité de l'information concernant ses clients ainsi que les services qui leur sont rendus et cacher l'identité de ses clients lorsqu'il utilise cette information à des fins didactiques ou scientifiques. S'il est appelé à faire une expertise sociale devant un tribunal, son rapport et sa déposition doivent se limiter aux éléments relatifs à la cause.

Il doit donner suite, avec diligence et au plus tard dans les 30 jours suivant sa réception, à toute demande faite par son client de prendre connaissance des documents qui le concernent ou d'obtenir copie des dits [sic] documents, de faire corriger, dans un document qui le concerne, des renseignements inexacts, incomplets ou équivoques, de faire supprimer tout renseignement périmé ou non justifié par l'objet du dossier constitué à son sujet ou de verser à son dossier les commentaires qu'il a formulés par écrit.

Il peut demander et accepter des honoraires justes et raisonnables, c'est-à-dire justifiés par les circonstances et proportionnels aux services rendus. En cas de non-paiement, il perçoit des intérêts sur les comptes en souffrance seulement après avoir dûment avisé son client, et recourt à des procédures judiciaires seulement après avoir épuisé les moyens raisonnables dont il dispose lui-même pour obtenir le paiement de ses honoraires.

3. **Les devoirs et obligations envers la profession** Le travailleur social ne peut et ne doit pas inciter quelqu'un de façon pressante et répétée à recourir à ses services professionnels, ni réclamer du client une somme d'argent pour un service professionnel ou une partie d'un tel service dont le coût est assumé par un tiers (à moins qu'il y ait une entente formelle à cet effet entre les personnes concernées), ni conseiller ou encourager un client à poser un acte illégal ou frauduleux.

Il ne peut et ne doit pas communiquer, directement ou indirectement, avec un plaignant (sans la permission écrite et préalable du syndic de l'Ordre ou de son adjoint) lorsqu'il est informé d'une enquête sur sa conduite ou sur sa compétence professionnelle ou lorsqu'il a reçu signification d'une plainte à son endroit. Il ne peut et ne doit pas omettre de signaler à l'Ordre qu'il a des raisons de croire qu'un travailleur social est incompétent ou déroge à la déontologie professionnelle, ou d'informer l'Ordre qu'il sait qu'un candidat ne rencontre pas les conditions d'admission, ni permettre à une personne qui n'est pas membre de l'Ordre de porter le titre de travailleur social.

Il ne peut et ne doit pas fournir un reçu ou un autre document servant à indiquer faussement que des services ont été dispensés, ni réclamer des honoraires pour des actes professionnels non fournis, ni présenter à un client une note d'honoraires pour entrevue, communication ou correspondance avec le syndic, quand ce dernier lui demande des explications ou des renseignements concernant une plainte d'un client ou de toute autre personne.

Il ne peut et ne doit pas inciter un client à qui il rend des services professionnels, dans le cadre de sa pratique dans un organisme, à devenir son client en pratique privée.

Il ne doit pas se rendre coupable envers un confrère d'un abus de confiance ou de procédés déloyaux. Il ne s'attribue pas le mérite de travaux qui revient à un collègue ou celui de travaux qui ont été faits en collaboration. Si un collègue le consulte, il fournit à ce dernier son opinion et ses recommandations dans le plus bref délai possible. S'il est engagé dans une pratique professionnelle conjointement avec d'autres travailleurs sociaux ou avec d'autres personnes, il voit à ce que cette pratique ne cause aucun préjudice aux clients.

Dans la mesure de ses possibilités, il doit aider au développement de sa profession soit par l'échange de connaissances et d'expériences avec ses collègues et des étudiants, soit par sa participation aux cours et aux stages de formation continue.

Dans ses déclarations publiques, il doit éviter toute affirmation revêtant un caractère purement sensationnel ou trop excessif. Il doit faire preuve d'objectivité et de modération lorsqu'il commente en public les méthodes de travail social usuelles ou nouvelles, lorsqu'elles satisfont aux normes professionnelles et scientifiques. Il s'abstient de participer en tant que travailleur social à toute forme de réclame publicitaire recommandant au public l'achat ou l'utilisation d'un produit quelconque.

Il doit interpréter avec prudence les données recueillies lors de ses observations et expertises et celles qu'il a obtenues de ses collègues. Dans tout rapport écrit ou verbal, il s'efforce de réduire toute possibilité de mésinterprétation ou l'emploi erroné de l'information recueillie.

Avant d'entreprendre une recherche, il doit évaluer les conséquences prévisibles pour les participants. Il s'assure d'obtenir le consentement des participants après les avoir informés de tous les aspects de la recherche, y compris les risques, s'il y en a. Il doit faire preuve d'honnêteté et de franchise dans sa relation avec les participants lorsque la méthodologie exige que certains aspects de la recherche ne leur soient pas dévoilés, en leur expliquant les raisons de cette démarche. Il doit aussi respecter le droit d'une personne de refuser de participer à une recherche ou de cesser d'y participer. Il fait particulièrement preuve de prudence lorsqu'il entreprend une expérience au cours de laquelle la santé mentale ou physique d'une personne risque d'être affectée. Il doit veiller à ce que l'expérience ne lui cause aucun préjudice.

4. **Les restrictions et obligations relatives à la publicité** Le travailleur social peut mentionner dans sa publicité tous les renseignements susceptibles d'aider le public à faire un choix éclairé et de favoriser l'accès à des services utiles ou nécessaires. Toutefois, il ne peut faire, ou permettre que soit faite, de la publicité fausse, trompeuse ou susceptible d'induire en erreur. Il ne peut s'attribuer des qualités ou des habiletés particulières que s'il est en mesure de les justifier. Il ne peut faire ou laisser faire de la publicité destinée à des personnes qui peuvent être, sur le plan physique ou émotif, vulnérables du fait de leur âge ou en raison d'un événement précis.

Si, dans sa publicité, le travailleur social annonce des honoraires ou des prix, il doit préciser les services et les frais qui y sont inclus. Dans le cas d'une publicité relative à un prix spécial ou à un rabais, il doit mentionner la durée de la validité de ces derniers. Tous les associés d'une société de travailleurs sociaux sont solidairement responsables du respect des règles relatives à la publicité, à moins que celle-ci n'indique clairement le nom du travailleur social qui en est responsable.

Il est clair à la lecture de ces articles du *Code* que plusieurs d'entre eux visent d'abord et avant tout à protéger le client et le public en général, ainsi que la profession elle-même, en balisant ce que le travailleur social peut et doit faire ou ne peut et ne doit pas faire dans l'exercice de ses fonctions.

Le code de déontologie de Fraser et Briskman pour les travailleurs sociaux progressistes

Le code de Fraser et Briskman (cité dans Ferguson, Lavalette et Whitmore, 2005) propose une autre vision de l'éthique du travail social en offrant ce qu'ils appellent un code de déontologie pour guider une pratique plus progressiste. Ce code est en fait une proposition destinée aux travailleurs sociaux. Son existence montre clairement que le débat autour des valeurs en travail social se poursuit toujours.

- Nous considérons que notre obligation première est de veiller au bien-être de tous les êtres humains, partout dans le monde, et non simplement à celui de ceux qui nous entourent.

- Nous comprenons les contradictions inhérentes au fait de fournir des services sociaux au sein d'une société de type capitaliste. Nous savons que l'État peut se révéler à la fois oppressif et généreux.

- Nous ne prétendons pas être « apolitique » ou « neutre », et notre définition de la justice sociale ne se limite pas au domaine psychologique, mais s'étend aux sphères politique, matérielle et universelle.

- Nous sommes conscients de la nécessité d'une meilleure répartition des ressources et des processus décisionnels, et nous nous rendons bien compte qu'il sera difficile d'atteindre cet objectif sous le régime politique actuel.

- Nous reconnaissons l'importance du langage et essayons de prouver notre sensibilité par les mots que nous employons. Cependant, nous savons que nous pouvons commettre des erreurs à l'occasion.

- Nous reconnaissons l'importance des procédés autant que des produits ou des résultats, et nous doutons de la pertinence de l'emploi de la violence comme solution pour régler un conflit.

- Nous définissons la puissance en termes de possession et de relations, c'est-à-dire que nous évitons de qualifier quiconque d'impuissant, mais que nous sommes conscients de la tendance des groupes dominants à exercer leur pouvoir sur des personnes opprimées en raison de leur race, de leur sexe, de leur classe, de leurs capacités, de leur âge, de leur orientation sexuelle ou de leur situation géographique.

- Puisque nous nous efforçons de vivre autant que possible dans une société où les gens peuvent exercer leurs droits, nous essayons de démocratiser nos rapports professionnels et personnels.

- Nous ne considérons pas le profit financier comme la motivation principale de la vie. Ainsi, nous n'appuyons pas les principes du capitalisme mondial et n'accordons pas plus de valeur au travail rémunéré qu'au travail non rémunéré.

- Si nous reconnaissons l'importance de la collectivité, nous rejetons l'emploi du nationalisme lorsqu'il sert à se moquer d'autrui et à l'exclure. Nous cherchons par conséquent à travailler avec des personnes de milieux divers, dans l'équité, et en étant sensibles aux différences culturelles.

- Nous reconnaissons le rôle de l'éducation dans le développement de la conscience critique.

- Nous respectons le besoin des groupes opprimés de parfois agir sans nous. Cependant, nous ne présupposons pas qu'il en sera toujours ainsi, et sommes donc disposés à fournir l'appui ou les ressources nécessaires aux groupes opprimés d'une façon qui leur sera utile.

- Tout en acquérant les connaissances nécessaires à la transformation sociale, nous saisissons chaque occasion de protester contre les actes d'injustice dont nous sommes témoins, en utilisant tous les médias possibles pour faire connaître nos observations et nos idées.

- Nous connaissons la possible nature conservatrice des méthodes de travail social actuelles et souhaitons radicaliser tout le travail social que nous entreprenons. Toutefois, nous évitons de nous livrer à des actes d'héroïsme ou de martyre, préférant travailler en collaboration avec d'autres.

- Nous ne voyons pas notre action comme étant hors de la société, ou comme celle de libérateurs de tous les opprimés. Nous essayons plutôt de mettre à profit les privilèges de notre statut professionnel pour travailler contre l'exploitation des individus et des groupes.

- Nous essayons de faire tout cela au quotidien, de manière réfléchie, sans nous poser comme experts autoproclamés.

- Compte tenu des obstacles rencontrés, nous savons que le fatalisme, le cynisme et le désespoir peuvent s'installer à demeure. Pour l'empêcher, nous essayons de conserver le sens de l'humour, de nous amuser et d'incorporer dans notre vie des activités de maintien de la santé.

En terminant, il faut rappeler que l'éthique n'est pas l'observation automatique de guides. Elle est avant tout une pratique de réflexion qui permet de trouver des solutions particulières à des problèmes qui, justement, ne sont pas prévus par les règles. C'est pour cette raison que les établissements du Québec ont l'obligation de mettre sur pied un comité d'éthique, qui peut être clinique ou de recherche. Ce comité est là pour réfléchir aux cas complexes et pour trouver des solutions adaptées. La plupart du temps, la décision ne vaut que pour un cas précis, mais elle peut faire date et permettre de mieux éclairer les réflexions futures. Il faut enfin noter que l'éthique et la déontologie sont en dialogue constant avec le droit, et que les lois offrent souvent des réponses, ou à tout le moins des balises, quant aux débats éthiques complexes. Certains établissements offrent, en plus de leur comité d'éthique, des services d'avocats. Il faut aussi rappeler que de nombreux textes ont des visées éthiques : par exemple, certains établissements ou associations ont entériné une charte des droits des clients qui a un effet important en la matière, et la loi prévoit que les directions des services professionnels de chaque établissement ont un mandat à cet égard.

? QUESTIONS

1. Quel rôle le code de déontologie joue-t-il dans la profession du travail social ?
2. Quelles sont les forces et les limites des trois codes ?
3. Lequel des trois codes trouvez-vous le plus utile ? Expliquez.
4. Pourquoi le travailleur social doit-il maintenir sa compétence dans la pratique du travail social ?
5. La confidentialité est un devoir important dans la profession. Pourquoi ?
6. Si un travailleur social intervient directement auprès des clients, pourquoi doit-il s'intéresser aux changements sociaux ?

➕ LECTURES SUGGÉRÉES

Association canadienne des travailleuses et travailleurs sociaux (ACTS) (1994). *Code de déontologie en service social*. Ottawa, Ontario : ACTS.

Association canadienne des travailleuses et travailleurs sociaux (ACTS) (2005). *Code de déontologie 2005*. Ottawa, Ontario : ACTS. Repéré à www.casw-acts.ca/practice/codeofethics_f.pdf, le 20 décembre 2010.

Cossom, J. (1993). Que savons-nous de l'éthique du service social ? *Le travailleur social*, *61*(2), 85-91.

Fraser, H. et Briskman, L. (2005). Through the Eye of a Needle : The Challenge of Getting Justice in Australia if You're Indigenous or Seeking Asylum. Dans I. Ferguson, M. Lavalette et E. Whitmore (dir.), *Globalization, Global Justice and Social Work* (pp. 109-123). Londres : Routledge.

Gouvernement du Québec (2010). *Code de déontologie des travailleurs sociaux* (c. C-26, r. 180). Repéré à www2.publicationsduquebec.gouv.qc.ca/dynamicSearch/telecharge.php?type=2&file=//C_26/C26R180.htm, le 21 juin 2010.

Ordre professionnel des travailleurs sociaux et des thérapeutes conjugaux et familiaux du Québec (OPTSQ) (1992). *Définition de l'acte professionnel des travailleurs sociaux*. Montréal, Québec : OPTSQ.

Ordre professionnel des travailleurs sociaux et des thérapeutes conjugaux et familiaux du Québec (OPTSQ) (2006). *Référentiel de compétences des travailleuses sociales et des travailleurs sociaux*. Montréal, Québec : OPTSQ.

Partie II — Les approches en travail social

Chapitres

5. L'approche psychosociale
6. L'approche fonctionnelle
7. L'approche centrée sur la modification du comportement
8. L'approche familiale structurale
9. L'approche structurelle
10. L'approche féministe
11. L'approche interculturelle en contexte multiculturel
12. L'approche amérindienne, la roue médicinale : l'intervention en contexte autochtone
13. Les approches contemporaines

Dans cette deuxième partie, nous présenterons diverses approches en travail social, choisies en raison de leur grande notoriété auprès des membres de la profession. Nous les aborderons suivant leur ordre d'apparition dans le temps : d'abord l'approche psychosociale, puis l'approche fonctionnelle, l'approche centrée sur la modification du comportement, l'approche familiale structurale, l'approche structurelle, l'approche féministe, l'approche interculturelle et l'approche amérindienne. Un dernier chapitre sera consacré à d'autres approches, moins importantes sur le plan historique, mais néanmoins pertinentes.

Certaines de ces approches n'ont plus cours de nos jours sous leur forme initiale ; les lecteurs se demanderont peut-être pourquoi, en ce cas, nous les présentons. La raison en est simple : il faut connaître l'histoire de ces approches pour comprendre le développement de la profession. L'approche psychosociale, par exemple, si elle est aujourd'hui composée d'approches basées sur les théories postfreudiennes, la théorie des systèmes ou la théorie humaniste, était à l'origine basée sur la théorie freudienne. En outre, c'est parfois en regardant le passé qu'on peut entrevoir ce qu'il faudra faire dans l'avenir.

Chacun des chapitres qui suivent se décline à peu près de la même façon : après une brève histoire de l'approche, nous examinerons ses fondements théoriques, ses concepts clés et certaines techniques d'intervention qui y sont liées. Un cas illustrant l'approche en question et une critique de celle-ci terminent le chapitre. Ceux qui voudront approfondir le sujet trouveront des suggestions de lectures à la fin de chaque chapitre.

Chapitre 5 — L'approche psychosociale

Du début des années 1930 jusque tard dans les années 1960, une majorité d'intervenants en travail social privilégiaient l'approche psychosociale. Comme le soulignent Woods et Robinson (1996), toute la pratique du travail social se fonde sur les concepts psychosociaux, et ce, à plusieurs points de vue. Que l'attention se porte sur l'individu et la famille, sur de grandes communautés et organisations, sur les divers types de dysfonctions ou sur les théories du changement social, le travail social est dédié au soulagement des souffrances humaines et au soutien de la vie.

Selon la théorie psychosociale, les interventions peuvent être planifiées et basées sur la compréhension mutuelle entre le travailleur social et le client, ainsi que sur la compréhension du problème et de ses origines, des buts et des motivations du client et de l'équilibre des forces. Ces interventions concernent les aspects les plus accessibles et les plus susceptibles de changer (Woods et Robinson, 1996). Les buts de l'intervenant qui adopte l'approche psychosociale sont de travailler en collaboration avec le client pour retrouver, renforcer et mobiliser les forces et les habiletés d'adaptation, de déterminer les ressources disponibles, et de trouver la combinaison optimale entre la personne et son environnement physique et social (Woods et Robinson, 1996).

L'approche psychosociale comporte deux caractéristiques qui sont à vrai dire des attitudes adoptées à l'égard de ceux qui sont en quête d'aide : d'abord, l'acceptation des choix du client et, ensuite, le respect du droit de celui-ci à l'autodétermination, son droit à prendre ses propres décisions (Woods et Robinson, 1996).

L'historique

Aux origines du travail social, en Amérique du Nord, la plupart des approches ont subi l'influence des organismes de charité et des **centres d'action sociale** (*settlement houses*). Dans ces organisations, si une certaine importance était accordée à la place de la personne dans son environnement, on se préoccupait surtout de la moralité, comme nous l'avons mentionné au chapitre 2. Les interventions visaient à faire acquérir au client les « bonnes valeurs morales ». L'influence de ces organismes s'est fait sentir dans toute la première partie de l'histoire de la profession. Iversen et coll. (2005) précisent qu'au commencement du mouvement des *settlement houses* aux États-Unis et en Angleterre, la profession du travail social était le produit du modernisme culturel (Addams, 1910/1960). Comme Jane Addams l'a déclaré, en se basant sur l'étude des *settlements* anglais (« résidences sociales »), le *settlement* américain insistait pour que chaque nouveau cas soit accompagné de données solides, dûment évaluées (Addams, 1910/1960). En conséquence, les hypothèses et les pratiques du

> **Centre d'action sociale (*settlement houses*)**
> En Angleterre, résidence sociale issue du mouvement et d'organismes de lutte contre la pauvreté.

travail social se sont de plus en plus accordées avec les principes et les pratiques rationalistes de la science (Addams 1910/1960 ; Parton et O'Byrne, 2000 ; Walker, 2001).

Du point de vue scientifique, l'objet d'étude est là, dans le monde, et la tâche de la science est de décrire et d'expliquer cet objet aussi précisément que possible, sans préjugé personnel, idéologique ou autre. Cette hypothèse a été clairement représentée dans la perspective d'évaluation en travail social (Woods et Hollis, 1990). Cette perspective, inspirée par la science médicale, a établi le clinicien comme évaluateur expert qui détermine les types de dysfonctions individualisés pour générer une esquisse de traitement correctif.

Pendant les années 1930, Frank Hawkins, du Smith College, fut le premier à employer le terme « psychosocial ». Selon Turner (1986), ce terme eut d'abord un sens générique. Plus tard, la théorie de Freud se répandant, le terme y fut associé. Florence Hollis (1972) contribua de façon majeure à l'élaboration de cette approche. Dans bien des écoles de travail social, c'était le seul modèle d'intervention enseigné.

Au cours des années 1960, d'autres approches font leur apparition, comme l'approche systémique. Le modèle psychosocial d'inspiration freudienne quitte l'avant-plan et moins d'intervenants y ont recours dans sa version pure. Cette approche subit une profonde transformation par l'ajout de la psychologie humaniste, notamment. Les termes « **diagnostic** » et « traitement » sont remplacés par « évaluation » et « intervention ». L'intervention met moins l'accent sur la personne et son développement psychosexuel, et davantage sur l'individu en interaction avec son environnement.

Diagnostic
Terme médical référant à la problématique du client.

Les fondements théoriques

L'**approche psychosociale** puise dans plusieurs théories, mais elle s'inspire surtout des écrits de Freud et d'Erikson. Nous l'avons déjà souligné, la théorie psychanalytique a influencé grandement le travail social, et plus particulièrement l'approche psychosociale. Au sein de ce courant, les clients sont vus comme des malades et les problèmes personnels et sociaux, comme des maladies. Le titre de l'ouvrage de Florence Hollis (1972) est révélateur à cet égard : *Casework : A Psychosocial Therapy*. La terminologie médicale est présente dans ce modèle, comme en témoigne l'exemple des termes « diagnostic » et « traitement ». Nous verrons plus loin quel usage était fait de ces termes.

Approche psychosociale
Approche qui vise l'exploration et la compréhension du passé de la personne afin de poser un diagnostic sur la situation actuelle.

Hollis (1972) met l'accent sur la personne en situation, ce qui montre l'importance que revêt l'environnement. Il s'agit désormais de « soigner » le client en lui offrant une relation d'aide centrée sur le diagnostic et le traitement du problème qui l'empêche de bien fonctionner en société. Le travailleur social est alors considéré comme un thérapeute devant assurer l'épanouissement psychosocial de son client. Le but de l'intervention consiste à assurer la « socialité » de l'individu, définie comme l'équilibre dynamique entre la personne et son environnement.

Les concepts clés

L'exploration du passé de la personne est un des éléments principaux de l'approche psychosociale. Selon cette perspective, il est essentiel de comprendre le passé de quelqu'un pour poser un diagnostic sur sa situation actuelle. Turner (1986) rappelle que l'individu apprend dès son plus jeune âge à vivre en société; les habiletés qu'il acquiert à chaque étape de son développement permettent son adaptation; toutefois, si l'apprentissage ne se fait pas de façon adéquate, il éprouvera des problèmes plus tard dans sa vie. Par conséquent, pour modifier les comportements actuels, il faut comprendre le processus de leur acquisition et leur genèse.

L'inconscient est un autre concept important dans cette approche. La personne ne peut se souvenir de toutes les influences auxquelles elle a été soumise au cours de sa vie. En revanche, l'inconscient conserve cette mémoire. Une exploration de l'inconscient devient alors nécessaire pour comprendre l'origine d'un comportement donné.

Aujourd'hui, cette conception n'est plus acceptée d'emblée. Bien des travailleurs sociaux s'entendent pour dire que l'on peut intervenir sans connaître le passé de la personne. D'autres continuent cependant à croire que la clé de la compréhension de certains comportements, comme l'autodestruction, réside dans le passé de la personne. Pensons, par exemple, à un jeune garçon qui, durant toute son enfance, aurait subi de la violence de la part de son père et qui, une fois rendu à l'adolescence, en viendrait à intérioriser ce comportement comme allant de soi et à se livrer à des actes de violence, en réaction au seul modèle paternel qu'il a connu. Selon l'approche psychosociale, si l'on veut être en mesure de bien comprendre une personne dans son intégralité, il faut connaître et comprendre les événements significatifs qui ont marqué sa trajectoire de vie dès son plus jeune âge et qui font d'elle ce qu'elle est aujourd'hui. C'est là un débat qui est loin d'être clos.

L'évaluation psychosociale et le diagnostic

En intervention psychosociale, il faut distinguer l'**évaluation psychosociale** et le diagnostic. La première ressemble beaucoup à l'évaluation à laquelle on procède généralement durant la première phase des modèles d'intervention récents. Hollis (1972) décrit l'évaluation psychosociale comme un procédé de collecte de données, d'observation et de classification des faits concernant le client et sa situation. L'objectif est de réunir suffisamment de renseignements pour guider le traitement. Quant au diagnostic, il s'agit d'un terme juridiquement protégé au Québec, qui désigne l'acte médical d'identifier une maladie, ainsi qu'une opinion professionnelle sur le client et sa situation; cette opinion se forme à la lumière de l'évaluation psychosociale.

> **Évaluation psychosociale**
> Selon Hollis (1972), procédé de collecte de données, d'observation et de classification des faits concernant le client et sa situation.

Les techniques d'intervention

Pour illustrer l'approche, nous décrirons maintenant sommairement quelques techniques utilisées fréquemment en intervention psychosociale.

Le soutien

Une personne qui s'adresse à un travailleur social est inquiète et vit souvent des moments de grande anxiété. En demandant de l'aide, elle admet son impuissance devant les situations qu'elle a à affronter. Plus l'anxiété est fortement ressentie, plus il est important pour l'intervenant de soutenir la personne. Le soutien est sans nul doute la technique la plus utilisée dans tous les types d'intervention. L'écoute active est une des formes que prend le soutien ; l'intérêt pour le client et ses difficultés encourage une écoute qui utilise activement des techniques pour favoriser l'*empowerment*, l'**autodétermination** et le respect des choix de l'individu. Parmi ces techniques, on retrouve entre autres le reflet, la reformulation et le questionnement. Cet intérêt s'exprime différemment selon le style personnel des intervenants. L'expression du visage, le ton de la voix, le regard sont autant de façons de manifester son intérêt, de montrer que l'on est à l'écoute et, par conséquent, de soutenir la personne en difficulté. L'acceptation de la personne dans son intégralité, quels que soient ses comportements ou les actes qu'elle a commis, est une autre forme de soutien. Il est important de se rappeler qu'on doit accepter une personne même si on ne peut accepter ses actes ou ses comportements. Si, dès le début de l'intervention, le client se sent jugé, il sera alors très difficile, voire impossible, d'établir une relation de confiance avec lui.

> **Autodétermination**
> Capacité de l'individu à prendre ses propres décisions pour gérer sa vie.

L'influence directe

Il existe des situations où il est de mise que l'intervenant donne des conseils directs au client pour l'aider à résoudre ses problèmes ; c'est là une forme d'influence directe. Cette technique est souvent décriée, avec raison, sous prétexte que la solution ne peut venir que de la personne même. Les conseils donnés peuvent servir d'excuse à la non-résolution des problèmes par le client, et prolonger une incapacité ou un refus d'autodétermination. Il convient donc d'utiliser cette technique avec beaucoup de prudence et de jugement. On y recourt lorsqu'on connaît bien le client et ses modes de fonctionnement et qu'il a déjà fait des efforts pour trouver lui-même des solutions.

Il ne faut pas confondre le besoin d'aider qu'éprouve l'intervenant avec le besoin du client de recevoir un conseil. L'objectif ultime de l'intervention est que le client en vienne à découvrir lui-même les moyens de faire face aux situations ; par contre, durant une période de crise, quand le jugement et la capacité de décider sont affaiblis, il peut devenir important et même essentiel que l'intervenant exerce une influence directe sur les décisions à prendre. Cette prise en charge doit être temporaire et soutenir le client dans sa démarche en vue de s'assumer. Dans certaines situations cliniques balisées par la loi (maltraitance des enfants, inaptitude de la personne âgée, problèmes de santé mentale causant un risque immédiat pour la personne ou pour autrui), il faut autant considérer le principe de respect que celui de protection. C'est pourquoi, comme nous l'avons vu dans le chapitre 4, l'intervenant peut être appelé à exercer son jugement professionnel et à outrepasser le secret professionnel pour prévenir un acte de violence, comme un suicide, lorsqu'il a un motif raisonnable de croire qu'il y a un danger imminent de mort ou de blessures graves, ou lorsqu'il est appelé à faire une expertise sociale devant un tribunal.

L'exploration descriptive et l'expression des émotions

L'exploration descriptive et l'expression des émotions sont deux techniques différentes, mais apparentées. La première a trait à la collecte ordonnée des faits qui permettent de comprendre une situation. La seconde concerne l'expression des émotions liées aux faits.

L'exploration descriptive consiste en la recherche des événements, des faits qui entourent une situation donnée, et dont la mise au jour permet de compléter l'évaluation psychosociale. Dans cette exploration, l'intervenant doit tenir compte des émotions qu'il fait naître. En effet, en revivant des événements importants, la personne éprouve des émotions parfois très fortes à leur endroit. L'intervenant peut alors avoir recours à l'expression des émotions pour amener son client à exprimer, de façon contrôlée, ce qu'il ressent. Une certaine sensibilité est ici de mise, car l'intervenant doit reconnaître le moment où l'expression des émotions risque de faire augmenter le niveau d'anxiété et d'ainsi nuire à la poursuite de l'intervention. Par exemple, au cours d'une thérapie de couple, l'expression de l'agressivité, bien que nécessaire, ne doit pas prendre une place telle qu'elle rende impossible l'intervention auprès des deux conjoints.

En pratique, ces explorations peuvent se faire en même temps ou à l'occasion d'une évaluation formelle, comme celle produite par l'outil d'évaluation multiclientèle (OEMC). Chaque établissement possède ses propres outils d'évaluation. Le jugement clinique se base à la fois sur ces outils d'évaluation et sur les résultats des deux formes d'exploration que nous venons de présenter.

La discussion réflexive sur l'ensemble personne-situation

Afin de favoriser la prise de conscience (ou *insight*) chez le client, des discussions sur sa situation entre lui et l'intervenant sont nécessaires. Lorsque la personne se situe mieux dans son contexte de vie, elle est plus apte à faire les bons choix pour modifier sa situation et se prendre en main. La discussion réflexive est une technique fréquemment utilisée en intervention directe (*casework*).

Chez les intervenants adeptes de l'approche psychosociale, si les interventions se fondent plus ou moins directement sur la théorie psychanalytique, utile à la compréhension du client, elles ne sont toutefois pas du même ordre que celles des psychanalystes, dont la formation est différente et spécialisée.

✓ ÉTUDE DE CAS

Le cas qui suit illustre de façon très simplifiée une démarche accomplie dans le contexte de l'approche psychosociale, laquelle se fonde principalement sur la théorie freudienne.

Olivier, un garçon de 14 ans, est petit et a l'air plus jeune qu'il ne l'est en réalité. Il a été placé dans un centre d'accueil pour jeunes délinquants à la suite d'un vol qualifié (vol à main armée). Le dossier contient des renseignements sur sa famille, qui compte cinq membres : le père, Claude, 38 ans ; la mère, Marie, 37 ans ; Pierre, 16 ans ; Olivier, 14 ans ; et le cadet, Luc, 12 ans.

Le père était caporal dans les forces armées. Il a été licencié il y a deux ans pour insubordination. Il ne reçoit aucune pension ; ses prestations d'assurance-emploi sont épuisées, et la famille vit présentement de l'aide sociale. Le père est décrit comme un homme au caractère très violent qui présente un problème d'alcool. Les intervenants précédents croient qu'il a exercé des sévices physiques sur sa femme et ses enfants. Ces derniers n'ayant pas porté plainte, rien ne confirme formellement ces soupçons.

La mère semble assez passive et, lorsqu'il y a conflit, se range généralement du côté de son mari. Elle n'a ni emploi ni formation spécialisée.

L'aîné des garçons, Pierre, vient de quitter la maison. Il a trouvé un emploi dans une station-service et partage un logement avec deux garçons de son âge. Le cadet, Luc, présente certains problèmes de comportement à l'école, mais rien de sérieux.

Quant à Olivier, notre client, sa situation est de plus en plus préoccupante depuis deux ans. Il a été renvoyé de l'école à quelques reprises pour comportements agressifs. Plusieurs de ses copains ont des démêlés avec la justice. Il a déjà été arrêté deux fois pour des délits mineurs. Le délit qui l'a conduit là où il est maintenant est cependant plus grave.

Notons enfin que la famille loge dans un quatre et demi ; les parents couchent dans une chambre, et les garçons, dans l'autre.

Selon l'approche psychosociale, l'évaluation d'Olivier contiendrait, en gros, les éléments suivants : étant donné la nature de son milieu familial, il présente des caractéristiques névrotiques ; son moi est faible ; durant la période du complexe d'Œdipe, l'agressivité de son père l'a conduit à éprouver une angoisse de castration très forte. Le mécanisme de défense prédominant est l'identification à l'agresseur, c'est-à-dire que, s'identifiant à son père, il est lui-même devenu agressif et violent pour pouvoir se défendre contre l'agressivité de ce dernier. Il exprime beaucoup de colère à l'égard de sa famille et affirme n'avoir aucun projet de vie, que ce soit sur le plan scolaire ou professionnel. Il vit très mal son hébergement en centre d'accueil et déteste l'étiquette « centre jeunesse » qui lui est collée.

Au centre d'accueil, le plan de traitement d'Olivier pourra s'articuler autour de diverses stratégies : l'établissement de relations harmonieuses avec les éducateurs en général et avec l'un d'eux en particulier ; l'exploitation de cette relation privilégiée, basée sur la confiance réciproque, pour amener Olivier à s'identifier à un nouveau modèle et favoriser un transfert différent ; des séances de counselling pour l'aider à comprendre qu'il y a d'autres comportements que l'agressivité qui permettent de prendre sa place dans la société.

CRITIQUE

Aujourd'hui, même si certains centres ont encore recours à l'approche psychosociale, beaucoup moins d'intervenants qu'autrefois disent la pratiquer dans sa version psychanalytique. Dans les années 1970, il y a eu un débat au sein de la profession à propos de la pertinence de ce modèle d'intervention. Les critiques lui reprochaient d'être trop limitée, d'accorder une importance démesurée au passé de la personne et à son développement psychosexuel, et d'avoir une conception médicale de l'intervention. La théorie de Freud et d'autres éléments des fondements théoriques de l'approche ont depuis été remis en question et enrichis à partir de nombreuses autres sources. Si plusieurs aspects de cette approche ont été rejetés, il reste que l'on continue à croire que connaître le passé d'une personne, sans tout ramener à cette seule dimension, demeure important pour l'aider dans le présent.

Il est utile de saisir l'essentiel de cette approche, d'abord parce qu'elle a été la première à être largement utilisée en travail social et qu'elle a eu, de ce fait, une influence considérable sur l'évolution de la profession. Plusieurs concepts et éléments de cette approche conservent toute leur valeur si on les replace dans un contexte plus contemporain. Par exemple, le soutien est une technique qui se trouve dans toutes les approches en travail social.

De nos jours, l'évaluation psychosociale en travail social est abordée de plusieurs façons. Le terme « psychosocial » est aujourd'hui surtout employé pour exprimer l'idée d'une intervention globale, tenant compte à la fois des aspects sociaux et psychologiques. Le lien fait entre ces deux vastes domaines d'intervention caractérise la profession. Ainsi, si l'usage psychanalytique du terme est tombé en désuétude, « psychosocial » est maintenant abondamment employé pour définir la pratique des travailleurs sociaux, dont la fonction se situe à la frontière du psychologique et du social – certains auteurs y ajoutant même la dimension biopsychosociale.

Milner et O'Byrne (2002), pour leur part, ont établi un cadre comprenant cinq étapes de l'évaluation: la préparation, la collecte des données, leur pondération, leur analyse et l'analyse finale qui mène aux décisions.

Adams, Dominelli et Payne (2009) suggèrent une autre manière de comprendre l'approche psychosociale. Puisant dans les perspectives postmodernes, ils suggèrent que l'accent doit être mis sur le langage et sa relation intime avec la connaissance et le pouvoir, offrant ainsi le message le plus spécifique pour la pratique. Pour eux, voir le travail social comme un texte, narratif et artistique, en opposition au travail social comme une science, doit être primordial. La science recherche et examine les explications et les causes; l'approche historique ou narrative s'oriente vers la recherche du sens.

QUESTIONS

1. Expliquez pourquoi tant de travailleurs sociaux ont adopté l'approche psychosociale fondée sur la théorie de Freud.
2. Expliquez comment s'est transformée l'approche psychosociale.
3. Expliquez l'importance du passé et son effet sur le comportement d'un individu.
4. Pourquoi, selon l'approche psychosociale d'inspiration psychanalytique, est-il utile d'explorer l'inconscient?
5. Pourquoi le soutien est-il si important parmi les interventions de l'approche psychosociale?

6. Quelles inquiétudes la pratique de l'influence directe soulève-t-elle?
7. Croyez-vous qu'il faille aujourd'hui rejeter l'ensemble de l'approche psychosociale? Expliquez.

+ LECTURES SUGGÉRÉES

Adams, R., Dominelli, L. et Payne, M. (dir.) (2009). *Critical Practice in Social Work*. Londres: Palgrave Macmillan.

Deslauriers, J.-M. et Hurtubise, Y. (dir.) (2007). *Introduction au travail social*. Sainte-Foy, Québec: Presses de l'Université du Québec.

Iversen, R. et coll. (2005). Assessment and Social Construction: Conflict or Co-creation? *British Journal of Social Work, 35*, 687-708.

Milner, J. et O'Byrne, P. (2002). *Assessment in Social Work*. Basingstoke, Angleterre: Macmillan.

Woods, M. E. et Robinson, H. (1996). Psychosocial Theory and Social Work Treatment. Dans F. J. Turner (dir.), *Social Work Treatment* (pp. 555-580). New York: Free Press.

Chapitre 6 — L'approche fonctionnelle

Tout comme le modèle psychosocial, l'approche fonctionnelle a grandement marqué l'intervention en travail social. Ses origines remontent à la théorie anthropologique fonctionnaliste formulée par Bronislaw Malinowski, qui a été, pendant longtemps, le modèle dominant dans la sociologie américaine (Dorvil et Mayer, 2001). Cette théorie analyse la société à partir des fonctions qui assurent sa stabilité. Simplifiée à l'extrême, elle conçoit la société comme un être vivant, dont chaque organe doit remplir une fonction par rapport au tout organique (Bachmann et Simonin, 1981; Herpin, 1973; Mayer, 2002). Ce courant a vu le jour dans les années 1930, soutenu par Virginia Robinson (1930) et Jessie Taft (1937). En 1967, Ruth Smalley publiait un manuel de base sur ce modèle d'intervention, qui comptait encore des adeptes 20 ans plus tard (Yelaja, 1986).

L'approche fonctionnelle a été conçue en réaction au modèle psychosocial, et plus particulièrement à la dimension déterministe de ce dernier. Il importe de rappeler que, d'après Freud, les bases de la personnalité se mettent en place durant les toutes premières années de la vie; une fois formé, le moi ne pourra changer qu'au prix d'importants efforts. Selon cette conception déterministe du développement, une personne chez qui des caractéristiques névrotiques se sont installées durant l'enfance demeure très souvent marquée par ces traits de personnalité pour le restant de ses jours. La seule intervention possible est à faire du côté de l'*insight* (« prise de conscience ») pour aider la personne à comprendre et à modifier certains comportements.

L'approche fonctionnelle appréhende la personne sous un angle tout à fait différent. Le libre choix est une donnée fondamentale de ce modèle, selon lequel la personne a la capacité de s'adapter aux exigences changeantes de son milieu. On s'attend toutefois à ce qu'elle agisse en fonction des rôles qui lui sont attribués et qu'elle se conforme aux normes et valeurs en vigueur dans la société où elle vit. Au sein de l'approche fonctionnelle, les structures sociales sont rarement remises en question. C'est pourquoi, après avoir connu son apogée, marqué par les œuvres de Robert K. Merton et de Talcott Parsons, le fonctionnalisme a perdu de son prestige, tant au sein de la communauté sociologique que chez les théoriciens du travail social.

L'historique

Le fonctionnalisme fut mis en application pour la première fois au début des années 1920 par Bronislaw Malinowski. Cette théorie proposait une solution de rechange aux théories anthropologiques alors en vogue : l'évolutionnisme et le diffusionnisme. Malinowski doit principalement sa renommée au fait d'avoir systématisé la pratique de l'anthropologie de terrain et proposé une méthode d'observation participante.

Rompant avec l'évolutionnisme et le diffusionnisme, Malinowski affirmait qu'une société ne doit pas être analysée à partir de son histoire, mais bien à partir de son fonctionnement. Le fonctionnalisme de Malinowski suppose donc que la pratique du travail social a pour fonction de répondre aux besoins des individus. L'anthropologue britannique Alfred Radcliffe Brown propose quant à lui une analyse différente en associant les diverses fonctions de la culture non aux besoins des individus, mais à ceux de la société prise dans son ensemble.

À la notion de fonction s'ajoutent bientôt celles de statut et de rôle, partant de l'idée que le statut est l'importance donnée à une personne en société. Dans les années 1940, Ralph Linton produit une première analyse systématisée des notions de statut et de rôle. Le fonctionnalisme atteint son apogée au moment où deux grands auteurs adoptent des positions relativement différentes à son égard. D'un côté, Talcott Parsons publie *The Structure of Social Action* en 1937, puis *The Social System* et *Toward a General Theory of Action* en 1951, ouvrages dans lesquels il propose une théorie générale de l'action qui vise rien de moins qu'à saisir toute la complexité des relations entre culture, système et économie. De l'autre, Robert K. Merton publie *Social Theory and Social Structure* en 1949, dans lequel il conçoit une vision qui est plus en phase avec l'empirisme de la sociologie américaine et propose un fonctionnalisme plus modéré, privilégiant des théories de portée relativement limitée.

Cette théorie fonctionnaliste modérée naît de la critique des travaux de Malinowski et pousse plus loin les notions de rôle et de statut élaborées par Linton. Merton fait observer qu'un statut (par exemple, celui de père de famille) implique des rôles différents envers différentes personnes (il s'agit de ne pas se comporter de la même façon envers sa femme et ses enfants). Il analyse les comportements individuels non conformes à l'aide de la notion d'anomie, définie par Durkheim comme étant le décalage existant entre les buts culturels (valeurs) et les moyens légitimes (normes) pris pour les réaliser. L'analyse de la déviance permet à Merton d'introduire les inégalités sociales dans son modèle fonctionnaliste. La déviance est donc le résultat des inégalités, du fait que la société ne peut permettre qu'à une partie restreinte de sa population d'atteindre et de vivre ce à quoi tous aspirent.

Quant au modèle de Parsons, appelé « structuro-fonctionnalisme » ou « fonctionnalisme systémique », c'est l'un des plus complexes jamais produits par la sociologie. La notion de fonction y occupe une place centrale ; la société y est vue comme un immense système composé de plusieurs sous-systèmes, chacun d'entre eux remplissant une fonction essentielle au maintien de l'ordre et de l'équilibre nécessaires à la préservation de l'ensemble du système. Parsons vise à comprendre pourquoi, plutôt que le chaos, c'est l'ordre social qui a généralement cours, et il le fait en donnant comme explication l'intériorisation de modèles culturels et leur reproduction par les individus. Parsons cherche à voir comment un ordre peut exister sur la base des actions individuelles, en montrant comment ces actions sont structurées et régulées par le système, puis en expliquant comment est organisé ce dernier, qui mobilise une multitude d'actions. S'inspirant de la théorie des systèmes, qui rend compte des relations existant entre les différents sous-systèmes permettant à l'ensemble de fonctionner, Parsons en définit quatre :

- le sous-système d'adaptation (*adaptation*), qui établit les relations entre le système et son environnement, extrait des éléments hors du système et les échange avec des produits du système ;
- le sous-système de mobilisation (*goal-attainment*), qui définit les buts, mobilise et gère les énergies du système afin de les atteindre ;
- le sous-système d'intégration (*integration*), qui non seulement assure la stabilité du système, mais aussi contrôle et modère l'activité à l'intérieur de celui-ci ;
- le sous-système de motivation (*latence*), qui assure la motivation des composantes du système.

Lorsque Parsons transpose son modèle à l'échelle des actions individuelles, il affirme que chacune des actions mobilise aussi quatre sous-systèmes, qui remplissent les fonctions essentielles mentionnées ci-dessus. Ces quatre sous-systèmes sont :

- l'organisme biologique, qui correspond à la fonction d'adaptation, puisqu'il est en contact avec l'environnement ;
- la personnalité psychique, qui correspond à la fonction de mobilisation, puisqu'elle dirige l'action des individus ;
- le système social, qui correspond à la fonction d'intégration, puisqu'il assure la régulation des comportements individuels ;
- la culture, qui correspond à la fonction de motivation, puisqu'elle assure la motivation des individus, à travers les valeurs et les normes qui guident l'action.

Dans son étude de la société, Parsons affirme que l'ordre social ne peut être maintenu que si les quatre sous-systèmes suivants remplissent correctement leur fonction :

- l'économie (fonction d'adaptation) permet l'accès aux ressources de l'environnement ;
- le politique (fonction de mobilisation) définit les buts que la société doit atteindre ;
- la communauté sociétale (fonction d'intégration) régule les conduites par l'intermédiaire des institutions ;
- la socialisation (fonction de motivation) assure la transmission de la culture et donc la motivation des individus.

Pour simplifier, c'est en examinant les divers échanges qui ont lieu entre ces sous-systèmes qu'il est possible de comprendre, selon Parsons, le fonctionnement de la société. L'équilibre dynamique qui assure le maintien de la société est le produit de ces échanges. Ces derniers sont effectués entre certains sous-systèmes, qui tendent à la déstabiliser, et d'autres sous-systèmes, qui tendent à la contrôler et à rétablir la stabilité. Quand il y a dysfonctionnement, l'équilibre est rompu.

Dès la parution des premiers ouvrages d'anthropologie et de sociologie fonctionnalistes, les notions de fonction, de rôle et de statut sont vite récupérées par les théoriciens du travail social, qui voient désormais la personne comme un individu en interaction avec son environnement, capable d'influer sur celui-ci à l'aide de divers systèmes et sous-systèmes.

Cette idée apparaît dans les années 1930, sous la plume du psychanalyste autrichien Otto Rank, qui se dissocie de Freud et affirme que l'individu a la liberté et le choix d'influer sur ses modes d'action et de pensée. Selon lui, nous ne sommes pas des êtres passifs soumis à des pulsions, mais bien des acteurs en interaction avec l'environnement, capables d'agir sur celui-ci. L'**approche fonctionnelle**, qui s'inspire de la théorie sociologique fonctionnaliste, soutient que nous avons des fonctions sociales à remplir, correspondant à des normes et à des valeurs, et que nous devons et pouvons nous y adapter et améliorer notre comportement à cet égard.

Virginia Robinson et Jessie Taft, de l'école de service social de l'Université de Pennsylvanie, ont subi l'influence de Rank. Le concept d'adaptation à l'environnement ouvrait, il est vrai, plusieurs perspectives en travail social. L'idée de maladie, sur le plan psychologique, est remplacée par le concept de potentiel positif de développement et d'adaptation. Le travailleur social est désormais appelé à aider la personne à actualiser ce potentiel. Il devient possible d'intervenir sans explorer tout le passé de la personne et sans formuler une évaluation définitive sur ses blocages.

> **Approche fonctionnelle**
> Théorie de Malinowski qui analyse la société à partir des fonctions qui assurent sa stabilité. Cette approche a été conçue en réaction au modèle psychosocial et plus particulièrement à la dimension déterministe de ce dernier.

Les fondements théoriques

Les thèses de Freud comptent de nombreux adeptes au début du XXe siècle, dont Otto Rank. Toutefois, influencé par Herbert Mead et John Dewey, Rank en vient à prendre graduellement ses distances vis-à-vis de Freud. La divergence de leurs points de vue est notamment attribuable à la thèse freudienne selon laquelle l'individu ne peut changer, une idée que Rank récuse. Pour lui, les êtres humains sont proactifs, et non uniquement réactifs.

Freud avait une conception plus déterministe du fonctionnement psychique et soutenait que, une fois la personnalité formée, les possibilités de changement sont très limitées. Rank propose une pensée radicalement différente : d'une vision pessimiste de la personne, il passe à une conception optimiste. Il adhère aux thèses d'Anna Freud et des néofreudiens, pour qui le moi a plus de pouvoir que ne le laisse entendre Freud, selon qui cette instance tire son énergie du ça et du surmoi et permet la défense de la personne contre les pulsions. Les néofreudiens accordent au moi un pouvoir de changement. Rank fait un pas de plus et soutient que la personne est une entité capable de s'adapter à son environnement, de se modifier et d'actualiser son potentiel.

Les concepts clés

Yelaja (1986) souligne que trois concepts sont à la base de l'approche fonctionnelle, soit le temps, l'organisme et la liberté de choisir.

Le temps

L'intervention est conçue comme un processus dynamique qui s'inscrit dans un espace de **temps**; il a un commencement et un aboutissement, autrement dit un début et une fin. Il faut amener le client à comprendre cette structure de l'intervention dans le temps.

À la première phase de l'intervention, le travailleur social aide le client à reconnaître ses problèmes et les résistances qui l'ont empêché de les résoudre efficacement. En se servant des forces du client, il stimule le changement et l'adaptation, qui permettent de lever les résistances. Dès cette étape, le client peut ressentir du soulagement.

Après avoir aidé le client à déterminer ses besoins et à établir ses objectifs, l'intervenant le prépare à la période de la fin de l'intervention. À cette étape, il doit faire accepter au client l'idée que l'intervention tire à sa fin et que, maintenant que ses besoins et ses objectifs sont bien définis, il possède tous les outils et les atouts nécessaires pour agir en conséquence. L'intervention vise à faire comprendre la notion d'évolution continue et le fait que l'intervenant n'est qu'un acteur ponctuel dans cette évolution.

> **Temps**
> Premier des trois concepts à la base de l'approche fonctionnelle. L'intervention est conçue comme un processus dynamique qui s'inscrit dans un espace de temps qui a un commencement et un aboutissement.

L'organisme

L'**organisme** est le lieu, dans l'approche fonctionnelle, où les intérêts et les besoins de la personne rencontrent ceux de la société : c'est l'établissement du travail social. La société, pour assurer son bon fonctionnement et son développement, a besoin des personnes, tout comme celles-ci ont besoin de la société pour satisfaire leurs propres besoins. L'organisme devient l'expression de cette réalité. Il a été créé pour rendre concrète l'interaction entre la personne et son environnement ; il est donc possible de centrer l'intervention sur cette interaction.

L'organisme concrétise aussi la notion de service ; dès le départ, l'intervenant informe le client des rôles et des fonctions de l'organisme, ainsi que des possibilités qu'il lui offre. En fait, l'approche fonctionnaliste insiste beaucoup sur les comportements adéquats que doit adopter un individu dans la société afin de remplir sa fonction. Elle se caractérise par l'importance attribuée aux valeurs qui sous-tendent l'ordre normatif, soit l'élément essentiel d'un système social. En ce sens, cette approche favorise plutôt l'ordre que le changement. Elle cherche à encourager la personne à tenir des rôles plus adéquats. L'intervention vise à favoriser un nouvel apprentissage des rôles afin que l'harmonie soit rétablie (Mayer, 2002). Les concepts de normalisation, de déviance à la norme et de rôles sociaux sont au cœur de la théorie fonctionnaliste. Pour les fonctionnalistes, les problèmes sociaux sont soit des problèmes de désorganisation sociale, soit des problèmes de déviance sociale (Merton et Nisbet, 1971).

> **Organisme**
> Deuxième concept de base de l'approche fonctionnelle, qui réfère à l'établissement du travail social, soit le lieu où les intérêts et les besoins de la personne ainsi que ceux de la société se rencontrent.

Il n'est donc pas étonnant que plusieurs accusent cette approche d'être très normalisatrice, voire souvent empreinte d'une intention de contrôle social.

La liberté de choisir

Si le déterminisme caractérise l'approche psychosociale, l'approche fonctionnelle met au contraire l'accent sur la **liberté de choisir**, mais en fonction du rôle social que peut jouer la personne. Dans le modèle psychosocial, l'intervenant formule une évaluation, l'explique au client et lui indique les comportements à modifier. À l'inverse, dans le modèle fonctionnaliste, on demande au client de choisir les actions à entreprendre pour apporter des changements à sa situation, afin qu'il puisse jouer son rôle adéquatement. Toutefois, le travail social fonctionnaliste ne valorise pas des comportements inappropriés, des pratiques marginales, voire illégales, même s'ils sont librement choisis. On suppose néanmoins que la personne veut s'investir dans cette entreprise de changement et que le libre choix des moyens lui permet de sélectionner ce qu'il y a de mieux parmi les possibilités qui s'offrent à elle.

> **Liberté de choisir**
> Troisième concept de base de l'approche fonctionnelle, selon lequel le client a le choix d'entreprendre des actions pour apporter des changements à sa situation.

Les techniques d'intervention

Regardons maintenant comment ces fondements théoriques et ces concepts clés se traduisent dans les techniques d'intervention.

Ruth Smalley, dans son ouvrage publié en 1967, a présenté un panorama des techniques d'intervention de l'approche fonctionnelle. Elles sont maintenant considérées comme des techniques de base de cette approche.

En ce qui concerne l'évaluation, celle-ci doit être associée au service qui est rendu au client; elle doit être élaborée pendant le processus d'intervention, modifiée au besoin et selon le déroulement de l'intervention et, enfin, portée à la connaissance du client.

L'intervention se déroule pour sa part selon la structure mise en place par l'établissement de travail social et est soumise aux limites qu'il impose. Le client doit comprendre que l'intervenant suit un plan d'intervention établi et doit se conformer à certaines règles. Il doit aussi comprendre que l'intervention prend place dans le temps, c'est-à-dire qu'elle a un début, un milieu et une fin, et vise avant toute chose le rétablissement d'un **fonctionnement adéquat** dans la société.

> **Fonctionnement adéquat**
> Manière de fonctionner en société que l'on attend d'un individu et qui est appropriée à son rôle, à son environnement et aux individus qui l'entourent.

Les diverses étapes de l'intervention (début, milieu et fin) doivent servir en priorité à aider le client dans sa démarche, et non l'intervenant dans la planification de son travail.

La structuration de l'intervention dans le temps, par des objectifs, des moyens et des délais, permet de clarifier la relation entre l'intervenant et le client. Il faut que ce dernier comprenne que la relation qui s'établit entre lui et le travailleur social est une relation d'aide et qu'elle s'articule autour d'objectifs spécifiques.

✓ ÉTUDE DE CAS

Le cas présenté ici n'offre qu'un survol des possibilités de l'approche fonctionnelle.

Vous travaillez aux services complémentaires d'une polyvalente, où Mégane et Carmen viennent vous consulter. Carmen vous révèle que Mégane a manqué l'école ces sept derniers jours parce qu'elle a peur d'être battue par un groupe de filles de quatrième secondaire. Elle a parlé de sa crainte à la directrice de l'école, qui lui a répondu qu'elle n'était pas responsable de ce qui se passe à l'extérieur de l'école. Mégane en a ensuite parlé à ses parents, qui ont dit que, si elle plie devant les menaces de ce groupe de filles, elle reconnaît que ces filles contrôlent une partie de sa vie. En vérité, cela n'empêche pas Mégane de craindre pour sa sécurité.

À la lumière du modèle théorique et des concepts qui sous-tendent l'approche fonctionnelle, vous devriez être à même de comprendre la complexité de ce qui se passe dans la vie de Mégane et d'élaborer un plan d'intervention. Celui-ci doit tenir compte des concepts clés de l'approche fonctionnelle. Les paragraphes qui suivent présentent les grandes lignes d'une démarche possible.

Le temps

Votre intervention auprès de Mégane doit s'inscrire dans un espace de temps suffisant pour que les changements puissent se produire. Quels sont les besoins de votre cliente ? Quels sont les rôles qu'on attend d'elle ? Qu'est-ce qu'elle veut et peut changer à la situation qu'elle vit ? Pour répondre à ces questions, il est nécessaire de déceler et d'explorer les problèmes et les résistances tels que Mégane les perçoit. Ensuite, une fois les besoins et les objectifs clairement déterminés, il s'agira de voir quels sont les outils et les ressources dont elle peut faire usage pour modifier la situation.

L'organisme

L'organisme, selon l'approche fonctionnelle, est le lieu privilégié où les besoins personnels et ceux de l'environnement se rejoignent. Comme intervenant, il est de votre devoir d'informer Mégane des services que votre organisme peut lui fournir pour régler le problème et des comportements que la société attend d'elle. Étant donné qu'il s'agit d'un organisme de counselling, votre rôle consistera à l'aider à établir une liste des solutions possibles, c'est-à-dire réalistes et qui respectent les attentes sociales compte tenu de la situation, et à trouver l'énergie nécessaire pour opérer un changement dans sa vie.

La liberté de choisir

Le choix constitue l'élément le plus important de l'approche fonctionnelle. Comme votre pratique se fonde sur ce modèle, votre tâche est d'aider Mégane à choisir les actions propres à changer sa situation de vie. Elle pourrait, par exemple, décider de retourner à l'école et d'avoir une conversation avec la directrice pour faire le point sur la violence qui sévit dans son établissement. Il serait aussi possible d'entrer en relation avec la personne qui, à la commission scolaire, représente son quartier, de lui brosser un tableau de la situation qu'elle vit et de lui demander d'agir pour corriger la situation. Elle pourrait aussi songer, si rien n'est fait pour assurer sa sécurité, à changer d'école. Il est très important de vous assurer que votre cliente, Mégane, est en sécurité à l'école et de l'aider à exercer les pressions nécessaires pour qu'y cesse la violence. La finalité de votre intervention demeure le rétablissement du fonctionnement social adéquat de votre cliente.

! CRITIQUE

L'approche fonctionnelle utilise des concepts qui peuvent de nos jours sembler banals, mais qui font en réalité partie du quotidien de la profession. Dans les années 1930, toutefois, ils étaient inédits et révolutionnaires. Par exemple, la théorie des systèmes, adoptée dans les années 1960, nous a familiarisés avec l'idée d'interaction entre les personnes et leur environnement; les fonctionnalistes avaient déjà proposé ce concept 20 ans auparavant. L'importance du rôle de l'établissement de travail social a connu un renouveau grâce à Schwartz en 1961, soit plusieurs années après sa formulation par les fonctionnalistes. Enfin, les approches axées sur la résolution de problèmes, la tâche ou le court terme ont repris à leur compte plusieurs des idées de l'approche fonctionnaliste. Ces dernières sont aujourd'hui très présentes dans les établissements publics. Ces prolongements de l'approche fonctionnelle dans les modèles plus contemporains témoignent de l'influence qu'ont eue les fonctionnalistes sur la profession. En fait, l'approche fonctionnelle est une approche très pragmatique, centrée sur des besoins concrets, et c'était peut-être ce qui faisait sa force.

L'approche fonctionnelle est cependant critiquée en raison de sa tendance normalisatrice. Elle est notamment attaquée par les tenants des approches valorisant le changement social ou prônant le respect intégral des choix des individus, même ceux qui ne sont pas valorisés socialement.

Les concepts introduits par l'approche fonctionnelle ont été abondamment analysés par la suite. Par exemple, certains des concepts de la théorie des systèmes proviennent de cette approche, mais c'est grâce à von Bertalanffy qu'ils servent de cadre théorique en travail social.

Finalement, dans l'approche fonctionnelle, les interventions sont centrées sur l'individu, sans qu'il y ait de critique de la société, et on insiste toujours sur les rôles que les individus doivent assumer en société. Malgré ces bémols, l'approche fonctionnelle mérite d'être connue, ne serait-ce qu'en raison de sa contribution remarquable à l'évolution du travail social.

? QUESTIONS

1. Pourquoi les auteurs de l'approche fonctionnelle ont-ils critiqué la conception déterministe qu'on trouve dans les thèses de Freud ?
2. Les fonctionnalistes soutiennent que l'individu change et s'adapte à son environnement toute sa vie durant. Croyez-vous que cela est vrai ? Expliquez.
3. Expliquez le concept de temps dans le processus d'intervention.
4. Quels rôles joue l'organisme en travail social selon l'approche fonctionnelle ?
5. Quelle contribution l'approche fonctionnelle a-t-elle apportée à la profession du travail social ?
6. Comment cette approche s'est-elle adaptée au travail social actuel ?

LECTURES SUGGÉRÉES

Bachmann, J.C. et Simonin, J. (1981). *Changer au quotidien: une introduction au travail social.* Paris (Tomes 1 et 2): Études vivantes.

Dorvil, H. et Mayer, R. (2001). Les approches théoriques. Dans H. Dorvil et R. Mayer (dir.), *Problèmes sociaux.* Tome I. *Théories et méthodologies* (pp. 15-29). Québec, Québec: Les Presses de l'Université du Québec.

Dunlop, K. M. (1996). Functional Theory and Social Work Practice. Dans F. J. Turner (dir.), *Social Work Treatment: Interlocking Theoretical Approaches* (pp. 319-340). New York: Free Press.

Herpin, N. (1973). *Les sociologues américains et le siècle.* Paris: Presses Universitaires de France.

Malinowski, B. (1922). *Les Argonautes du Pacifique occidental.* Paris: Gallimard.

Merton, R. K. (1949). *Social Theory and Social Structure.* New York: Free Press.

Merton, R. K. et Nisbet, R. (1961). *Contemporary Social Problem.* New York: Harcourt, Brace and World.

Parsons, T. (1937). *The Structure of Social Action.* New York: The Free Press.

Parsons, T. (1951). *The Social System.* New York: The Free Press.

Parsons, T. et Shils, E. A. (1951). *Toward a General Theory of Action.* Cambridge, Massachusetts: Harvard University Press.

Smalley, R. (1967). *Theory of Social Work Practice.* New York: Columbia University Press.

Chapitre 7
L'approche centrée sur la modification du comportement

Au début des années 1960, les intervenants ont découvert que la théorie de l'apprentissage offrait des possibilités intéressantes en ce qui concerne certaines problématiques en travail social, notamment au chapitre du travail auprès des enfants. Au sein d'organismes de travail social assurant la protection des enfants, l'approche centrée sur la modification du comportement peut s'avérer utile, et les nouveaux diplômés y trouvent souvent une réponse aux problèmes qu'ils ont à résoudre. De plus, ce modèle d'intervention présente des avantages importants pour ce qui est de l'évaluation des résultats.

L'historique

Approche centrée sur la modification du comportement

Approche basée sur la théorie de l'apprentissage qui cherche à changer les comportements non désirés.

Les racines de l'**approche centrée sur la modification du comportement** sont à chercher dans les travaux des comportementalistes (béhavioristes) célèbres que sont Ivan Pavlov (1927), John Watson (1913), Burrhus F. Skinner (1938) et Edward Chace Tolman (1932); elle est présente en particulier dans les programmes de santé mentale. Mais ce n'est que pendant les années 1960, dans la foulée de la remise en question des approches freudiennes, qu'on a commencé à entrevoir la possibilité d'intégrer la théorie de l'apprentissage en travail social. C'est surtout dans l'intervention auprès des enfants et l'élaboration de programmes centrés sur le développement des compétences parentales que les principes associés à cette approche, liée conceptuellement à l'approche fonctionnaliste, ont trouvé leur utilité. Aujourd'hui, l'approche centrée sur la modification du comportement est l'une des plus importantes dans le répertoire des interventions en travail social.

Les fondements théoriques

On doit la théorie de l'apprentissage (*voir le chapitre 3*) à Pavlov, Watson, Skinner et Tolman, qui appartenaient au courant béhavioriste. Selon cette conception du développement humain, tous les comportements sont appris, c'est-à-dire qu'ils sont transformés en réflexe associé à un stimulus. On doit à Pavlov le concept de réflexe conditionnel, qui fournit une explication physiologique de l'apprentissage, basé essentiellement sur le conditionnement. Watson a proposé pour sa part la théorie du changement du comportement par un conditionnement externe: pour lui, l'homme n'est que le reflet de son milieu, le résultat des conditionnements qu'il subit. Il a proposé le concept de « modelage », qui mise sur les conditions externes pour former ou transformer les individus. Quant à Skinner, il a élaboré la théorie du renforcement positif ou négatif et le concept de conditionnement opérant, c'est-à-dire l'apprentissage individualisé grâce à un enseignement programmé. Selon Skinner, un apprentissage est toujours possible, à la condition d'user d'un dosage approprié de renforcement, et les individus apprennent de leurs expériences, à travers leurs essais et leurs erreurs. On doit enfin à Tolman le concept d'apprentissage latent, selon lequel les individus disposent de moments où ils peuvent librement explorer de nouvelles avenues et ainsi permettre à cet apprentissage latent de s'opérer. Selon ces chercheurs, les psychologues devraient se limiter, dans leurs travaux, à étudier des comportements observables plutôt que l'inconscient, car, soutiennent-ils, les théories freudiennes ne pourront jamais être démontrées.

Les psychologues Carol Tavris et Carole Wade (1999) définissent le béhaviorisme comme une approche qui se concentre uniquement sur le comportement observable, cherchant à expliquer de quelle façon il est déterminé par l'environnement et les interactions de l'individu avec son milieu, sans faire appel à des mécanismes internes du cerveau ou à des processus mentaux non directement observables, si chers à la psychanalyse. L'environnement représente donc l'élément clé de la détermination et de l'explication de la conduite humaine. Autrement dit, le comportement humain est le produit de l'interaction entre les réalités personnelles de l'individu et ses réalités environnementales immédiates.

L'apprentissage est alors compris comme une modification du comportement observable due à la transformation de la force du lien existant entre des stimuli, extérieurs (environnement externe) ou intérieurs (environnement interne) exercés sur l'organisme, et la réponse qui y est associée. Il constitue un processus comprenant trois grandes variables : l'environnement qui stimule, l'organisme qui est stimulé et le comportement (ou la réponse de l'organisme) adopté par suite de la stimulation.

Selon Bourgon et Gusew (2007), le principe de base sur lequel repose cette approche est que tout comportement peut être modifié par l'apprentissage, par une nouvelle socialisation et par la création de stimuli appropriés, qui donnent lieu à l'acquisition ou à la modification des comportements et des perceptions, ainsi qu'à l'apprentissage de nouveaux rôles. Sur le plan de l'intervention, la modification désirée du comportement découle d'une intervention liée aux événements antérieurs, aux actions et aux perceptions inadéquates, ainsi qu'aux conséquences obtenues.

Les concepts clés

En vertu de la théorie de l'apprentissage, l'accent est mis sur les comportements ; il faut relever les comportements problématiques et les analyser à la suite d'une évaluation systématique. Cela fait, on travaillera à modifier ces comportements au moyen de techniques particulières, centrées sur l'apprentissage de nouveaux comportements. Les béhavioristes croient que les comportements d'une personne peuvent être modifiés si l'on change les événements qui se produisent dans son environnement et si les individus qui ont de l'importance pour elle lui procurent les renforcements adéquats. Ils croient aussi que l'image de soi d'une personne s'améliorera une fois qu'elle aura appris des comportements plus appropriés (Thomlinson, 1986).

> **Thérapie cognitivo-comportementale**
> Intervention basée sur la théorie de l'apprentissage qui vise à modifier les pensées négatives.

C'est dans cette optique que s'inscrivent, par exemple, les **thérapies cognitivo-comportementales** ou comportementales, utilisées notamment en psychologie dans le traitement de certains problèmes d'adaptation, tels les troubles anxieux et la dépression. Cette technique à court terme, relativement simple, consiste à bien circonscrire le problème (le comportement à changer), à repérer le symptôme à modifier, à proposer un programme approprié et à évaluer les résultats obtenus (Mayer, 2002).

Les partisans de cette technique soutiennent que les comportements des individus sont dirigés par les pensées et non par des pulsions inconscientes. Comme cette technique vise essentiellement à modifier une perception ou un comportement considéré comme problématique, il s'agit d'un modèle plutôt directif, qui se rapproche d'un apprentissage centré sur la résolution de problèmes, une approche que nous aborderons au chapitre 13 (Mayer, 2002). Cette technique a aussi inspiré d'autres approches, comme la thérapie de la réalité et l'approche des troubles de l'attachement.

Comme la plupart des approches d'intervention auprès des individus, l'approche centrée sur la modification du comportement suit à peu près le même processus qui, selon Bourgon et Gusew (2007), comprend quatre grandes phases: la syntonisation, le début de l'intervention, le travail et la terminaison. Nous reviendrons plus en détail sur les différentes étapes du processus d'intervention dans la partie III de cet ouvrage. Pour le moment, limitons-nous aux techniques utilisées pour modifier le comportement.

Les techniques d'intervention

Différentes techniques ou méthodes d'intervention qui visent à modifier le comportement reposent sur la théorie de l'apprentissage. Nous en présenterons deux: la méthode ABC et le renforcement (*token economy*). Nous donnerons comme exemple la démarche proposée par Herbert.

> **Antécédent (A)**
> Terme faisant partie de la méthode ABC: événement qui précède le comportement non désiré.

> ***Behaviour* (B)**
> Terme faisant partie de la méthode ABC: mot anglais désignant le comportement non désiré.

> **Conséquence (C)**
> Terme faisant partie de la méthode ABC: conséquence du comportement non désiré.

La méthode ABC

La méthode ABC est employée dans plusieurs programmes destinés à aider les parents dont les enfants présentent des comportements indésirables. Dans l'évaluation de la situation, le « A » renvoie aux **antécédents**, c'est-à-dire aux événements qui précèdent le comportement non désiré, le « B » désigne le comportement proprement dit « ***behaviour*** » et le « C », les **conséquences**. L'intervenant demande aux parents de décrire avec le plus de détails possible ces comportements indésirables. Ils doivent dire ce qui se passe avant, pendant et après le comportement. Ces renseignements permettent de mettre en évidence ce que l'enfant obtient par ses comportements. Le postulat sous-jacent est que le comportement existe parce qu'il entraîne des conséquences désirées par l'enfant. Si, par exemple, un enfant est convaincu qu'il ne peut obtenir l'attention de ses parents que lorsqu'il fait une crise de colère, il aura tendance à en faire souvent, même si l'attention alors reçue est négative. Pour lui, le fait d'obtenir de l'attention est plus important que la nature de cette dernière. Par conséquent, un tel comportement pourra persister tant que les résultats obtenus seront les mêmes. Dans ce cas, une solution possible serait que les parents ne prêtent pas attention aux crises – sauf en cas de danger physique pour l'enfant –, éliminant du même coup le renforcement positif attendu. Cependant, la solution idéale serait que les parents trouvent le moyen de donner des témoignages d'attention affectueuse à l'enfant pour que celui-ci n'ait plus besoin de recourir à des comportements indésirables pour obtenir cette attention.

Le renforcement (*token economy*)

Le **renforcement** consiste, comme son nom l'indique, à donner un renforcement positif (*token*) chaque fois que le client adopte un comportement désiré. Ce renforcement peut prendre la forme d'un élément tangible que le client peut ultérieurement échanger contre des privilèges ; cela peut aussi être le contraire, soit le retrait d'un privilège. Cette technique d'intervention est souvent utilisée dans les centres d'accueil pour jeunes contrevenants ou mésadaptés socio-affectifs. Pendant le séjour au centre, la technique peut se révéler très efficace. Cependant, une fois le jeune de retour chez lui, les renforcements ne sont pas toujours donnés de façon adéquate ou s'avèrent même parfois inexistants. Le risque d'un retour aux comportements indésirables est alors très grand.

> **Renforcement**
> Élément utilisé pour encourager le comportement désiré ; par exemple, l'étoile qu'on colle sur un tableau.

La démarche proposée par Herbert

Comme exemple d'une technique d'intervention dans le cadre de l'approche centrée sur la modification du comportement, l'ouvrage de Martin Herbert (1989) constitue une référence intéressante pour ceux qui travaillent auprès des enfants. La démarche qu'il propose, résumée dans le texte qui suit, comprend deux grandes phases, soit l'évaluation du problème et l'intervention, qui se subdivisent chacune en dix étapes.

L'évaluation du problème

L'évaluation du problème se fait en dix étapes. Ces étapes sont bien détaillées, car c'est une caractéristique de l'approche centrée sur la modification du comportement que de s'assurer que les situations et les comportements sont scrupuleusement évalués.

1. **L'établissement de la relation d'aide** Le client étant généralement la mère ou le père de l'enfant qui présente des problèmes de comportement, l'intervenant doit lui préciser son statut et lui expliquer son rôle, suivant une démarche qui vise à établir une relation professionnelle chaleureuse.

2. **La description du problème** Le client est invité à décrire la situation problématique dans ses mots et selon sa vision. Cela doit lui être demandé clairement, en lui laissant tout le temps voulu pour le faire.

3. **La spécification du problème** L'intervenant doit s'assurer qu'il comprend bien le problème. Il demande des exemples, s'informe de la fréquence des comportements indésirables et des réactions du client vis-à-vis de ceux-ci.

4. **Les résultats attendus par le client**   Le client doit exposer clairement les résultats qu'il attend de l'intervention ; lorsque cela s'impose, il faut consulter les deux parents et parfois même les autres membres de la famille.

5. **Le profil du problème**   Les diverses facettes du problème sont présentées dans un tableau, qui comprend les colonnes suivantes :
   - le problème ;
   - le plaignant ;
   - la personne aux prises avec le problème ;
   - des exemples de manifestations du problème ;
   - le contexte ;
   - les résultats attendus de l'intervention.

6. **La séquence de la manifestation du problème**   En utilisant la méthode ABC, on invite le client à décrire de nouveau la situation qui pose problème.

7. **L'établissement des priorités**   À cette étape, le client doit déterminer ses priorités, c'est-à-dire qu'il doit choisir l'ordre dans lequel les problèmes seront abordés.

8. **La carte familiale**   Il s'agit de dresser un tableau où figure chaque membre de la famille, où sont décrits les comportements et les tâches de chacun et où sont notés les événements susceptibles d'influencer leurs comportements. Par exemple, un adolescent doit s'adapter aux changements physiques qui se produisent chez lui, apprendre à avoir des relations avec les personnes du sexe opposé et faire l'apprentissage de l'intimité. D'autre part, des événements comme la séparation de ses parents ou un déménagement peuvent influer sur ses comportements.

9. **L'évaluation des forces et des faiblesses du client**   À cette étape, l'intervenant considère les capacités du client dans la planification de son intervention.

10. **Les ambitions des parents pour leurs enfants**   L'intervenant fait prendre conscience aux parents du réalisme ou du manque de réalisme des ambitions qu'ils nourrissent pour leurs enfants.

L'intervention

Après l'évaluation du problème, on passe à l'intervention proprement dite. Celle-ci se déroule en trois phases : la planification, l'action et le suivi (*follow-up*). Herbert (1989) divise l'intervention en dix étapes également ; les étapes 1 à 6 concernent la planification, les étapes 7, 8 et 9 portent sur l'action, et la dernière correspond à l'évaluation des résultats et au suivi.

La planification

1. **L'examen des solutions informelles**   Avant d'amorcer une démarche d'intervention, il faut vérifier qu'il n'existe pas de pistes de solution simples auxquelles la famille n'aurait tout simplement pas pensé et qui permettraient d'éviter un long processus d'intervention.

2. **Le renforcement des habiletés et des comportements appropriés** Il est primordial de renforcer d'abord les habiletés et les comportements adéquats, et cela avant même de s'attaquer à l'élimination des comportements indésirables. Il est aussi souhaitable d'axer l'intervention sur l'acquisition d'habiletés convenables ; il s'agit de se concentrer sur des aspects positifs.

3. **La prise en considération des besoins et des désirs des personnes dans l'entourage immédiat du client** Le postulat ici est que l'entourage d'une personne exerce une influence sur les comportements de cette dernière ; il importe donc de tenir compte des besoins et des attentes de l'entourage dans la planification de l'intervention.

4. **La planification de l'intervention** La planification comporte deux volets :

    - Préparer une intervention qui vise un problème pouvant être réglé facilement. Un succès au début de l'intervention aura tendance à renforcer la motivation du client.

    - Déterminer des solutions pertinentes pour le client. Les solutions qui mettent en jeu les forces du client sont plus susceptibles de réussir.

5. **Les stratégies** Il existe un grand nombre de stratégies d'intervention ; il importe de choisir judicieusement celles qu'on entend employer et de le faire avec la participation et l'approbation du client.

6. **Les progrès du client** La planification doit contenir des éléments qui permettront de suivre les progrès du client. La préparation d'un tableau comprenant les dates, les actions et les résultats des interventions est un moyen simple de suivre l'évolution du client.

L'action

7. **La mise en œuvre des stratégies** L'intervenant est prêt à agir, à suivre le plan qu'il a élaboré avec le client. Il lui faut prendre note de tout ce qui se passe.

8. **La vérification de l'efficacité des stratégies** Si les résultats préliminaires obtenus ne sont pas ceux qui étaient escomptés, il est important d'apporter des modifications au plan.

9. **La cessation graduelle des stratégies** L'évaluation constante de l'efficacité des stratégies permet d'interrompre graduellement celles qui sont en cours, selon les résultats obtenus.

Le suivi

10. **L'évaluation des résultats et le suivi du client** En fin de parcours, les résultats sont évalués globalement. Cette opération sera facilitée par la qualité des notes prises par l'intervenant au fil de l'intervention. Il faut vérifier si tous les aspects du problème ont été traités. Enfin, l'intervenant doit établir, en collaboration avec le client, des étapes de suivi en vue d'assurer la durabilité des gains.

La démarche d'intervention que propose Herbert (1989) est intéressante, car elle se divise en étapes simples, cohérentes et sensées. Elle peut en outre servir à la résolution de nombreux problèmes courants. Ce qui caractérise cette méthode, c'est l'accent mis sur les comportements et sur les résultats vérifiables.

✓ ÉTUDE DE CAS

Le cas qui suit donne un exemple, certes simplifié, d'un plan d'intervention dans le cadre de l'approche centrée sur la modification du comportement.

Joanne, 23 ans, étudie à l'université. Mère célibataire, elle s'occupe seule de sa petite fille, Charlotte, âgée de trois ans. Joanne a téléphoné à son centre de santé et de services sociaux (CSSS) pour parler à une personne du programme de compétences parentales parce que, comme elle l'explique, elle est à bout de forces. Elle est en première année de baccalauréat et est submergée par tout ce qu'elle a à faire. Ce n'est qu'une fois sa fille endormie qu'elle peut se consacrer à ses travaux scolaires. Durant le jour, Joanne est à l'université et Charlotte est à la garderie. La mère et la fille rentrent à la maison chaque soir vers six heures, après un long trajet en autobus. Entre six et huit heures, Joanne doit préparer le souper, faire du ménage et, après un peu de télévision, c'est l'heure du coucher pour la petite Charlotte. Pour Joanne, la période qui s'étend de huit heures à dix heures est indispensable pour faire ses lectures et travaux. Le problème, c'est que, presque tous les soirs, la petite Charlotte ne veut pas se coucher. Même si elle est très fatiguée, elle fait une crise. Après une heure ou deux, elle finit par s'endormir, mais Joanne est alors si fatiguée qu'elle ne peut plus travailler. Par conséquent, elle n'arrive pas à finir ses travaux. Elle craint de ne pas réussir son année scolaire. Elle demande l'aide du CSSS, car elle ne sait plus quoi faire pour que Charlotte s'endorme sans faire une crise.

Estelle, la travailleuse sociale au CSSS qui a reçu l'appel, dit à Joanne qu'elle est prête à travailler avec elle. Elle lui explique qu'elle utilise l'approche centrée sur la modification du comportement, et insiste sur le fait qu'il s'agit d'une approche qui demande un engagement total de la part de Joanne et de Charlotte. La jeune mère, croyant que c'est la seule solution, accepte tout de suite. Estelle et elle fixent un rendez-vous pour la semaine suivante.

Estelle rencontre Joanne et Charlotte. Joanne répète, de façon générale, ses attentes : qu'Estelle réussisse à faire en sorte que Charlotte se couche à huit heures chaque soir. Elle explique que ses parents ne peuvent l'aider parce qu'ils habitent en dehors de la ville, ni d'ailleurs le père de Charlotte, qui a rompu il y a un an et avec qui elle n'a pas de contact. Estelle fait preuve d'empathie et dit que ce n'est pas facile, pour une jeune mère célibataire, d'élever seule une enfant et de poursuivre en même temps des études universitaires. Tandis qu'elle converse avec Joanne, Estelle remarque que Charlotte semble très à l'aise. Joanne explique qu'après une longue journée, Charlotte et elle sont épuisées ; ce n'est donc pas parce qu'elle n'est pas fatiguée que Charlotte refuse de dormir. Joanne ne comprend pas pourquoi il est tellement difficile pour la petite de s'endormir.

Estelle demande à Joanne de lui décrire précisément ce qui se passe à l'heure du coucher. Joanne explique qu'à huit heures, après qu'elles ont regardé un peu la télévision, Joanne dit à Charlotte qu'il est temps d'aller au lit. Elle aide la petite à enfiler son pyjama et la met au lit – jusque-là, aucun problème. Ce n'est qu'au moment où Joanne quitte la chambre de Charlotte que les problèmes commencent : Charlotte demande d'abord un verre d'eau, puis veut aller aux toilettes. Les demandes se multiplient jusqu'à ce que Joanne perde patience et crie à la petite de rester tranquille. C'est à ce moment que Charlotte fait une crise.

Estelle demande à Joanne ce qu'elle a fait pour tenter de résoudre le problème. Celle-ci raconte qu'elle a essayé de coucher Charlotte plus tôt, sans résultat. Les autres tentatives ont consisté à lui lire un livre et à parler avec elle, mais même si Charlotte montre une certaine compréhension, il n'y a pas eu de changement de comportement. Joanne explique qu'elle veut trouver une façon de convaincre Charlotte de dormir sans faire de crise. Estelle dit qu'elle a bien compris ce que Joanne a essayé de faire, et elle met fin à la rencontre, après avoir fixé un autre rendez-vous avec elle.

À la deuxième rencontre, Estelle demande à Joanne de l'aider à construire la séquence ABC de la manifestation du problème.

A. L'événement antécédent : Joanne crie à Charlotte de se taire et de rester dans son lit.

B. Le comportement problématique : Charlotte ne se tait pas et fait une crise de colère.

C. La ou les conséquences : la crise dure une heure ou deux, pendant lesquelles Joanne ne peut pas travailler et doit s'occuper de Charlotte.

Une fois cette séquence précisée, Estelle et Joanne mettent fin à la rencontre et se donnent un autre rendez-vous pour élaborer le plan d'intervention.

Au début de la troisième rencontre, Estelle fait comprendre à Joanne que sa fille fait des crises pour forcer Joanne à lui donner de l'attention. Elle lui explique que, si un enfant ne peut obtenir l'attention de sa mère grâce à des comportements appropriés, il aura tendance à recourir à des comportements négatifs. Elle propose à Joanne d'essayer la technique du renforcement (*token economy*). Il s'agit de créer avec Charlotte un calendrier sur lequel celle-ci pourra placer des autocollants. Pour chaque soir où Charlotte s'endormira sans drame, elle aura le droit, le lendemain, d'apposer un autocollant sur le calendrier. Lorsqu'elle aura accumulé cinq autocollants en autant de jours consécutifs, elle aura droit à une activité avec sa mère, par exemple aller passer un après-midi au parc.

Joanne trouve le plan intéressant, mais préfère réduire le nombre d'autocollants à trois. Estelle y consent, et Joanne s'engage à mettre la technique en pratique avec Charlotte.

Deux semaines plus tard, Estelle rencontre Joanne chez elle. Cette dernière, toute fière, raconte que le plan a connu un grand succès : Charlotte a tout de suite accepté l'idée des autocollants et a été ravie d'aller au parc avec sa mère. Depuis, elles y sont allées deux fois.

! CRITIQUE

Un des arguments fréquemment invoqués par ceux qui privilégient l'approche centrée sur la modification du comportement est que les effets sont mesurables. Cette caractéristique constitue un atout important pour le travail social. La profession doit prouver son efficacité et son utilité dans le contexte social contemporain. Il ne suffit plus de dire que les clients semblent satisfaits des services reçus : si les objectifs sont bien définis et les résultats, observables et mesurables, il devient possible de prouver l'efficacité de l'intervention. Il est plus difficile de faire cette démonstration pour d'autres approches.

Toutefois, un aspect de l'approche centrée sur la modification du comportement soulève la controverse : il s'agit de l'éthique de l'intervention fondée sur la théorie de l'apprentissage. La liberté de choix des personnes, l'un des principes de base de la profession, n'est pas respecté dans cette approche selon certains. Le client y serait manipulé par l'intervenant, qui cherche à contrôler les comportements. Ce raisonnement s'appuie sur le fait que l'approche est surtout utilisée auprès des enfants mésadaptés socioaffectifs et des jeunes délinquants. Les tenants de l'approche ont répliqué qu'il était parfois nécessaire de recourir à une forme de contrôle pour protéger la société et, souvent, l'enfant lui-même. Ils font aussi valoir que, dans le cas des clients volontaires, après que l'approche a été clairement expliquée, ceux-ci ont le choix de poursuivre ou non. Une autre critique adressée à cette approche est qu'elle a tendance à focaliser l'intervention sur l'individu plutôt que sur les déterminants sociaux ou personnels du problème soulevé. Le lien individu-environnement est donc ici plus faible que dans d'autres approches.

Le débat au sujet de cette approche n'est pas clos. Mais ce qui importe, c'est que ceux qui l'utilisent en comprennent bien les fondements, car elle reste une façon d'intervenir qui, dans certaines situations, est celle qui convient le mieux. Elle peut être un atout dans la gamme des approches dont se sert un intervenant consciencieux. Cette approche a été actualisée sous la forme, notamment, de la thérapie de la réalité, et est de nos jours employée souvent au sein des organismes communautaires travaillant sur les compétences parentales, en toxicomanie, en santé mentale et en déficience intellectuelle.

❓ QUESTIONS

1. Sur quelle théorie l'approche centrée sur la modification du comportement se fonde-t-elle ?
2. Quel rôle joue le renforcement dans les interventions qui s'articulent autour de cette approche ?
3. On se sert souvent de cette approche lorsque l'intervention vise un enfant. Pourquoi ?
4. Pour ceux qui s'adonnent à la recherche, quel avantage cette approche présente-t-elle ?
5. Au chapitre de l'autodétermination du client, quel est le risque de cette approche ?

➕ LECTURES SUGGÉRÉES

Bourgon, M. et Gusew, A. (2007). L'intervention individuelle en travail social. Dans J.-P. Deslauriers et Y. Hurtubise (dir.), *Introduction au travail social* (pp. 121-141). Québec, Québec : Les Presses de l'Université Laval.

du Ranquet, M. (1989). Approche modification du comportement. Dans M. du Ranquet, *Les approches en service social : intervention auprès des personnes et des familles* (pp. 83-100). Québec, Québec : Edisem.

du Ranquet, M. (1991). L'approche modification du comportement. Dans R. Mayer et F. Ouellet (dir.), *Méthodologie de recherche pour les intervenants sociaux*. Boucherville, Québec : Gaëtan Morin Éditeur.

Tavris, C. et Wade, C. (1999). *Introduction à la psychologie – Les grandes perspectives*. Saint-Laurent, Québec : ERPI.

Tolman, E. C. (1932). *Purposive Behavior in Animals and Men*. New York : Century.

Watson, J. B. (1913). Psychology as the Behaviorist Views It. *Psychological Review, 20,* 158-177.

Chapitre 8 — L'approche familiale structurale

Dans les chapitres 5 à 7, nous avons présenté des approches centrées principalement sur les personnes. Nous abordons dans ce chapitre un modèle d'intervention où le client est la famille. La famille sera vue comme une entité, un tout distinct des personnes qui la composent.

Rappelons que cet ouvrage présente les approches les plus importantes en travail social dans un cadre historique selon l'époque de leur apparition et selon leurs créateurs.

La famille est une unité d'intervention pour beaucoup de travailleurs sociaux; il leur faut donc bien connaître les spécificités et les caractéristiques des approches familiales. Nous ne traiterons ici que d'une des approches centrées sur la famille, soit l'approche familiale structurale. Mais d'abord, il nous paraît utile de jeter un coup d'œil sur quelques-uns des grands changements structurels et sociaux qui ont transformé la famille contemporaine, en faisant un survol de l'histoire de l'intervention familiale.

L'historique

Selon la plupart des auteurs, le travail auprès des familles aurait débuté après la Seconde Guerre mondiale (Goldenberg et Goldenberg, 1985). En 1950, en réponse aux innovations générales en orientation de l'enfant, la pratique du travail social commence à inclure les dyades mère-enfant. C'est alors que la notion de famille vue comme un tout, un système entier, apparaît dans les agences de travail social, et bientôt, les travailleurs sociaux en viendront à former le groupe le plus important de praticiens en intervention familiale.

Selon Goldenberg et Goldenberg (1985), cinq éléments ont contribué au développement du travail social auprès des familles:

- la popularité des traitements fondés sur la théorie psychanalytique;
- l'introduction de la théorie des systèmes;
- l'attention prêtée au rôle de la famille dans l'apparition de la schizophrénie chez l'un de ses membres;
- l'évolution de la pratique du travail social auprès des enfants;
- l'intérêt pour les nouvelles approches, telles que le travail auprès des petits groupes.

L'essor du traitement fondé sur la théorie psychanalytique a simultanément favorisé et freiné le développement du travail auprès des familles. Freud a reconnu dès le début l'importance du rôle de la famille, surtout quand on parle du processus d'identification chez l'individu. Cependant, Bowen (1975) a mis en évidence le fait que les thérapeutes d'orientation psychanalytique, en général, croyaient que la participation des autres membres de la famille au traitement aurait pour effet de contaminer celui-ci.

C'est le psychanalyste Nathan W. Ackerman (1958), considéré par beaucoup comme le grand-père de la thérapie familiale, qui a adapté la théorie psychanalytique à son travail auprès des familles. Ackerman croyait qu'il y avait une interaction constante entre l'individu biologique (un concept psychanalytique) et l'environnement social (un concept de la théorie des systèmes). D'après lui, pour qu'une famille puisse bien fonctionner, il faut que les rôles joués par ses membres permettent à chacun de fonctionner; il faut aussi que ces rôles soient complémentaires et que leur effet soit réciproque. Il peut arriver qu'un conflit crée une situation où les rôles cessent d'être complémentaires, ce qui peut avoir comme conséquence qu'un ou plusieurs membres seront sujets à des problèmes intrapsychiques. C'est ce qui risque de se produire, par exemple, quand un membre de la famille en devient le bouc émissaire (Goldenberg et Goldenberg, 1985).

C'est durant les années 1950 et 1960 qu'ont lieu les progrès les plus importants au chapitre de la recherche et de la pratique du travail social auprès de la famille. C'est également durant cette période que commence à se répandre l'influence de la théorie des systèmes (Bertalanffy, 1968). Il devient dès lors impossible de parler du travail auprès de la famille sans faire référence à cette théorie.

Vers la fin des années 1950, Don Jackson, un psychiatre américain, met sur pied le Mental Research Institute (MRI) à Palo Alto, en Californie. Le MRI accueillera plusieurs des experts les plus connus aujourd'hui, notamment Virginia Satir, Jay Haley, John Weakland, Paul Watzlawick et Richard Fisch (Goldenberg et Goldenberg, 1985). Ce sont des théoriciens de ce groupe de Palo Alto qui élaboreront la **théorie de la communication**. Ils démontreront qu'il est impossible de ne pas communiquer (Watzlawick, Beavin et Jackson, 1967). Un principe clé de la théorie de la communication est le fait que chaque échange entre les gens ne comprend pas seulement le contenu de l'échange, mais aussi les messages explicites et implicites qui définissent le type de relation qui existe entre les interlocuteurs. Les théoriciens de Palo Alto mèneront par la suite plusieurs recherches sur le lien entre la communication et la schizophrénie, ce qui les amènera à proposer le concept de double contrainte (*double bind theory*). La double contrainte comporte six caractéristiques (Nelsen, 1986):

- une relation significative engageant deux personnes ou plus;
- une expérience qui est répétée;
- une injonction primaire telle que « ne fais pas ceci ou je vais te punir »;
- une deuxième injonction, se situant à un niveau plus abstrait, qui entre en conflit avec la première et contient une menace ou une punition;
- une troisième injonction négative, qui empêche la fuite et exige une réponse. Sans cette restriction, la personne ne serait pas contrainte;

> **Théorie de la communication**
> Théorie élaborée par le Mental Research Institute de Palo Alto en Californie sur les principes de la communication qui expliquent la transmission de l'information.

- une fois que la personne est conditionnée à percevoir le monde à travers la double contrainte, l'ensemble de ces éléments n'est plus nécessaire : n'importe quelle partie de la séquence devient suffisante pour engendrer la panique ou la colère.

Virginia Satir, membre du groupe de Palo Alto, a aussi travaillé sur la communication, mais selon une perspective plus positive. En fait, on a associé son approche au modèle humaniste (Goldenberg et Goldenberg, 1985). Virginia Satir, une travailleuse sociale engagée auprès de personnes souffrant de troubles mentaux, a créé ce qui est probablement le premier programme de formation formelle en thérapie familiale. Dans son livre **Conjoint Family Therapy** (1964), Satir décrit la famille comme un système en équilibre où existent des règles et où chaque membre de la famille cherche à maintenir son estime de soi tout en respectant les autres, lesquels cherchent aussi à répondre à un besoin semblable. Une autre contribution de Satir est la mise en évidence de rôles tels que l'apathique (*the placater*), qui est toujours d'accord, accepte tout et ne s'affirme pas, le blâmeur (*the blamer*), qui a tendance à toujours blâmer les autres, ou encore la personne qui manque d'à-propos (*the irrelevant person*). D'après Satir, les gens qui ont une faible estime de soi endossent ces rôles pour cacher leurs véritables sentiments. Dans son travail, Satir aide les membres de la famille à communiquer d'une façon claire et directe et à exprimer leurs vrais sentiments.

> **Conjoint Family Therapy**
> Thérapie élaborée par Virginia Satir, qui suggère que la famille est un système en équilibre cherchant à répondre aux besoins de ses membres.

Dans les années 1970, l'une des personnes qui exercent une forte influence sur la pratique du travail social auprès de la famille est le psychiatre Salvador Minuchin. Né en Argentine, Minuchin a travaillé en Israël auprès d'enfants de victimes de l'Holocauste. C'est en travaillant avec les enfants qu'il a reconnu l'importance de la participation des familles. Après son arrivée aux États-Unis, Minuchin a mis au point son « approche structurale » (Minuchin, 1974). Le principe qui sous-tend cette approche est que l'organisation d'un système familial repose d'abord sur ses structures ; en conséquence, l'objectif de l'approche structurale est le réajustement de ces structures en vue de permettre à la famille de bien fonctionner.

Si Minuchin est la figure de proue de la pratique auprès des familles durant les années 1970-1980, ce sont Haley (1976) et Madanès (1981) et leur **approche stratégique** qui dominent la pratique durant les années 1980. D'après eux, le rôle du thérapeute est de déterminer clairement les objectifs de l'intervention et de concevoir des stratégies pour résoudre les problèmes qu'éprouve la famille. Habituellement, l'objectif premier est de régler les problèmes de telle sorte qu'ils ne jouent plus aucun rôle dans la famille (une mère qui n'assume pas son rôle et dont la fille devient pseudo-mère est un exemple de problème qui joue un rôle dans la famille). Ce n'est pas l'*insight*, la prise de conscience, qui va aider la famille, mais la démarche de résolution de problèmes qu'elle entreprendra en suivant les directives données par le thérapeute (Goldenberg et Goldenberg, 1985).

> **Approche stratégique**
> Thérapie familiale élaborée par Haley et Madanès où le rôle de l'intervenant est de concevoir des stratégies pour résoudre les problèmes qu'éprouve la famille.

Au cours des 15 dernières années, le domaine légitime du travail de cas (*casework*) a été défini, redéfini et raffiné, se centrant surtout sur la relation de la personne avec son environnement social. Étant donné que la famille constitue l'environnement social qui influe le plus sur la croissance émotionnelle, sociale et intellectuelle de ses membres, il existe un lien naturel entre le traitement individuel et l'intervention familiale. Ainsi, l'intervention familiale comme modalité de traitement a trouvé dans le travail social un contexte favorable à son rayonnement et à l'expérimentation.

Comme nous l'avons mentionné en introduction, nous avons choisi l'approche familiale structurale comme illustration de l'intervention auprès des familles.

Le texte qui suit propose une rapide initiation à l'**approche familiale structurale** conçue par Salvador Minuchin (1974), approche qui a été très populaire à partir du milieu des années 1970.

> **Approche familiale structurale**
> Thérapie familiale élaborée par Salvador Minuchin, qui considère que la famille est composée de structures qui correspondent aux règles tacites régissant le fonctionnement de la famille.

Les fondements théoriques

Minuchin (1974) a fondé son modèle sur la théorie des systèmes. Nous avons exposé dans le chapitre 3 les grandes lignes de cette théorie. Rappelons-en quelques éléments.

Ludwig von Bertalanffy (1968) a énoncé l'hypothèse selon laquelle toute matière, vivante ou non, possède des caractéristiques semblables et interagit selon des règles spécifiques. Bertalanffy a déterminé et étudié ces règles et en a tiré la théorie des systèmes, qui est fondée sur les sciences naturelles. S'inspirant des travaux de Bertalanffy, Minuchin a émis l'hypothèse que la famille est un système et qu'une action exercée sur un des membres se répercute sur l'ensemble du système. De là découle l'idée que ce n'est pas en étudiant le comportement individuel des membres qu'on peut comprendre la famille. Il faut donc se donner des outils d'évaluation de la famille comme entité, comme système, pour connaître ses modes d'adaptation aux changements, son fonctionnement et ses modes de communication. Pour Watzlawick (1972), la famille est un système vivant et ouvert qui est en interaction constante avec son environnement. En effet, il est impossible de séparer un système familial du contexte social qui lui a donné naissance. L'intervention familiale est devenue une discipline en soi pour les praticiens que sont les psychiatres, les psychologues et les travailleurs sociaux.

Le système familial est généralement celui qui exerce la plus grande influence sur la vie d'une personne. La famille influe sur l'identité, le système de valeurs et l'image de soi d'une personne. Quand on devient parent, on a souvent tendance à reproduire les modes de fonctionnement qui caractérisaient notre famille d'origine.

Les concepts clés

La structure

C'est d'abord par ses structures que peut être comprise l'organisation d'un système. Les structures, dans une famille, sont les règles tacites qui régissent son fonctionnement (Minuchin, 1974). Certaines règles sont communes à toutes les familles. Il y a généralement une hiérarchie des pouvoirs : les parents, dans la plupart des cas, exercent une autorité sur leurs enfants. Certaines fonctions sont complémentaires, comme les relations d'interdépendance entre les deux conjoints. D'autres règles sont particulières à chaque famille et se mettent en place au fil des ajustements auxquels procède la famille pour s'adapter aux changements. Elles ont pour objectif le maintien d'un niveau acceptable et minimal de stabilité dans la famille. La structure qualifie le système et détermine la résistance au changement.

La frontière

Une **frontière**, dans un système familial, est la règle en vertu de laquelle des personnes font partie du système et d'autres en sont exclues. Minuchin présente trois types de frontières : rigides, perméables et claires. Ces frontières sont définies en fonction de la manière dont les membres de la famille perçoivent leur interaction avec le système familial et l'environnement (*voir la figure 8.1*).

> **Frontière**
> Dans un système familial, règle en vertu de laquelle des personnes font partie du système et d'autres en sont exclues.

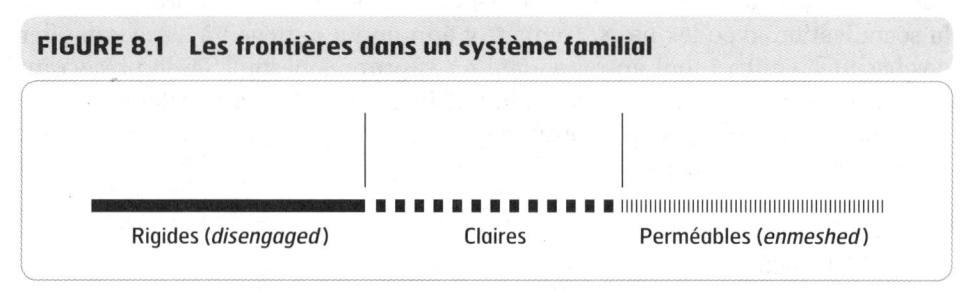

FIGURE 8.1   Les frontières dans un système familial

Rigides (*disengaged*)   Claires   Perméables (*enmeshed*)

Source : Minuchin, S. *Families and Family Therapy*. Cambridge, Massachusetts : Harvard University Press (1974).

Les frontières rigides traduisent l'étanchéité, la fermeture du système ; elles ne favorisent pas l'interaction avec l'extérieur. À l'autre extrême se trouvent les frontières perméables ; dans ce contexte, les relations avec l'extérieur sont confuses et éparpillées. Lorsque les membres se donnent des frontières claires, les relations sont saines avec l'environnement et à l'intérieur du système.

Des frontières rigides ou perméables sont parfois de mise dans certaines circonstances. Par exemple, à la suite de la naissance d'un enfant, les parents, pendant un laps de temps, s'investiront dans le sous-système des enfants et seront peu engagés avec l'extérieur. Ils diminueront leurs relations avec l'extérieur, et cela est nécessaire. Ce qui ne serait pas sain, c'est que ce type d'engagement dure. Les changements qui se produisent à l'intérieur du système et les circonstances font donc varier la nature des frontières dans le cours de l'évolution familiale.

Les sous-systèmes

Le système familial englobe un certain nombre de sous-systèmes qui ont leurs caractéristiques propres.

Le sous-système conjugal

Une fois que deux adultes ont formé un couple avec l'intention d'avoir un jour des enfants, ils élaborent des modes de communication qui leur sont propres ; ils évoluent vers des partages de tâches complémentaires. Ils s'apportent un soutien mutuel sans perdre leur autonomie et chacun assume ses responsabilités ; ils présentent donc les caractéristiques d'un système. Ils gardent ces caractéristiques lorsque la famille s'agrandit, et ils forment alors à eux deux un sous-système de la famille.

Le sous-système parental

À l'arrivée des enfants, le sous-système conjugal, tout en continuant à exister, devient un sous-système parental. D'autres tâches et d'autres modes de fonctionnement sont attendus des personnes. De nouvelles frontières se créent, l'enfant a accès à chacun de ses parents comme sous-système parental, mais pas au couple comme sous-système conjugal. L'enfant croît, ses besoins changent, le système familial s'adapte et modifie ses frontières s'il y a lieu.

Le sous-système de la fratrie

Les enfants forment entre eux un sous-système où ils font l'apprentissage de la socialisation avec les pairs. L'enfant y apprend à partager, à s'accommoder des besoins d'autrui tout en répondant à ses propres besoins et en préservant son autonomie. Le sous-système de la fratrie est en relation constante avec le système de la famille et s'appuie sur le sous-système parental tout en respectant la frontière qui les sépare.

Les principes

Toute famille obéit à un certain nombre de principes qui viennent guider l'action de l'intervenant. En voici quelques-uns :

- Il ne faut pas se fier uniquement aux éléments exposés par un seul membre de la famille, sinon on risque de n'avoir qu'une vision partielle de la réalité. C'est ce qu'on appelle le « principe de totalité », selon lequel le tout n'est pas égal à la somme des parties : il faut aussi tenir compte des interactions.

- Il faut être conscient qu'une famille peut emprunter divers chemins pour atteindre un même but et que, inversement, plusieurs buts peuvent être atteints par une même voie. Il s'agit du principe d'équifinalité.

- Une famille, en tant qu'organisme vivant, est naturellement portée à maintenir son milieu interne constant ; son processus d'adaptation aux changements inhérents vise à maintenir sa cohésion, sa stabilité et sa sécurité. C'est le concept d'homéostasie.

- La seule présence du travailleur social n'est pas neutre. Il ne doit pas hésiter à se référer à sa propre expérience émotionnelle afin de mieux comprendre ce qui se passe au sein de la famille dans laquelle il intervient. C'est ce qu'on appelle le « concept d'autoréférence » ; d'autres théoriciens parlent de « savoir d'expérience » et de « pratique réflexive ».

- Il faut toujours garder à l'esprit que tout comportement est communication et qu'il y a toujours deux niveaux dans la communication : le contenu (côté verbal du message) et la relation (tout ce qui est non verbal et donne le ton au message).

- Une relation peut être symétrique, lorsqu'elle est fondée sur l'égalité, ou complémentaire, quand elle est fondée sur un rapport de supériorité et d'infériorité, comme c'est le cas dans les familles où il y a de la violence conjugale ou des problèmes d'alcoolisme.
- Il existe aussi des communications paradoxales, par exemple dans le cas d'une personne qui, d'un côté, craint que l'amour ne soit suivi d'abandon, mais de l'autre, a peur d'être aimée.

L'adaptation au stress

La famille est régulièrement soumise à des sources de stress de nature variée. Le stress peut provenir de l'extérieur (par exemple, le chômage ou les déménagements sont des facteurs extérieurs de stress) ou de l'intérieur (par exemple, les étapes du développement des enfants, qui font varier leurs besoins). Le stress est constamment présent et la famille doit trouver des moyens d'y faire face. Dans les cas où le système familial est assez ouvert et où se sont établis des modes de fonctionnement qui permettent l'adaptation de chacun des membres sans que cela compromette l'intégrité du système, la famille surmonte avec succès ces périodes difficiles. Il existe des familles qui se ferment et deviennent rigides, ce qui rend difficile, sinon impossible, l'adaptation. Les modes de fonctionnement mis en place pénalisent alors un ou des membres de la famille. On observe souvent des dysfonctionnements dans ces dernières.

FIGURE 8.2   Un conflit

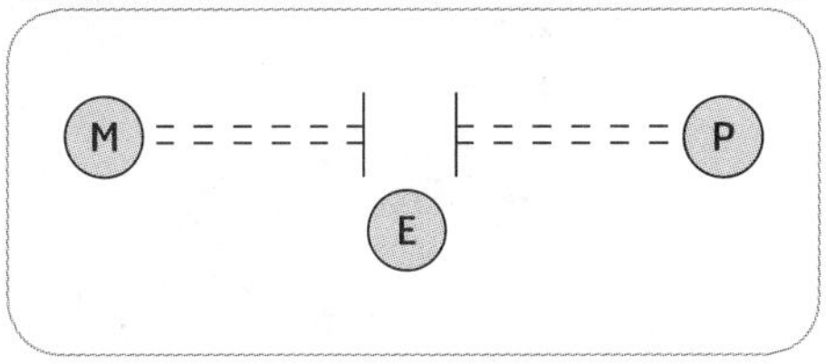

FIGURE 8.3   Une alliance

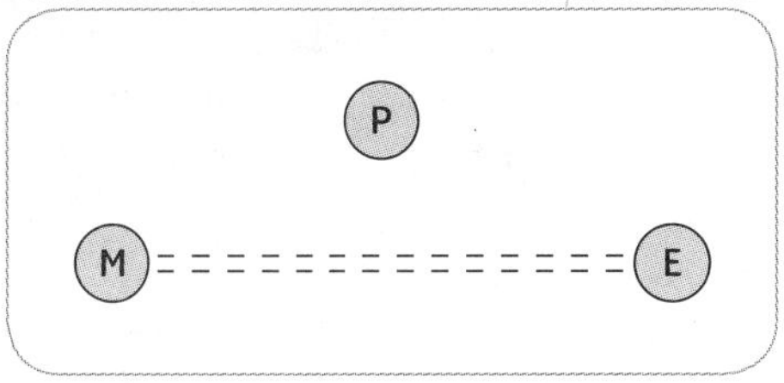

Minuchin présente des exemples de pathologie du système familial. La figure 8.2 illustre le mode de fonctionnement d'une famille où les deux adultes (parents) sont en conflit ; au lieu de corriger la situation, ils se servent des enfants comme boucs émissaires.

La figure 8.3 présente une situation où, encore une fois, un conflit oppose les deux parents ; dans ce cas-ci, la mère a créé une alliance avec un des enfants pour se protéger du père.

Les techniques d'intervention

La technique principalement utilisée dans l'approche familiale structurale préconisée par Minuchin consiste en la restructuration des sous-systèmes familiaux. Cette démarche repose sur une évaluation préalable des structures existantes visant à déterminer si les frontières entre les sous-systèmes sont clairement délimitées. Dans le cas d'une alliance dysfonctionnelle entre un parent et un des enfants ayant des répercussions néfastes sur le sous-système « parents », le travailleur social pourrait par exemple restructurer les rapports familiaux dans le cadre d'une séance de counselling familial en déplaçant physiquement les membres de la famille de manière à regrouper séparément les parents et les enfants. Tout au long de son intervention, le travailleur social doit expliquer les raisons pour lesquelles il effectue de tels changements (Minuchin, 1974).

✓ ÉTUDE DE CAS

La famille Lamontagne a été adressée au service à l'enfance du centre jeunesse de sa région par la Direction de la protection de la jeunesse, communément appelée la « DPJ », afin de recevoir du counselling familial. Le service d'aide à l'enfance est entré en relation avec cette famille à la suite d'un signalement concernant Pierre, le cadet des enfants. Pierre s'était présenté à l'école le visage et les bras couverts de bleus ; le directeur a pensé qu'un signalement s'imposait.

Louise, du service d'aide à l'enfance, a fait une visite à domicile. Le rapport qui suit a été transmis, avec le dossier de la famille, au service à l'enfance.

La famille Lamontagne compte cinq membres : Gilbert, le père, qui a 35 ans, Suzanne, la mère, qui est âgée de 33 ans, et trois enfants, Julie, Marc et Pierre, respectivement âgés de 12, 9 et 6 ans. La famille est propriétaire d'un bungalow comprenant trois chambres à coucher. L'hypothèque et les taxes coûtent 450 $ par mois. La famille a également contracté un emprunt de 4 000 $ à la banque pour l'achat d'une voiture.

Le père est au chômage depuis deux ans. Auparavant, il avait toujours travaillé dans les mines pour la compagnie Inco ; il a perdu son emploi à la suite d'une réduction de main-d'œuvre. Il reçoit encore des prestations d'assurance-emploi, car il avait eu droit à une indemnité de départ, mais celles-ci se termineront bientôt et il devra se résoudre à demander de l'aide sociale. Ses chances de trouver du travail sont faibles, car il n'a complété qu'une neuvième année et n'a aucune autre compétence que celle qu'il a acquise dans les mines. Sa santé est chancelante ; il souffre régulièrement de grippes qui durent longtemps. Il croit que ces problèmes sont reliés à son travail antérieur dans les mines, car il a passé 12 ans sous terre, mais il est difficile de prouver qu'il existe un lien entre ses problèmes de santé et son ancien travail. Il boit beaucoup d'alcool et sa consommation a augmenté depuis qu'il a perdu son emploi. Il est souvent colérique et assaille verbalement sa femme et ses enfants. Jusqu'à présent, il n'a pas été violent physiquement. Plein d'amertume et découragé, il passe ses journées à regarder la télévision.

La mère occupe un emploi à plein temps comme caissière dans une épicerie. Elle gagne 12 000 $ annuellement. Son salaire sert à acheter la nourriture et les vêtements. En plus de son travail à l'extérieur, elle se charge de tous les travaux domestiques (ménage et repas), car elle croit que c'est sa responsabilité dans la maison. De plus, c'est elle qui s'occupe des enfants. Elle se refuse à demander de l'aide à son mari, considérant qu'il souffre trop actuellement. C'est elle qui a frappé son cadet, Pierre. Elle admet que, depuis qu'elle travaille, elle a moins de patience avec les enfants. Elle trouve que Julie et Marc sont sages et requièrent moins d'attention, mais Pierre, le plus jeune, pique souvent des crises de colère. Elle sait qu'elle ne devrait pas frapper ses enfants, mais dit ignorer comment faire pour se maîtriser.

Pour leur part, Julie et Marc semblent bien se comporter. Ils aident leur mère dans les tâches ménagères, réussissent bien à l'école et ont des amis. Quand leur père est en colère, ils sortent de la maison et vont rejoindre des amis. Ils trouvent tous deux que leur frère Pierre est un enfant difficile et qu'il mérite les punitions qu'il a reçues. De son côté, Pierre avoue qu'il n'aime que son père, parce que ce dernier ne crie pas contre lui. Le père trouve d'ailleurs que sa femme est trop sévère envers le plus jeune.

Le travailleur social du centre jeunesse décide d'aborder cette famille en utilisant l'approche familiale structurale de Minuchin. Durant la phase d'évaluation, il travaille avec la famille afin d'aider les membres à comprendre la dynamique de leur fonctionnement familial.

Il leur explique que le chômage du père a modifié son statut de chef de famille en lui enlevant sa fonction de pourvoyeur, alors que la mère a dû assumer beaucoup plus de responsabilités. Ce changement est illustré dans la figure 8.4.

Il souligne qu'il faut aussi prendre en considération le fait que le chômage augmente considérablement le niveau de stress familial. La mère a effectivement assumé plus de responsabilités, d'où sa moins grande disponibilité pour les enfants et son manque de patience envers eux. Le père a choisi de s'allier avec le cadet, Pierre, au lieu de soutenir sa femme. La figure 8.5 schématise cette dynamique.

À la suite des entrevues d'évaluation, le travailleur social a amené M. Lamontagne à comprendre qu'il serait préférable qu'il soutienne sa femme, étant donné qu'elle est débordée. Il a accepté de modifier son attitude et de l'aider, car il a compris qu'il ne doit pas laisser la question du chômage détruire sa famille.

FIGURE 8.4 Les frontières dans un système familial

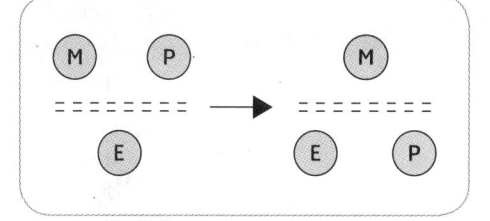

FIGURE 8.5 Un antagonisme

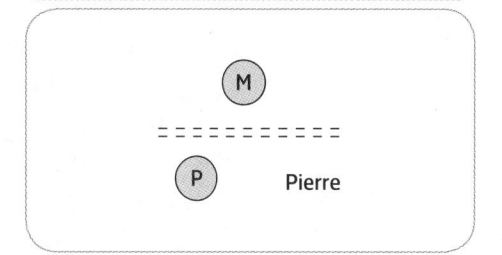

! CRITIQUE

L'approche familiale structurale a ses limites, tout comme les autres approches. La famille est un système et, à ce titre, elle évolue dans un ensemble qui comprend d'autres systèmes. Les situations problématiques qui se présentent peuvent provenir du système familial, des systèmes environnants ou de l'interaction entre le système familial et les autres systèmes. La personne elle-même est un système complexe, et il serait illusoire de croire que le simple fait de travailler avec la famille permettra de résoudre toutes les difficultés qu'elle peut éprouver. Il arrive souvent qu'il faille intervenir à plusieurs niveaux en même temps, soit avec la famille comme système et avec les personnes comme éléments de ce dernier. Il n'en demeure pas moins que l'approche familiale structurale permet d'apporter une aide non négligeable aux familles aux prises avec des difficultés d'interaction. La recherche sur l'efficacité de l'intervention familiale, bien que limitée, semble appuyer l'affirmation selon laquelle l'intervention familiale réussit mieux dans les cas de problèmes entre parents et enfants et de problèmes conjugaux.

? QUESTIONS

1. Quel auteur illustre bien l'approche familiale structurale ?
2. Dans quel contexte l'approche familiale structurale a-t-elle été conçue ?
3. Qui est Ludwig von Bertalanffy ?
4. Définissez le concept de frontière dans vos propres mots.
5. Que sont des sous-systèmes ?

➕ LECTURES SUGGÉRÉES

Abelsohn, D. et Grahams, D. (1991). Adolescent Adjustment to Parental Divorce : An Investigation from the Perspective of Basic Dimensions of Structural Family Therapy. *Family Process, 30*(2), 177-190.

Barkely, R. A. et coll. (1960). A Comparison of Three Family Therapy Programs for Treating Family Conflicts in Adolescents with Attention-Deficit Hyperactivity Disorder. *Journal of Consulting and Clinical Psychology, 3*, 450-462.

Beauvolsk, M. A. (1995). Le phénomène d'ajustement de la famille reconstituée franco-ontarienne. Dans C. Bernier, S. Larocque et M. Aumond (dir.), *Familles francophones, multiples réalités* (pp. 181-194). Sudbury, Ontario : Institut franco-ontarien.

Edelson, J. L. (1999). The Overlap between Child Maltreatment and Women Battering. *Violence Against Women, 5*(2), 134-154.

Figley, C. R. et Nelson, T. (1990). Basic Family Therapy Skills. II : Structural Family Therapy. *Journal of Marital and Family Therapy, 16*(3), 225-239.

Friedlander, M. L. et Wildman, J. (1991). Interpersonal Control in Structural and Milan Systemic Family Therapy. *Journal of Marital and Family Therapy, 17*(4), 395-408.

Greenberg, A., Neimeyer, F. et Neimeyer, G. J. (1986). The Impact of Structural Family Therapy Training on Conceptual and Executive Skills. *Family Process, 25*(4), 599-608.

Hearn, G. (1979). General Systems Theory and Social Work. Dans F. J. Turner (dir.), *Social Work Treatment* (pp. 333-360). New York : Free Press.

Martindale, K. (1998). What Makes Lesbianism Thinkable ? Theorizing Lesbianism from Adrienne Rich to Queer Theory. Dans N. Mandell (dir.), *Feminist Issues : Race, Class, and Sexuality* (pp. 67-94). Scarborough, Ontario : Prentice Hall/Allyn and Bacon.

Minuchin, S. (1974). *Families and Family Therapy.* Cambridge, Massachusetts : Harvard University Press.

Minuchin, S. (1979). *Familles en thérapie.* Montréal : Éditions France-Amérique.

Watzlawick, P. (1972). *La logique de la communication.* Paris : Éditions du Seuil.

Whitney, P. et Davis, L. (1999). Child Abuse and Domestic Violence in Massachusetts : Can Practice Be Integrated in a Public Child Welfare Setting ? *Child Maltreatment, 4*(1).

Chapitre 9 — L'approche structurelle

Les approches traditionnelles centrent leurs interventions surtout sur les personnes. Elles partent de l'idée que les individus doivent s'adapter à leur environnement. Cependant, comme il a été démontré, c'est souvent l'environnement qui ne répond pas aux besoins des personnes. Il devient alors nécessaire d'agir sur cet environnement et d'en faire la cible de l'intervention.

L'approche structurelle est une approche qui est centrée sur l'environnement. Le terme « structurel », qu'on ne doit pas confondre avec le terme « structural » employé au chapitre 8, renvoie à l'objectif de l'approche, qui est de modifier les structures de la société. À la base de ce modèle, il est postulé que ces dernières sont aliénantes pour les personnes et sont la source des problèmes auxquels elles font face ; par conséquent, les structures doivent être changées. L'approche est aussi conflictuelle, car le changement touchant les structures provoque des résistances qu'il faut neutraliser.

La définition de l'approche structurelle que nous avons adoptée pour cet ouvrage est fournie par Mullaly. Selon lui, cette approche cherche à changer le système social et non l'individu qui en subit les effets. Il avance que les objectifs du travail social structurel sont d'alléger les effets négatifs d'un ordre social exploitant et aliénant sur certaines personnes, et de transformer les conditions et les structures sociales à la source de ces effets négatifs (Mullaly, 2007).

L'historique

Le terme « structurel » provient des États-Unis, où il est apparu durant les années 1970, sous la plume, entre autres, de Middleman et Goldberg (1974), à qui l'on doit d'avoir introduit une **approche structurelle** permettant au travailleur social d'intervenir « pour améliorer la qualité du rapport entre les personnes et leur environnement en changeant ou en créant les structures sociales » (Middleman et Goldberg, 1974, p. 32, traduction libre). Moreau (1979) et ses collègues de l'Université Carleton, à Ottawa, ont quant à eux élaboré l'approche structurelle basée sur des principes féministes et marxistes. À partir des années 1970, l'École de travail social de l'Université Carleton a d'ailleurs été reconnue comme une école structurelle (Lundy, 2004). Le travail sur l'approche structurelle s'est poursuivi et, récemment, Mullaly (1993, 1997, 2007) a publié une série de trois livres qui ont fourni un cadre théorique plus global pour cette approche.

Approche structurelle

Selon Mullaly, approche qui cherche à changer le système social et non l'individu qui subit les effets des arrangements sociaux problématiques. La cible de l'intervention est donc le système et non l'individu.

Les fondements théoriques

Perspective conflictuelle

Perspective qui envisage la société comme une lutte entre les différents groupes d'intérêts et de pouvoir.

Selon Mullaly (2007), l'approche structurelle est basée sur une **perspective conflictuelle** de la société. Dans les écrits sociologiques, deux perspectives dominent la façon dont une société fonctionne. La perspective de l'ordre social est celle qui est conforme à l'idéologie dominante, de nos jours le néolibéralisme. Cette perspective favorise une société qui fonctionne selon les normes reconnues; ce modèle est caractérisé par la stabilité et le consensus, servant les intérêts des personnes favorisées par cet ordre. Les théories de l'ordre social (fonctionnalisme, libéralisme, etc.) supposent que les problèmes sociaux sont provoqués par des individus qui ne respectent pas les règles de la société, et que l'on doit les forcer à les suivre (Reason et Perdue, 1981). Ces individus sont considérés comme déviants.

La perspective conflictuelle, de son côté, en accord avec les principes marxistes présentés en introduction, envisage la société comme une lutte entre les différents groupes d'intérêts et de pouvoir. Plus un groupe est puissant, plus il est capable de favoriser ses intérêts propres en opprimant d'autres groupes par la coercition et l'assujettissement (Mullaly, 2007).

Tandis que le travail social traditionnel se situe dans la perspective de l'ordre et intervient surtout auprès des individus et des familles (Payne, 2005), le travail social structurel est plus en accord avec la perspective conflictuelle et tente d'agir sur les structures de la société, par un travail de mobilisation populaire ou d'animation sociale, par exemple. Le métier d'organisateur communautaire est souvent très proche des principes de l'approche structurelle.

L'approche structurelle s'inspire aussi de la théorie des systèmes. Comme nous l'avons vu au chapitre 3, les structures sociales se rassemblent en systèmes. La personne est un système, lequel fait partie d'un système familial qui, lui, fait partie d'un système communautaire, lui-même partie d'un système national. L'approche structurelle a immédiatement reconnu ce principe. Selon cette perspective, l'intervention met aussi en jeu des systèmes, qui regroupent les personnes engagées dans le processus. Pincus et Minnahan (1973) en ont défini quatre :

- le système client, qui comprend la personne, la famille, le petit groupe ou la communauté qui requiert de l'aide;
- le système agent de changement, qui comprend le ou les intervenants qui travaillent avec le système client pour produire des changements;
- le système action, qui englobe les intervenants formels et toutes les autres personnes participant à l'intervention;
- le système cible, soit celui sur lequel est centrée l'intervention, qui correspond, dans certains cas, au système client ou, encore, à un autre système qui doit changer pour favoriser le système client; une institution qui ne répond pas aux besoins de la population en est un exemple.

Selon ces deux auteurs, l'intervention, dans le cadre de l'approche structurelle, doit mettre au premier plan «l'interaction entre les personnes et les systèmes dans l'environnement». Lorsque les ressources informelles telles que la famille ou les amis sont absentes ou qu'elles ne peuvent apporter l'assistance nécessaire, il faut s'assurer qu'une ressource formelle prend la relève du système social ou communautaire. Les valeurs que privilégient Pincus et Minnahan illustrent la différence entre les approches traditionnelles et l'approche structurelle :

- La société doit s'assurer que tous ses membres ont accès aux ressources, aux services et au soutien nécessaires à l'accomplissement de leurs tâches et à leur épanouissement.
- Les ressources sociales doivent être offertes dans le respect des personnes.

Ces valeurs montrent bien l'accent mis par cette approche sur la défense des intérêts du client.

Les concepts clés

L'*empowerment*

Un premier concept clé de l'approche structurelle, qui doit guider l'intervention du travailleur social, est l'**empowerment** ou l'appropriation du pouvoir. Cette notion doit être au centre de toutes les préoccupations et interventions du travailleur social. De façon très simple, on peut définir l'*empowerment* comme la démarche que doit entreprendre le client pour passer de la passivité à l'affirmation de soi ou à la prise en main de sa vie. Cela correspond au processus par lequel la personne devient active dans son cheminement, dans la résolution de ses problèmes. Elle cherche à gagner ou à regagner un certain pouvoir sur son environnement et sur ce qui peut influer sur sa vie. Cette prise de pouvoir doit être soutenue par une intervention qui respecte l'autonomie de la personne, mais aussi par une action qui lui permettra de détenir plus de pouvoir sur sa vie, comme l'éducation populaire, la collectivisation des vécus, la mobilisation, etc.

> **Empowerment**
> Démarche que doit entreprendre le client pour passer de la passivité à l'affirmation de soi ou à la prise en main de sa vie.

L'évaluation

L'évaluation est une dimension importante de l'approche structurelle. Elle porte sur trois thèmes majeurs :

- Les tâches de la vie courante, un aspect qui a trait aux diverses tâches à accomplir pour satisfaire aux exigences de la vie à chacune de ses étapes.
- L'interaction entre la personne et le système social, un aspect qui met l'accent sur le rôle joué par la société dans les problèmes que connaît le client ; l'accent est mis sur la responsabilité de la société plutôt que sur celle du client.
- Les conflits sociaux, un aspect qui renvoie au lien que l'on doit établir entre les difficultés éprouvées par les personnes et les problèmes sociaux en général.

La situation que vit un système client peut prendre sa source dans l'un ou l'autre de ces trois éléments ou même dans les trois. En vertu des principes et des valeurs qui sous-tendent l'approche structurelle, des préoccupations précises doivent orienter l'intervention, soit :

- l'amélioration de la capacité des personnes à résoudre elles-mêmes leurs problèmes ;
- la mise en relation des personnes avec les systèmes qui les aideront à répondre à leurs besoins essentiels ;
- la promotion du fonctionnement efficace des systèmes sociaux, éventuellement en les transformant ;
- l'élaboration et la mise en œuvre de politiques sociales adéquates et équitables.

Les techniques d'intervention

Formulée par Maurice Moreau (1979, 1982), l'approche structurelle repose sur une réflexion critique sur le travail social. En fait, cette approche privilégie non seulement une analyse critique des facteurs structurels (ou causes sociales) expliquant la situation des individus, mais aussi la polyvalence dans l'intervention et l'*empowerment* individuel et collectif (Mayer, 2002). On cherche à donner un maximum de services aux clients, tout en les accompagnant dans une démarche de transformation sociale.

Se fondant sur ces principes, Moreau (1987) énonce cinq points qui forment la trame de l'intervention dans l'approche structurelle : la **matérialisation** et la **collectivisation des problèmes**, la défense du client, la remise en question de l'idéologie dominante, l'augmentation du pouvoir du client. Examinons brièvement chacun de ces points.

La matérialisation et la collectivisation des problèmes

Ces deux premiers points sont étroitement liés. Ils supposent que l'intervenant est conscient des rapports politiques, économiques et psychologiques qui existent entre les classes dominantes et les classes dominées et qu'il sait que ces rapports contribuent à maintenir les clients, généralement issus de la classe dominée, dans un état d'oppression constant. La tâche de l'intervenant est d'aider le client à cerner la source de cette oppression et à comprendre qu'il n'est pas le seul à vivre une telle situation, et que, par conséquent, il n'est pas responsable de ses conditions de vie. La matérialisation et la collectivisation des problèmes visent à éviter d'isoler et de blâmer inutilement les victimes. Si, par exemple, il s'agit d'une femme battue, il faudra l'aider à comprendre qu'elle n'a pas à se sentir coupable si elle ne fait pas toujours ce que désire son mari, que le problème réside dans l'agressivité de celui-ci, qu'elle n'est pas seule à se blâmer pour l'agressivité de l'autre, que la source de l'oppression tient au système patriarcal lui-même et que c'est là le lot de beaucoup de victimes.

Matérialisation et collectivisation des problèmes

Analyse faite par l'intervenant visant à comprendre les rapports politiques, économiques et psychologiques, qui gardent la classe dominée dans un état d'oppression constant.

La défense du client

La **défense du client** est une dimension importante de l'intervention. Il s'agit pour l'intervenant de bien connaître les organismes sociaux et leurs politiques, les organismes communautaires, les règlements et les lois que l'on peut utiliser et même détourner au profit du client. Un travailleur social, dans le milieu de la protection de l'enfance, peut choisir de rester muet vis-à-vis du fait qu'une mère monoparentale reçoit une aide financière de dernier recours (aide sociale) et travaille au noir en même temps pour mieux répondre aux besoins de ses enfants ; il peut également ajouter un élément positif au dossier d'un client qui ne contient que des aspects négatifs, par exemple la compétence à gérer un budget lorsque le revenu est modeste.

> **Défense du client**
> Technique utilisée par l'intervenant qui consiste à bien connaître les organismes sociaux et les règlements de ceux-ci que l'on peut utiliser et même détourner au profit du client.

La remise en question de l'idéologie dominante

L'intervenant qui remet en question l'idéologie dominante refuse de souscrire à la tendance qui veut qu'on blâme la victime. Il aide son client à comprendre la source de l'oppression. Il doit donc évaluer le problème en rompant avec les valeurs traditionnelles qui font que, trop souvent, les femmes apprennent à être des victimes et les hommes, des agresseurs.

L'augmentation du pouvoir du client

Au dernier point, Moreau (1987) parle de l'augmentation du pouvoir du client, soit l'*empowerment*. Au début de la relation qui s'établit entre l'intervenant et le client, celui-ci se perçoit comme étant dans une position d'infériorité. Pour neutraliser cette perception et favoriser la capacité du client d'accroître son pouvoir, l'intervenant doit lui permettre d'exercer le plus grand contrôle possible sur l'intervention. Son rôle se résumera à exposer des solutions possibles parmi lesquelles le client fera son choix, et à laisser ce dernier prendre des décisions. Le rapport d'intervention doit être rédigé avec le client et dans les mots qu'il choisit. L'intervention sera axée en priorité sur les conditions de vie.

L'intérêt d'une telle approche réside dans le fait qu'elle propose d'agir sur les structures sociales, économiques et politiques qui déterminent les situations individuelles et les rapports interpersonnels. Par cette approche, il est clair que l'on cherche à faire naître chez les travailleurs sociaux une réflexion critique sur les problèmes sociaux vécus par les clients et à créer une solidarité avec ceux-ci (Mayer, 2002).

✓ ÉTUDE DE CAS

La cliente, Émilie, une jeune femme de 24 ans, vient de quitter tout récemment un centre pour femmes victimes de violence. Elle demeure seule dans un appartement de trois pièces situé dans une habitation à loyer modique (HLM). Le loyer lui coûte 200 $ par mois. Sa seule source de revenu est l'aide sociale, dont elle reçoit 567 $ mensuellement.

Souffrant d'une dépression chronique, elle n'a pu travailler depuis son admission au centre pour femmes battues. Cependant, pour obtenir des prestations de l'aide sociale, elle doit travailler un minimum de 20 heures par semaine à titre de bénévole; elle fait ainsi du ménage dans un foyer de groupe pour personnes ayant des incapacités intellectuelles. Elle aime bien le personnel et les pensionnaires du foyer, mais trouve difficile de travailler. Émilie a été dirigée vers l'intervenante d'une maison d'hébergement pour femmes battues afin qu'elle puisse être accompagnée dans sa réintégration dans la communauté après son départ du centre. Au cours de la première rencontre avec Marie, Émilie dit qu'elle ne sait pas ce qu'elle va faire. Elle ne se trouve pas assez compétente pour occuper un véritable emploi, mais l'idée de dépendre de l'aide sociale jusqu'à la fin de ses jours l'effraie.

La travailleuse sociale lui demande quel genre d'emploi elle occupait avant d'entrer à la maison d'hébergement. Émilie lui explique qu'elle s'est mariée à 19 ans, après avoir terminé ses études secondaires, et qu'elle est demeurée à la maison, son mari ne voulant pas qu'elle travaille à l'extérieur. Elle ajoute qu'à l'école ses notes étaient assez bonnes. Marie l'invite ensuite à parler de ses goûts, de ses intérêts, de ses préférences. Émilie dit qu'elle aurait voulu devenir une travailleuse sociale et s'occuper de gens qui ont des difficultés, comme ceux qui vivent au foyer où elle travaille. Elle ajoute très vite que, pour ça, il faut posséder un diplôme universitaire et qu'elle ne croit pas pouvoir jamais réussir à l'université.

Marie explique alors à Émilie qu'elle n'est pas seule à vivre une telle expérience et que beaucoup de femmes se trouvent dans la même situation qu'elle. Elle lui dit qu'il serait peut-être bon qu'elle rencontre d'autres femmes comme elle, et l'invite à participer à un groupe de soutien.

Marie explique aussi à Émilie qu'en raison de ses difficultés sur le plan de sa santé mentale, elle ne devrait pas être obligée de travailler pour obtenir des prestations d'aide sociale. Elle lui demande donc la permission de faire des démarches pour qu'elle puisse recevoir l'aide financière dont elle a besoin sans devoir travailler. Émilie acquiesce en disant que, pour l'instant, elle n'a pas la force de travailler.

À propos de son mariage, Émilie dit éprouver un sentiment d'échec. Elle croit qu'elle aurait dû faire plus pour en assurer la réussite. Marie fait valoir que la société fait porter à la femme toute la responsabilité de la bonne marche d'un mariage, et ce, même si la femme subit la violence de son conjoint. C'est là le message subtil qu'elle reçoit inconsciemment.

Quant à l'idée de devenir travailleuse sociale, Marie explique que rien ne s'oppose à ce qu'elle aille à l'université pour obtenir un diplôme en travail social. Elle pourrait aussi opter pour un diplôme collégial dans cette discipline. Étant donné son bon rendement scolaire au secondaire, Émilie devrait être acceptée aux études postsecondaires assez facilement. Marie lui présente les services d'une ressource communautaire qui lui permettrait de se préparer, à son rythme, à un retour aux études. Elle lui offre de l'accompagner pour obtenir plus d'information sur les démarches de demande d'admission. Émilie, un peu hésitante, accepte l'offre de Marie.

❗ CRITIQUE

Il ne fait aucun doute pour Lévesque et Panet-Raymond (1994) que l'approche structurelle, telle qu'élaborée par Moreau, est toujours pertinente pour la pratique du travail social. Le contexte social dans lequel exercent les travailleurs sociaux justifie pleinement les objectifs de cette approche qui se fonde sur les postulats de l'analyse critique, la polyvalence de l'intervention et l'augmentation du pouvoir de la clientèle. Il importe toutefois de souligner quelques obstacles auxquels peuvent être confrontés les travailleurs sociaux qui utilisent cette approche.

L'approche structurelle peut tout d'abord faire en sorte que le travailleur social qui y a recours se trouve en conflit avec son milieu de travail. En effet, tout organisme possède ses politiques et ses règlements. S'il arrive que ceux-ci contribuent à l'oppression des clients, même indirectement, l'intervenant doit-il être loyal envers son employeur et respecter les règles établies, ou doit-il les contester ? Cette question renvoie à un débat récurrent au sein de la pratique quant au rôle du travailleur social vis-à-vis de la société : est-il un agent de régulation sociale, visant le bon fonctionnement de l'individu dans le système social en place, ou un agent de changement social, visant la transformation des structures sociales responsables des problèmes que vivent les individus ?

Il est évident que ce dilemme soulève souvent une foule de questions plutôt que de déboucher sur des solutions simples. Comme professionnel, l'intervenant fait partie de la classe moyenne privilégiée ; il peut lui arriver de travailler pour servir ses propres intérêts, de chercher à protéger son style de vie et d'être préoccupé par ses conditions de travail plutôt que par les besoins des clients. L'intervenant qui protège son emploi contribue-t-il alors aux problèmes et aux conflits structurels ? Par exemple, le « mauvais client », une expression souvent en usage, est celui qui demande « trop » de services. Dans l'intérêt de qui l'accès aux services sera-t-il limité, celui du client, du professionnel ou de l'établissement ?

L'intervenant pourrait facilement se trouver devant un dilemme éthique et les choix à faire ne vont pas toujours de soi. Dans un conflit idéologique de cette nature, l'aide ne peut venir exclusivement de l'intérieur, notamment des superviseurs, des cadres cliniques ou des membres du conseil d'administration. Bien informés des normes de qualité en vigueur (par exemple, le code d'éthique ou de déontologie), les supérieurs de ces différents paliers doivent assister l'intervenant dans la recherche de moyens et d'outils qui lui permettront de défendre les intérêts des clients. La responsabilité professionnelle du travailleur social est de s'assurer que l'employeur reconnaît le dilemme et est prêt à apporter les changements nécessaires aux structures de l'organisme pour favoriser la défense des droits de la clientèle. Le pouvoir du travailleur social réside dans le fait qu'il connaît bien les besoins de sa clientèle et que, en raison de sa profession, il lui est possible d'agir à la jonction des besoins du client et de l'environnement, ce qui inclut le système d'intervention dans lequel il œuvre.

Compte tenu de la place centrale qu'occupe la notion d'*empowerment* dans l'approche structurelle, il est important de formuler certaines mises en garde et de garder un regard critique devant l'enthousiasme que suscite ce principe chez les professionnels. Le processus d'*empowerment* est généralement décrit comme une action visant à améliorer les conditions de vie de la personne en faisant appel au pouvoir d'influence que celle-ci peut acquérir pour changer une situation sociale qu'elle juge insatisfaisante. Toutefois, cette notion est souvent récupérée par des acteurs ayant des intérêts contradictoires ou des visées politiques très différentes. Il devient alors facile de perdre de vue les finalités qui lui sont associées. Il convient donc d'examiner cette notion avec un regard critique, en accordant une attention particulière à la place occupée par les personnes engagées dans un tel processus dans les dynamiques de relations de pouvoir, et à la nature des changements visés (Parazelli, 2007).

Dans un article consacré à la théorisation de l'*empowerment*, Le Bossé (2003) explique qu'il faut en préciser chaque fois la définition en fonction des situations concrètes où l'on a recours à cette technique. Il importe non seulement de choisir l'acception la plus appropriée ou adaptée au contexte, mais aussi de lui donner un sens opératoire, sans quoi il devient difficile de rendre compte des processus d'*empowerment* eux-mêmes. Il est nécessaire de considérer simultanément les caractéristiques individuelles et les forces sociales dans la conception de l'*empowerment*:

> L'exercice effectif d'un pouvoir d'action dépend à la fois des possibilités (les ressources, mais aussi le cadre législatif et le contexte politique) offertes par l'environnement et des capacités des personnes à exercer ce pouvoir (les compétences, mais aussi le désir d'agir, la perception des possibilités d'action, la capacité de projection, etc.). Ainsi, une personne ou une collectivité très désireuse d'exercer un plus grand contrôle sur son devenir se trouverait incapable de le faire dans un milieu dépourvu de ressources (matérielles, mais aussi informationnelles et sociales). (Le Bossé, 2003, p. 34)

L'auteur ajoute que des visées de changement doivent être bien présentes, c'est-à-dire qu'une cible de changement doit être clairement définie par les personnes engagées dans ce processus :

> Qu'il s'agisse d'exercer plus de contrôle ou de devenir l'agent de sa destinée, il est toujours fondamentalement question de changement entre une situation perçue comme insatisfaisante et une autre envisagée comme plus souhaitable. [...] [Mais] [c]e désir d'affirmer une intentionnalité dans la conduite de son existence se heurte souvent à un ensemble de contingences personnelles (Bandura, 2002) et structurelles (Seidman et Rappaport, 2000). Dans certains cas, les contingences structurelles sont telles que toute velléité d'emprise individuelle est confrontée aux limites concrètes imposées par le milieu de vie. (Le Bossé, 2003, p. 43-44)

De façon générale, le processus d'*empowerment* est une technique très estimée et valorisée dans le milieu de l'intervention sociale (Parazelli, 2007). Plus que jamais, on cherche à intervenir auprès des individus de façon que ceux-ci puissent eux-mêmes créer les conditions qui leur permettront d'agir (Kaufmann, 2004). Pourtant, cette quête d'appropriation du pouvoir d'agir par le client ne peut se faire sans la compréhension des relations de pouvoir, qui sont nécessairement traversées de rapports de force politiques.

D'après Parazelli (2007), il faut se poser les questions suivantes :

- Comment une personne, un groupe ou une collectivité arrivent-ils à acquérir un pouvoir par leurs actes et sur leurs actes de la façon la plus égalitaire possible ?
- De quel pouvoir s'agit-il – celui des clients, des intervenants, etc. – et quelle est sa finalité ?
- Quels sont les obstacles à l'appropriation individuelle et collective du pouvoir ?
- Par quels processus cette appropriation se réalise-t-elle ?

? QUESTIONS

1. Selon l'approche structurelle, quelle est la responsabilité de la société vis-à-vis de l'ensemble de ses membres ?
2. Quelle est la base théorique de l'approche structurelle ?
3. L'approche conçue par Maurice Moreau comprend un élément de conflit. Expliquez.
4. Qu'implique l'approche structurelle pour la pratique du travail social ?

➕ LECTURES SUGGÉRÉES

Bandura, A. (2002). *Self-Efficacy: The Exercise of Control*. New York: Freeman & Co.

Kaufmann, J.-C. (2004). Devoir s'inventer. *Sciences humaines, 154*, 42-43.

Le Bossé, Y. (2003). De l'« habilitation » au « pouvoir d'agir » : vers une appréciation plus circonscrite de la notion d'*empowerment*. *Nouvelles pratiques sociales, 16*(2), 30-51.

Lévesque, J. et Panet-Raymond, J. (1994). L'évolution de l'approche structurelle dans le contexte social actuel. *Service social, 43*(3), 23-39.

Moreau, M. (1979). A Structural Approach to Social Work Practice. *Revue canadienne des écoles de service social, 5*(1), 78-94.

Moreau, M. (1982). L'approche structurelle familiale en service social: le résultat d'un itinéraire critique. *Revue internationale d'action communautaire, 7*(47), 159-171.

Moreau, M. (1987). L'approche structurelle en travail social: implications pratiques d'une approche intégrée conflictuelle. *Service social, 36*(2-3), 227-247.

Moreau, M. et Desrosiers, M. (1986). Les partenaires invisibles: les conditions de travail dans l'évaluation et l'intervention sociales. *Service social, 36*(3), 375-385.

Mullaly, B. (2007). *The New Structural Social Work*. Toronto, Ontario: Oxford Press.

Parazelli, M. (2007). L'*empowerment*: de quel pouvoir s'agit-il? *Nouvelles pratiques sociales, 19*(2), 1-12.

Seidman, E. et Rappaport, J. (2000). *Handbook of Community Psychology*. New York: Kluwer Academic/Plenum Publishers.

Chapitre 10 — L'approche féministe

Depuis les années 1960, avec le mouvement de libération des femmes, notre société a graduellement convenu que certaines valeurs de base doivent être changées, tel le fait que la société est dominée par les hommes et que les femmes sont maintenues dans un état de dépendance. L'effet de ce mouvement s'est répercuté sur la profession du travail social, qui a reconnu, depuis longtemps, la nécessité de traiter les besoins particuliers des femmes. L'approche féministe est le résultat de cette reconnaissance. Une de ses contributions majeures a été de clarifier la pratique habituelle en travail social. Comme le souligne Mullaly (1998), les soutiens traditionnels renforcent le système patriarcal et néoconservateur selon lequel les problèmes sont causés par la déviance ou la faiblesse personnelles. L'analyse féministe a démontré que le privé est politique et que les structures patriarcales traversent toutes les institutions sociales, y compris la famille, le marché et le système du bien-être social (De Koninck et coll., 1994; Mullaly, 1998).

À cause de son influence et de sa portée, l'approche féministe est très importante. Il faut comprendre que cette approche n'est pas seulement une approche en soi, mais qu'elle exerce une influence considérable sur la profession en général. Plusieurs aspects du travail social, entre autres ses fondements théoriques, historiquement posés par les hommes, ont été remis en question par le féminisme. De plus, la grande majorité des praticiens sont des femmes. Tout cela fait que les travailleuses et travailleurs sociaux doivent se familiariser avec les principes de base de cette approche. Les travailleuses sociales[1] ne proposent pas de créer un nouveau modèle d'intervention; elles suggèrent plutôt de considérer le genre comme une vitrine à travers laquelle il faut examiner de façon critique toutes les interventions, qu'elles relèvent de la théorie, de la clinique ou de la formation des travailleuses et travailleurs sociaux, afin d'y repérer les préjugés sexistes et de les éliminer.

L'historique

Le XXe siècle aura été le siècle des femmes à plusieurs égards. Le féminisme est devenu un référent incontournable de la culture du travail social et d'autres domaines connexes (Camirand, 1999).

L'histoire de la pratique féministe en Amérique du Nord peut être divisée en trois vagues. La première remonte au mouvement des suffragettes. Ces féministes de la première heure ont apporté plusieurs contributions importantes en leur temps. Il sied de mentionner, par exemple, Emily Howard Stowe, qui a ouvert le chemin de la formation médicale pour les femmes, Nellie McClung, qui, avec

---

1. Étant donné que les intervenants qui adoptent l'approche féministe et leurs clients sont en majorité des femmes, il nous a semblé plus approprié d'employer le féminin dans ce chapitre pour les désigner.

d'autres femmes, a exercé des pressions pour obtenir des clarifications concernant la définition des femmes comme personnes dans l'Acte de l'Amérique du Nord britannique, et Agnes McPhail, qui s'est battue au Parlement pour la réforme des prisons. Ces femmes ont défendu ardemment les droits des femmes aussi bien que diverses causes sociales.

La seconde vague a commencé durant les années 1960. D'après Mary Valentich (1996), une auteure bien connue, l'**approche féministe** se déploie dans quatre domaines. Le premier a trait à la création de groupes de soutien pour femmes afin de permettre à ces dernières de montrer le lien qui existe entre leur expérience personnelle et le système politique et économique, alors dominé par les hommes, et comment cette relation a empêché les femmes de réaliser leur potentiel. Pendant la même période, des programmes de type *grass-roots* ou « populaires », conçus par les femmes pour répondre aux besoins de leurs consœurs victimes de violence, sont créés. Le système de santé est un autre domaine que vient bousculer l'approche féministe. Les femmes reconnaissent que le système de santé doit changer pour leur permettre d'avoir le contrôle de leur corps et que les décisions concernant leur santé reviennent d'abord à elles-mêmes et non aux médecins, en grande majorité des hommes. Finalement, dans le domaine de la santé mentale, les femmes commencent à réclamer des thérapeutes de sexe féminin capables de comprendre leurs problèmes.

Approche féministe
Approche qui remet en question les approches traditionnelles qui renforcent le système patriarcal et néoconservateur selon lequel les problèmes sont causés par la déviance ou la faiblesse personnelles.

Comme nous l'avons indiqué dans le chapitre 3, la **troisième vague du féminisme**, née dans les années 1990 et influencée par le postmodernisme, se caractérise par une diversité des perspectives. Les féministes de la troisième vague remettent en question les positions féministes de la deuxième vague et surtout leurs réponses universelles sur le sexisme et le fait qu'elles ont divisé la population en « nous » et « eux » (Krolokke et Sorenson, 2006). Le féminisme de la deuxième vague est dorénavant opposé à un « nouveau » féminisme, à une troisième vague, prétendument portée par les jeunes, qui jugent « dépassé » et « désuet » le féminisme radical (Blais, Pagé, Fortin-Pellerin et Lampron, 2007). Aussi, certaines considèrent que les connaissances en travail social sont largement issues de la « multiplicité des expériences des femmes » (Valentich, 1996, p. 286). Pour sa part, Oprea (2008) propose une délimitation rigoureuse du champ postmoderne et analyse son influence sur le féminisme de la troisième vague, en établissant ses rapports avec le féminisme de la deuxième vague et en mettant en valeur sa portée heuristique.

Troisième vague du féminisme
Courant féministe né dans les années 1990 se caractérisant par une diversité des perspectives et remettant en question les positions féministes traditionnelles sur le sexisme et le fait que les gens sont divisés en « nous » et « eux ».

En tant que phénomène social, le mouvement féministe contribue à des changements individuels, institutionnels, économiques, écologiques, juridiques et politiques de la société. Des voix féministes se font entendre partout dans les familles, les réseaux d'entraide, les organismes communautaires, les entreprises et les organisations, les syndicats, les partis politiques, les institutions gouvernementales et les organisations internationales (Camirand, 1999).

Au Québec, l'approche féministe, durant les années 1990, obtient une audience particulière dans les centres dédiés à la problématique de la violence familiale, tels que les maisons d'hébergement ; les rapports de sexe ne peuvent plus être ignorés (De Koninck et coll., 1994). Ginette Larouche et le Regroupement de travail des maisons d'hébergement et de transition contribueront beaucoup à l'élaboration des assises pratiques de l'intervention. Mais l'approche féministe est aussi utilisée par des intervenantes des centres de santé et de services sociaux (CSSS), que ce soit en centre hospitalier ou en centre local de services communautaires (CLSC). Par contre, l'approche féministe connaît au même moment un recul dans les milieux institutionnels (De Koninck et coll., 1994). Il semble que, dans ces milieux, l'approche féministe soit moins visible et soit devenue une approche marginale. Il reste que, pour un grand nombre de praticiennes au Québec, l'approche féministe est devenue une façon de travailler dans un sens plus large.

Le nombre d'écrits sur la pratique féministe, déjà élevé, continue d'augmenter. On trouve aujourd'hui une littérature abondante et riche sur les services pour les femmes, la recherche féministe et les différentes pratiques féministes.

Les fondements théoriques

Il est vrai que la théorie psychanalytique de Freud a joué un rôle majeur dans la naissance des fondements théoriques de l'intervention psychosociale. Étant donné les postulats autour desquels s'articule cette théorie, on ne s'étonne pas que la première cible du mouvement des femmes à cet égard ait été l'approche freudienne. Selon une lecture au premier degré de cette vision freudienne largement acceptée par la société de l'époque, les femmes sont destinées à être soumises aux hommes (Corbeil et coll., 1983).

D'abord, le principe clé de la théorie freudienne est le complexe d'Œdipe chez le garçon ; celui-ci doit résoudre les conflits liés à ce complexe pour atteindre une maturité saine. Toutefois, les garçons disposent de tout ce dont ils ont besoin pour résoudre ces conflits.

Chez les femmes, toujours selon cette théorie, cette résolution complète n'est pas possible. Les filles souffrent d'un complexe de castration qui ne pourra jamais être résolu ; privées de pénis, elles passent leur vie à envier la supériorité physique et morale de l'homme. Elles ne peuvent aspirer qu'à compléter ce dernier (Corbeil et coll., 1983).

Les féministes ont pris une position claire et ont rejeté la théorie de Freud et toutes celles qui postulent l'infériorité naturelle de la femme, ce qui les a amenées à contester les thérapies qui cherchent à maintenir la femme dans un état de dépendance envers l'homme. Leurs réflexions reposent sur une nouvelle perspective :

> La vision freudienne et toutes les autres qui se basent sur une détermination biologique de l'infériorité des femmes sont désormais remplacées par des théories qui fondent l'infériorisation des femmes et leur oppression sur des déterminants politiques, sociaux et culturels. (Corbeil et coll., 1983, p. 81)

L'une des contributions essentielles des études féministes consiste à avoir démontré que les sources de l'inégalité entre les sexes et de l'infériorisation des femmes ne sont pas biologiques ni naturelles, mais bien sociales (Mayer, 2002). Selon les anciennes perspectives patriarcales, les femmes qui ont adopté les rôles de mère et d'épouse ne sont pas jugées défavorablement, alors que celles qui aspirent à une carrière le sont. L'agressivité d'une femme fait l'objet d'une investigation, mais non sa passivité. L'identification au père est suspecte, tandis que celle à la mère n'est pas examinée (Radov, Masnick et Hauser, 1977).

Bref, toutes les interventions qui visent à aider les femmes à accepter leurs rôles d'épouse, de mère et de ménagère sont vues par les féministes comme relevant d'un mécanisme de reproduction de l'oppression de la femme, comme une stratégie qui vise à maintenir le statu quo et la domination des hommes. L'approche féministe vise au contraire le changement social autant que le changement individuel, en adoptant la perspective ou le point de vue des femmes sur les problèmes qu'elles vivent, dans le but d'établir un rapport égalitaire sur tous les plans entre les femmes et les hommes (Mayer, 2002).

Les concepts clés et les objectifs

C'est donc à la suite du rejet des approches traditionnelles que les féministes ont commencé à bâtir une approche fondée sur un cadre théorique qui reconnaît l'oppression des femmes. Le féminisme a deux principes fondamentaux :

- Les caractères de la féminité sont des construits sociaux qui n'ont rien à voir avec la nature.
- Le patriarcat, soit le pouvoir masculin érigé en système, a intérêt à garder les femmes sous sa domination.

L'analyse des rôles des femmes dans la société, visant à amener la cliente à prendre conscience du fait que ces rôles l'ont gardée dans un état de dépendance, est un aspect majeur de cette nouvelle approche.

L'objectif fondamental de l'approche féministe est ainsi « de faire prendre conscience aux femmes de leur conditionnement social, des stéréotypes sexuels et des rôles limitatifs auxquels la société les confine, tant au sein de la famille qu'à tout autre niveau » (Corbeil et coll., 1983, p. 86). L'objectif ultime consiste à leur redonner un pouvoir personnel et social de sorte qu'elles puissent occuper tout l'espace qui leur revient (Mayer, 2002).

Dans leur ouvrage sur l'intervention féministe, Corbeil et coll. (1983) font état de six objectifs généraux. Le premier est d'amener la femme à ne pas se sentir la seule responsable. Traditionnellement, c'est à la femme qu'incombe la charge de la vie familiale. C'est elle qui doit voir au bon fonctionnement de la famille, au bonheur et aux réussites des enfants et qui doit veiller au maintien de relations harmonieuses entre elle et son époux, tant sur le plan émotionnel que sexuel. L'objectif est donc de faire comprendre à la femme que ce n'est pas elle seule qui doit assumer toutes ces responsabilités.

Le deuxième objectif général est d'amener la femme à croire en elle-même. Un des problèmes vécus par la femme tient au fait qu'elle se compare à l'idéal féminin que véhicule la société. Comme il est presque impossible d'atteindre cet idéal, la femme a souvent une image négative d'elle-même. Elle doit donc apprendre à avoir confiance en elle et acquérir l'autonomie et l'indépendance nécessaires pour se réaliser et s'épanouir.

La femme doit aussi oser exprimer ses besoins et ses désirs. Traditionnellement, elle a appris qu'elle doit mettre de côté ses besoins et s'occuper de ceux des autres. Elle doit donc apprendre à exprimer ses besoins et à résister à l'influence de la société qui la force à les refouler.

Un autre objectif général pour la femme consiste à pouvoir prendre des décisions de façon autonome. Ici encore, la femme a traditionnellement été forcée de laisser le pouvoir décisionnel aux hommes. Il faut encourager les femmes à se servir de leur jugement pour ne plus se soumettre aux solutions et aux décisions des autres.

Le droit au plaisir sexuel peut paraître secondaire; ce n'est pourtant pas le cas. Qui est maître de la sexualité des femmes et de leur fonction reproductrice est une question fondamentale pour les féministes. Historiquement, l'éducation inculquait à la femme que le plaisir de l'autre est plus important, qu'il est une source de plaisir pour elle. Selon la perspective féministe, les femmes doivent contrôler leur corps et leur sexualité et ont le droit d'éprouver du plaisir.

Finalement, les féministes visent non seulement le changement individuel, mais aussi le changement social, car changer la vie d'une femme contribue aux changements sociétaux, tels que la réduction du pouvoir patriarcal et les injustices qu'il provoque. Il est difficile de penser régler le problème de l'oppression des femmes sur une base individuelle sans un engagement dans l'action sociale, qui pourrait changer les valeurs fondamentales de la société.

Les techniques d'intervention

L'approche féministe appelle une intervention particulière. Le fait que l'intervenante et la cliente travaillent comme des pairs est un aspect important de la pratique. Dans les interventions traditionnelles, le ou la thérapeute et la cliente ont un statut inégal, ce qui peut souvent avoir pour résultat que la cliente se trouve placée, encore une fois, dans une position de dépendance. Dans l'approche féministe, on évite cette inégalité par l'utilisation des prénoms. Le modèle féministe propose une relation égalitaire entre l'intervenante et la femme auprès de laquelle elle intervient (Mayer, 2002). De plus, la divulgation par l'intervenante de l'oppression qu'elle a elle-même vécue est permise; cela renforce le fait qu'elle se trouve « dans le même bateau » que la cliente (Valentich, 1996).

Comme nous le verrons dans la troisième partie de cet ouvrage, le processus d'intervention en travail social comporte globalement quatre étapes: l'évaluation, la planification, l'action et la fin du processus d'intervention. Dans l'approche féministe, les mêmes étapes sont suivies à peu de choses près, à la différence qu'il n'y a pas d'évaluation formelle comme telle. Dans l'approche traditionnelle, l'évaluation implique que la cliente présente un état pathologique (Levine, 1983). La praticienne féministe n'utilise pas d'étiquettes et n'établit pas de diagnostic. Par contre, l'accent est mis sur les préoccupations actuelles et les aspects historiques pour en arriver à une meilleure compréhension de l'oppression subie par la femme. Si les conditions matérielles sont considérées, on fait toutefois une large place au vécu émotif et à la lecture subjective de la réalité par la cliente (Mayer, 2002).

Durant les étapes de la planification et de l'action, la stratégie privilégiée est la prise de conscience. La divulgation de l'oppression vécue par la cliente et l'intervenante fait partie intégrante de cette stratégie. On encourage aussi des conduites dites non traditionnelles, c'est-à-dire des comportements divergeant des comportements traditionnellement admis par la société, par exemple le droit de s'affirmer. L'intervention de l'État, vertement critiquée, n'est plus vue en termes de développement social, mais plutôt en termes de contrôle social et de victimisation des intervenantes sociales et des clientèles féminines par un système qui continue à véhiculer les idées et les valeurs héritées du modèle patriarcal.

On encourage également l'engagement de la cliente dans l'action sociale, notamment sa participation à des manifestations pour revendiquer la fin de l'oppression des femmes, qui est toujours pratiquée dans notre société.

Une autre stratégie est la participation à de petits groupes. Il existe deux types de groupes, définis selon leur orientation. Les **groupes de conscientisation** en sont un type. Souvent, quand les femmes parlent de leur vécu dans le contexte d'un groupe, elles s'aperçoivent que beaucoup ont eu les mêmes expériences, ce qui renforce chez chacune l'idée que le problème n'est pas personnel, mais bien collectif.

L'autre type de groupe est axé sur l'**affirmation de soi**. Des moyens sont proposés pour aider la femme à s'affirmer, par exemple dans le domaine du travail où la femme a souvent peur de protester contre des conditions de travail inacceptables. La cliente peut également utiliser ces techniques à la maison pour obtenir un partage des tâches plus égalitaire.

À la fin du processus d'intervention, les femmes présentes ont amélioré leur image de soi et ne se considèrent plus comme la cause de leurs problèmes. Elles sont prêtes à prendre plus de risques dans la vie et à progresser vers un épanouissement plus complet. Elles sont devenues plus dynamiques et plus ambitieuses. Elles ont pris conscience du fait que la vie offre des choix qu'elles n'envisageaient pas auparavant.

Une comparaison des interventions propres à l'approche féministe et de celles relevant des autres approches en travail social montre qu'il n'y a pas de différences importantes. Aider les clients à avoir une meilleure **image de soi**, leur faire explorer d'autres possibilités dans la vie et les amener à une prise de conscience sont des démarches qu'on trouve dans toutes les approches en travail social. La différence réside dans le fait que l'approche féministe cherche à aider la femme à prendre conscience de l'oppression sociale qu'elle et toutes les femmes subissent. Ses techniques sont donc transférables vers d'autres clientèles subissant une forme d'oppression.

Groupes de conscientisation
Groupes qui permettent aux femmes de se rendre compte que plusieurs ont eu les mêmes expériences et que leur problème n'est pas personnel, mais bien collectif.

Affirmation de soi
Objectif de l'approche féministe qui vise à aider la femme à s'affirmer, par exemple dans le domaine du travail où elle a souvent peur de protester contre des conditions de travail inacceptables.

Image de soi
Image que la personne a d'elle-même et l'une des cibles de l'approche féministe visant à aider la femme à accepter qu'elle n'est pas toujours la cause de ses problèmes.

Il faut en terminant souligner qu'il existe une tension entre l'intervention féministe et l'intervention interculturelle, puisqu'il est nécessaire et parfois difficile de trouver l'équilibre entre une vision féministe de la situation clinique et une vision interculturelle qui accepte que les rapports de genre soient modulés selon les cultures. Le port du voile chez les musulmanes dans la société québécoise en est un exemple. D'un côté, les tenants de l'approche interculturelle prônent une certaine souplesse dans le respect des valeurs culturelles et religieuses des femmes touchées par ce phénomène, dans un but d'accommodement visant à faciliter leur intégration. De l'autre, les féministes y voient un symbole de l'inégalité des femmes et de l'oppression qu'elles subissent, une situation intolérable à leurs yeux, après tant d'années d'efforts et de lutte en faveur de l'égalité des sexes (Gagnon, 2009).

✓ ÉTUDE DE CAS

Nicole est intervenante dans un centre d'hébergement pour femmes victimes de violence. Elle est de garde, un samedi soir, quand Carole s'y présente avec ses deux enfants. Carole a 36 ans et ses enfants, deux filles, ont 5 et 7 ans. Elle est complètement désemparée ; c'est la première fois qu'elle demande de l'aide. Son mari l'a mise à la porte. Il est 23 heures et il fait 22 °C sous zéro. Elle explique à Nicole que son mari a fait une colère terrible parce qu'elle s'est opposée à une sortie qu'il voulait faire avec elle. Dans les faits, comme il lui a annoncé sa volonté de sortir après le souper, il était trop tard pour trouver une gardienne. Il lui a reproché de ne pas avoir prévu qu'il pourrait vouloir sortir un samedi soir. Puis, il a décidé de sortir seul, mais son pantalon préféré n'était pas assez bien repassé à son goût. Il a alors brisé des meubles, insulté Carole pendant plus de deux heures et menacé de la frapper. Les fillettes étaient effrayées, et Carole a essayé en vain de le calmer. Finalement, il les a mises toutes les trois à la porte.

Carole n'ayant pas d'argent sur elle, c'est une voisine qui l'a conduite au centre. Elle regrette un peu sa décision parce qu'elle craint la réaction de son mari lorsqu'il l'apprendra.

Nicole aura, dans un premier temps, à sensibiliser sa cliente au fait que la situation qu'elle vit n'est pas unique et que, entre femmes, on peut se comprendre et essayer de s'aider. Elle passera ensuite à la description de la situation et tâchera, avec Carole, de la recadrer selon une perspective faisant appel au concept d'oppression. Nicole devra toutefois s'assurer que sa cliente comprend bien ce qu'on entend par oppression, violence conjugale, pouvoir patriarcal, etc. L'intervention repose sur le soutien à apporter à la cliente et la sensibilisation au phénomène de l'oppression et, surtout, elle doit assurer la sécurité de la personne.

! CRITIQUE

L'idéal, pour l'approche féministe, est de toucher toutes les femmes. La maîtrise de leur sexualité demeure un domaine d'intérêt important dans cette approche, et c'est ici que la profession du travail social peut jouer un rôle crucial.

Une des critiques faites à l'approche est que celle-ci est plus efficace auprès des jeunes femmes qui ont fait des études, et qui sont donc plus enclines à l'émancipation, et qu'elle s'intéresse moins aux femmes appartenant à des groupes minoritaires (Valentich, 1996).

Une autre question souvent soulevée concerne le fait d'avoir des hommes comme clients. Une intervenante féministe peut trouver difficile de travailler avec les hommes, et surtout les hommes violents. Aider l'homme à assumer la responsabilité de son comportement d'une façon positive et respectueuse demeure un défi pour les tenants de l'approche (Valentich, 1996).

De plus en plus d'intervenants de sexe masculin ont tendance à adopter l'approche féministe. Aux yeux des chefs de file de l'approche, ce phénomène pose des problèmes majeurs. Celles qui critiquent cette tendance disent qu'un homme est incapable de comprendre l'oppression vécue par une femme. D'autres considèrent qu'il s'agit d'une nouvelle forme de contrôle par des hommes, car ceux-ci pourraient voir leur pratique comme une façon d'exercer le pouvoir ; pour elles, c'est encore la manifestation d'une forme d'oppression. On a même mentionné les risques élevés de relations sexuelles entre la cliente et l'intervenant. Mais beaucoup de ces plaintes sont dénuées de fondement, et il faut laisser le choix du sexe de l'intervenant à la cliente (Valentich, 1996). Plus largement, certains estiment que le patriarcat fait aussi des dommages chez les hommes, pris au piège dans les stéréotypes. Il existe donc une intervention dédiée aux hommes qui s'inspire des travaux féministes (Turcotte, Vézina et Bernard, 2008).

Les théories sur lesquelles se fonde la pratique du travail social continuent d'évoluer et la théorie féministe n'échappe pas à cette tendance. Les vieux paradigmes théoriques sont remis en question et remplacés ou transformés par des nouveaux. Le paradigme du postmodernisme a eu une influence considérable sur le féminisme et a soulevé un débat qui dure encore. De ce point de vue, l'âge de la modernité est passé, la science a trouvé ses limites, les problèmes sociaux, loin d'avoir été réglés, sont en fait devenus plus graves (McKay, 1999). D'après les postmodernistes, il n'y a pas une vérité unique, et la théorie, les concepts, le langage, les pratiques et même les valeurs sont influencés par le groupe social au pouvoir (Leonard, 1995). Cette conception implique que la théorie féministe est aussi une vérité en compétition avec les autres prétendants à la vérité actuels. Le postmodernisme a des conséquences dangereuses pour le mouvement féministe, qui pourrait voir la théorie qui le fonde devenir une théorie parmi d'autres (Valentich, 1996). Peut-être la contribution du postmodernisme, comme le souligne McKay (1999), sera-t-elle de montrer qu'il faut demeurer sceptique, jusqu'à un certain point, vis-à-vis de toutes les théories et ne jamais rien tenir pour acquis. Par exemple, il pourrait y avoir une meilleure reconnaissance de la complexité des identités féminines ou sexuelles qui laisserait place à d'autres interprétations des conduites de genre.

QUESTIONS

1. Pourquoi existait-il un besoin d'établir une pratique féministe en travail social ?
2. En quoi la théorie psychanalytique de Freud est-elle opprimante pour les femmes ?
3. Pourquoi est-il important, dans la pratique féministe, que la travailleuse sociale et la cliente soient en position d'égalité sur le plan du pouvoir ?
4. En quoi la phase de l'évaluation du processus d'intervention diffère-t-elle, dans la pratique féministe, de celle qui caractérise les approches plus traditionnelles ?
5. Quelle contribution la théorie et la pratique féministes ont-elles apportée à la profession en général ?
6. À quelle condition les hommes peuvent-ils devenir des intervenants féministes ?

> ### ➕ LECTURES SUGGÉRÉES

Blais, M., Pagé, G., Fortin-Pellerin, L. et Lampron, E.-M. (2007). Pour éviter de se noyer dans la (troisième) vague : réflexions sur l'histoire et l'actualité du féminisme radical. *Recherches féministes, 20*(2), 141-162.

Camirand, P. (1999). L'éthique féministe comme éthique de société. Dans G.-A. Legault, A. Rada-Donath et G. Bourgeault (dir.), *Éthique de société* (pp. 241-275). Sherbrooke, Québec : Éditions GGC.

Corbeil, C. et coll. (1983). *Intervention féministe : ses fondements théoriques*. Montréal, Québec : Éditions coopératives Albert Saint-Martin.

De Koninck, M. et coll. (1994). Interventions féministes : parcours et perspectives. *Nouvelles pratiques sociales, 7*(2), 155-169.

Gagnon, J. (2009). Pour que le féminisme introduise à l'égalité citoyenne. *Action nationale, 99*(5-6), 77-88.

Garceau, M.-L. (dir.) (1997). Visibles et partenaires. Pratiques et recherches féministes. *Reflets, 3*(2).

Oprea, D.-A. (2008). Du féminisme (de la troisième vague) et du postmodernisme. *Recherches féministes, 21*(2), 5-28.

Turcotte, P., Vézina, J.-F. et Bernard, F.-O. (2008). Développer une approche clinique sensible à la socialisation de genre des hommes s'appuyant sur l'analyse féministe de la violence conjugale par la recherche-action. Dans J. Lindsay et S. Genest Dufault (dir.), *Les réalités masculines : comprendre et intervenir*. Actes du colloque à Trois-Rivières de l'ACFAS 2007 (pp. 69-78). Québec, Québec : Masculinités et Société /CRI-VIFF.

Chapitre 11
L'approche interculturelle en contexte multiculturel

La question des communautés culturelles s'est complexifiée ces dernières années, posant des défis énormes, que ce soit au plan de l'intégration des nouveaux arrivants, de la gestion des rapports interculturels au sein de la société d'accueil ou de l'intervention auprès des membres des différentes minorités. Devant la diversité de cultures et de langues, le travailleur social doit posséder un minimum de connaissances sur le phénomène migratoire et la situation générale des différentes communautés ethnoculturelles vivant au pays. Il doit également composer avec une réalité importante que vivent les personnes immigrantes, soit la discrimination dont elles sont souvent victimes.

Quelques statistiques

Le Canada est un pays qui accueille beaucoup d'immigrants, et sa composition ethnique change continuellement. Au cours des 150 dernières années, plus de 14 millions de personnes ont immigré au Canada, et actuellement, près du cinquième (19,8 %) de la population canadienne, soit 6 186 950 personnes, est né à l'étranger. Il s'agit de la plus forte proportion enregistrée en 75 ans (Statistique Canada, 2006). À l'époque de la Confédération, en 1867, la population canadienne était surtout d'origine britannique (60 %) et française (30 %). Par contre, en 2006, à cause de la baisse de la natalité dans ces groupes et en raison de l'augmentation du taux d'**immigration** de non-Européens, les groupes d'origine européenne ne représentent plus que 16,1 % de tous les immigrants. En contrepartie, près de 58,3 % des immigrants proviennent d'un pays situé en Asie (incluant le Moyen-Orient), 10,6 % sont nés en Afrique, 10,8 % en Amérique centrale, en Amérique du Sud, dans les Antilles ou les Bermudes, et seulement 3,5 % viennent des États-Unis. Quelque cinq millions de personnes appartiennent à une minorité visible, ce qui représente 16,2 % de l'ensemble de la population canadienne (Statistique Canada, 2006).

> **Immigration**
> Action de venir s'installer et travailler dans un pays étranger de façon définitive ou pour une longue durée. (CNRTL)

Au Québec, le recensement de 2006 a dénombré 851 560 personnes immigrées, soit 11,5 % de la population totale, la plus forte proportion jamais enregistrée dans l'histoire de la province. En 2009, le Québec a accueilli près de 50 000 immigrants, soit un nombre supérieur à celui de 2008 et 2007 (environ 45 000 chaque année). Parmi ceux-ci, 69,7 % sont issus de l'immigration économique ; 20,7 % sont venus dans le cadre de la réunification familiale ; 8,2 % sont des réfugiés ou des personnes en situation semblable ; et 1,4 % ont émigré pour des motifs humanitaires et d'intérêt public. Quant à leur continent d'origine, 35,9 % viennent d'Afrique (dont 22,1 % du Maghreb), 25,1 % d'Asie, 21,8 % des Amériques (y compris les États-Unis) et 18,4 % d'Europe. En 2006, 654 350 personnes (8,8 %) appartenaient à une minorité visible (Ministère de l'Immigration et des Communautés culturelles, 2010).

Accommodement

Action de s'adapter avec facilité à une situation, de se prêter à des concessions (CNRTL).

Dans un ouvrage collectif sur l'intervention interculturelle, Rachédi (2008) fournit des statistiques récentes sur le phénomène migratoire au pays et décrit les principales caractéristiques des migrations actuelles : des migrations économiques à des fins de commerce, ou pour fuir la misère et croire en l'avenir ; des migrations politiques ou de refuge pour sauver sa vie.

À propos de la question des **accommodements** raisonnables, Anne Saris (2007) fournit des explications intéressantes d'un point de vue juridique. Elle donne quelques précisions essentielles pour comprendre ce qu'est ou n'est pas un accommodement raisonnable (le fondement juridique et le principe philosophique sous-jacent, la nature et la finalité). Elle décrit ensuite le processus qui conduit à l'acceptation ou au rejet d'une demande d'accommodement raisonnable : les obligations de la partie requérante et de la défense, la négociation, la recherche d'un compromis et l'aboutissement à des solutions *ad hoc* très détaillées. Elle aborde également la question des limites de l'accommodement raisonnable, parmi lesquelles on compte les facteurs de contrainte excessive, la nécessité de vérifier si les parties impliquées ont fait tout leur possible pour trouver un arrangement raisonnable, le respect de l'ordre public et des valeurs démocratiques québécoises et canadiennes, l'atteinte à la liberté d'autrui vue sous l'angle des conflits de droits fondamentaux, et la place de la religion dans l'espace public par rapport au principe de neutralité de l'État et au débat entourant la laïcité.

Discrimination

Traitement différencié et inégalitaire, appliqué à des personnes sur la base de critères variables (CNRTL).

L'un des défis posés aux organismes de service social est le fait que les membres des minorités culturelles sont souvent victimes de **discrimination**. Selon Herberg et Herberg (1995), la discrimination raciale persiste toujours : si, au Canada, le racisme structurel a été officiellement éliminé en 1982, avec l'entrée en vigueur de la Charte des droits et libertés de la personne, on y trouve encore deux formes de discrimination. La première est la discrimination institutionnelle, qui prend la forme de barrières et de comportements discriminatoires dans les institutions. Cette forme de discrimination empêche certaines catégories de personnes d'avoir accès aux services et aux ressources dont bénéficie le reste de la population. La seconde forme est la discrimination individuelle. Si, par exemple, le chef du personnel d'une entreprise entretient des préjugés à l'endroit d'une minorité culturelle donnée, il peut empêcher les membres de cette minorité d'avoir accès aux postes pour lesquels ils sont par ailleurs qualifiés, et ce, sans égard à la politique de l'entreprise. Cette forme de discrimination est illégale ; malheureusement, elle est difficile à détecter et encore plus difficile à prouver. André Jacob (1992) explique que les préjugés et les stéréotypes qui font des immigrants des « voleurs de *jobs* » sont tenaces. Les immigrants deviennent souvent des boucs émissaires lorsque la société est aux prises avec une crise économique ou une hausse du taux de chômage.

L'historique

Il n'y a pas si longtemps que la profession et les établissements de travail social se sont mis à modifier leurs services pour répondre aux besoins des immigrants. Jusque dans les années 1930, la plupart des Canadiens habitaient en milieu rural et chaque groupe ethnique vivait en autarcie des autres. La politique sociale de cette époque tenait pour acquise l'autosuffisance de la famille, et l'État n'intervenait pas, sauf dans les cas de misère extrême (Herberg et Herberg, 1995). Après 1930, les autorités religieuses des diverses minorités ethniques ont commencé à mettre en place des activités de loisir et de formation, par exemple l'enseignement des langues. Après la Seconde Guerre mondiale, la société canadienne s'est beaucoup transformée et les services informels dispensés par les autorités religieuses ont été de plus en plus intégrés aux organisations parrainées par les œuvres de charité. Jacob (1992) signale qu'au Québec, lors des travaux de la commission Castonguay-Nepveu à la fin des années 1960, personne ne se préoccupait de l'accessibilité aux services sociaux et de santé pour les groupes ethnoculturels minoritaires. On ne s'en est pas soucié non plus au moment de la réforme des services sociaux et de santé en 1972. Ce n'est qu'en 1981, avec le Comité d'implantation du plan d'accès à l'égalité à l'intention des communautés culturelles (CIPACC), que l'on a commencé à parler de l'importance de l'accessibilité aux services pour les minorités ethnoculturelles. Ce retard a de quoi surprendre, étant donné qu'en 1971 le gouvernement fédéral annonçait que le **multiculturalisme** était désormais une politique officielle au Canada.

Aujourd'hui, les modèles de pratique et les idéologies d'intervention dans le champ interculturel sont variés et appartiennent à plusieurs champs disciplinaires. C'est ce que Roy, Legault et Rachédi (2008) expliquent dans un chapitre sur les différentes idéologies relatives aux interventions auprès des migrants et les divers modèles de pratique rattachés soit à l'interculturalisme, soit à l'antiracisme, soit aux deux. Les auteures font un survol des quatre grands courants idéologiques relatifs à l'intégration des migrants : l'assimilationnisme, le multiculturalisme, l'interculturalisme et l'antiracisme.

Les auteures décrivent ensuite les cinq modèles de pratique se rattachant au troisième courant idéologique, l'approche interculturelle :

- le modèle de la sensibilité ou de la conscience culturelle (*cultural awareness*) ;
- le modèle du travail social interculturel (*cross cultural social work*) ;
- le modèle de l'approche interculturelle auprès des migrants ;
- le modèle basé sur le va-et-vient entre la culture du client et celle de l'intervenant ;
- le modèle de l'ethnopsychiatrie.

Les auteures présentent ensuite trois modèles de pratique se rattachant à la fois à l'approche interculturelle et à l'idéologie antiraciste :

- le modèle systémique adapté à la culture ;
- le modèle systémique familial ;
- le modèle du travail social culturellement sensible (*ethnic sensitive social work practice*).

Multiculturalisme

Politique gouvernementale proclamée par le gouvernement fédéral qui vise à reconnaître également tous les Canadiens en tant que participants dans la société canadienne.

Quant aux modèles de pratique rattachés au courant antiraciste, ils sont au nombre de deux: le modèle axé sur le concept de minorités (*minority issues*) et le modèle basé sur les rapports sociaux d'insertion.

Il est important d'insister sur les nombreux points communs à ces différents modèles dont, entre autres, l'importance du processus de distanciation par rapport à soi et à son système de valeurs, de même que la nécessité de prendre en considération les données structurelles qui influencent la situation du migrant. Roy, Legault et Rachédi (2008) formulent également quelques mises en garde, dont l'une des plus importantes consiste à éviter d'appréhender de manière extrêmement réductrice les réalités et les problèmes des immigrants sous l'angle unique des différences ou de l'appartenance ethnique. Elles insistent aussi sur la nécessité de poursuivre la réflexion et d'inventer de nouvelles approches, ainsi que sur le travail qui reste à faire pour rendre plus souples et flexibles les politiques actuelles du système public de services qui demeure encore très centralisé et standardisé.

Les fondements théoriques

La plupart des approches multiculturelles n'ont pas de base théorique spécifique et sont souvent éclectiques. Toutefois, nous croyons que la théorie des systèmes (Bertalanffy, 1956) s'applique très bien ici. Le groupe culturel d'un immigrant est un système. Les valeurs et les traditions de ce groupe sont les frontières du système. L'immigrant, en tant qu'élément du système, tend à respecter ces frontières et à se conformer aux valeurs et aux traditions de son groupe culturel. Le travailleur social qui doit intervenir auprès d'un client immigrant doit tenir compte des frontières du groupe culturel de ce client avant d'agir. Même chose si le travailleur social doit intervenir auprès de membres d'une minorité culturelle. Entre cette communauté et la société dominante, des conflits de valeurs peuvent surgir. Dans des situations où les valeurs et les traditions d'une minorité culturelle (le sous-système) vont à l'encontre des normes du groupe dominant (le système) – par exemple, si la minorité culturelle appuie l'usage des châtiments corporels envers les enfants –, le travailleur social qui fonde son action sur la théorie des systèmes sera porté à prendre le sous-système comme cible de l'intervention, c'est-à-dire la minorité culturelle en entier, au lieu d'un client à la fois.

Le modèle interculturel systémique, tel que présenté par Rachédi et Legault (2008), donne un bel exemple de l'application des principes de la théorie des systèmes à l'intervention auprès des membres des minorités culturelles (*voir la figure 11.1*). Ce modèle s'inspire de l'approche interculturelle de Cohen-Emerique (2000), enrichie de la perspective systémique écologique de Heffernan, Shuttlesworth et Ambrosino (1988). Comme le veut la théorie des systèmes, ce modèle permet de cerner les interactions entre tous les éléments du système et d'orienter l'intervention vers les différents niveaux de ce dernier.

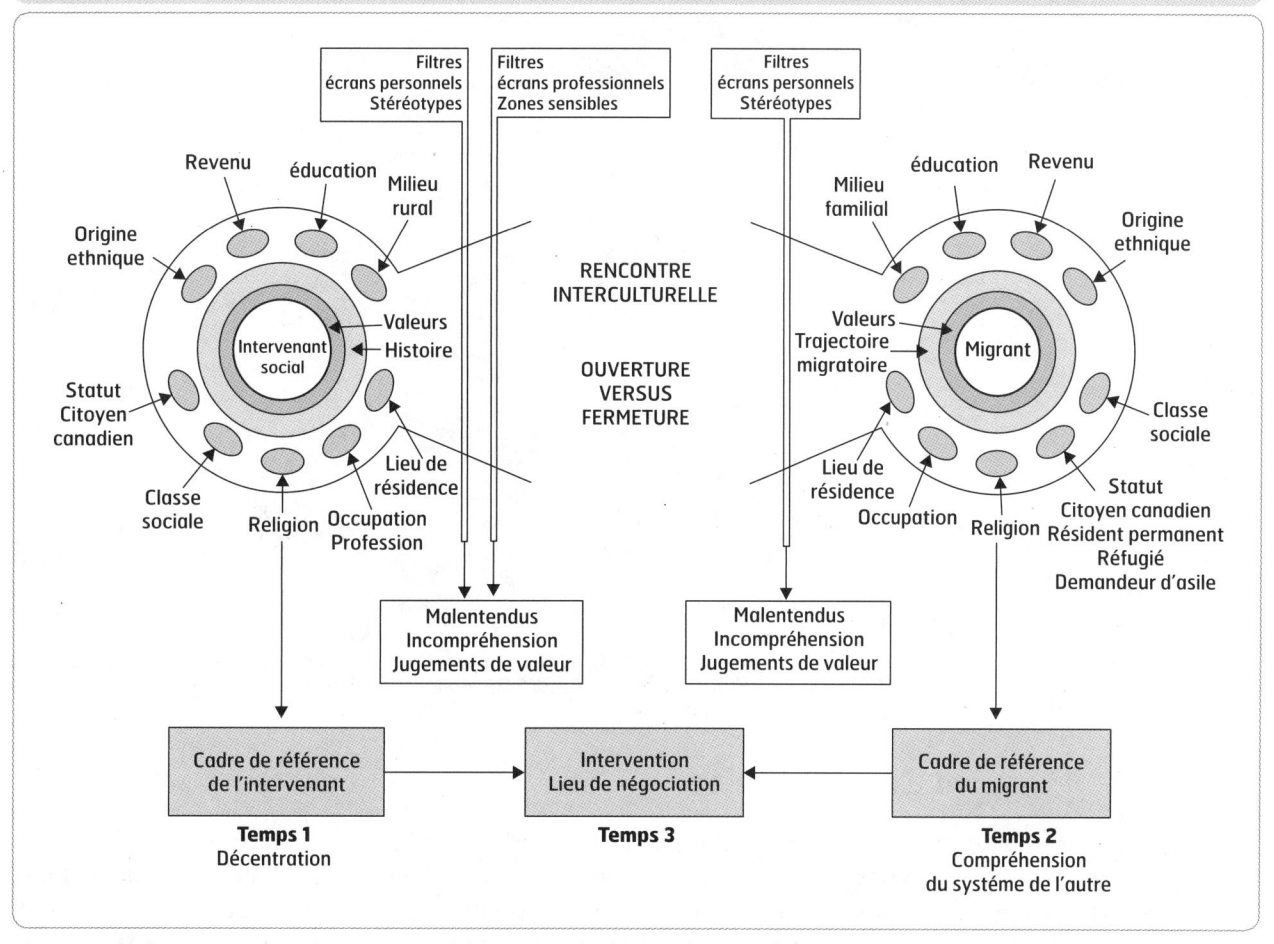

FIGURE 11.1 Le schéma de l'intervention interculturelle sur le plan de l'ontosystème

Source : Rachédi, L. et Legault, G. (2008). Le modèle interculturel systémique. Dans G. Legault et L. Rachédi (dir.), *L'intervention interculturelle* (p. 125). Montréal, Québec : Gaëtan Morin Éditeur, Chenelière Éducation. Adapté de Cohen-Emerique (2000).

Ce modèle met en lumière plusieurs systèmes qui évoluent selon leur proximité avec l'individu : celui de la personne (ontosystème), puis ceux des déterminants extérieurs, soit le microsystème, le mésosystème, l'exosystème et, enfin, le macrosystème (*voir la figure 11.2, page suivante*). Ce modèle doit s'inscrire dans une perspective historique qui tient compte à la fois de l'histoire de l'immigrant et de celle de l'intervenant, pour comprendre comment s'est construite l'identité de chacun au fil des années.

L'ontosystème

L'ontosystème désigne le système personnel du migrant et celui de l'intervenant. Pour comprendre son propre système et celui du migrant, l'intervenant doit procéder en trois temps : d'abord la décentration, ensuite la compréhension du système de l'autre, et enfin la négociation ou la médiation.

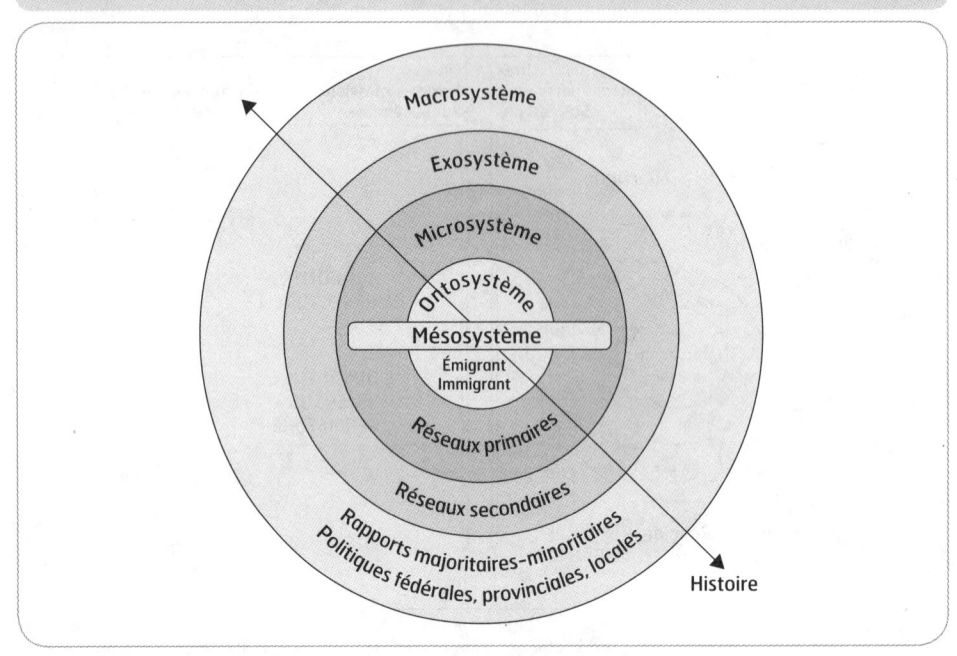

FIGURE 11.2 Les différents systèmes du modèle interculturel systémique

Source: Rachédi, L. et Legault, G. (2008). Le modèle interculturel systémique. Dans G. Legault et L. Rachédi (dir.), *L'intervention interculturelle* (p. 123). Montréal, Québec: Gaëtan Morin Éditeur, Chenelière Éducation. Adapté de Toro-Lara et Rachédi (2006).

Le microsystème

Le microsystème tient compte du réseau primaire, constitué d'individus qui ont des affinités personnelles dans un cadre non institutionnel (la famille, la parenté transnationale, les amis, les voisins). La connaissance de ces réseaux aide à cibler les possibilités d'entraide et de soutien dans le milieu de vie quotidien de l'immigrant.

Le mésosystème

Le mésosystème réfère aux interactions entre les personnes du microsystème, mais non aux interactions entre ces personnes et l'individu lui-même; il est donc constitué des relations entre sa famille éloignée et sa famille proche, ou entre sa famille et ses amis ou ses connaissances.

L'exosystème

L'exosystème se compose des réseaux secondaires, constitués de l'ensemble des personnes réunies autour d'une même fonction dans un cadre institutionnalisé (le monde du travail, l'école ou la garderie, le lieu de culte, les services publics, les organismes communautaires, les centres d'activités et de loisirs, le quartier et le logement). Des réseaux secondaires non formels peuvent aussi en faire partie, tels des groupes réunissant des gens ayant des affinités culturelles.

Le macrosystème

Le macrosystème regroupe différents facteurs sociétaux, telles les attitudes culturelles et les valeurs qui ont cours dans la société d'accueil (par rapport aux femmes, aux minorités, aux pauvres, à la violence, etc.). Ce niveau inclut aussi le rôle des médias dans les problèmes sociaux, ainsi que les législations fédérale et provinciale, et d'autres politiques sociales. Il comprend l'ensemble des éléments qui ont un impact sur la vie quotidienne des immigrants.

Selon Rachédi et Legault (2008), il est primordial que le travailleur social resitue ses interventions dans le cadre de ces différents contextes, en vue de mieux saisir les enjeux liés à l'immigration et de poser un regard critique sur les politiques relatives à la gestion de l'immigration, notamment les politiques canadienne et québécoise du multiculturalisme et de la convergence culturelle, ainsi que les politiques d'accueil et d'intégration.

Le principal avantage de ce modèle est de proposer une vision globale et intégrée des principales dimensions qui influencent l'intégration des immigrants et des réfugiés (Rachédi et Legault, 2008). Le travailleur social dispose ainsi d'une grille de lecture pour mieux comprendre la situation de l'immigrant et intervenir plus efficacement. Ce modèle lui permet d'en considérer les dimensions subjective, relationnelle, objective et contextuelle sans perdre de vue les rapports majorité-minorités ni l'importance de l'histoire.

Rachédi et Legault (2008) reconnaissent toutefois que ce type d'approche peut avoir des limites importantes, surtout en ce qui concerne le macrosystème, où l'erreur fondamentale des interculturalistes a trop souvent été de se limiter au seul terrain culturel et d'évacuer de l'analyse l'histoire, l'économie et la politique, qui influencent pourtant les réflexes culturels d'une population. On ne peut ignorer les rapports majorité-minorités qui s'établissent au plan macrosystémique dans toutes les institutions et les interactions. Mais tout en tenant compte de ces rapports, le risque existe de faire l'erreur de se limiter, de manière presque inconsciente, à des équations simplistes et réductrices, et de diviser le monde en deux : l'Occident moderne (riche et récepteur d'immigrants) d'un côté, les pays non occidentaux dits traditionnels de l'autre (en voie de développement ou sous-développés, et pourvoyeurs d'immigrants). Ces équations, loin de refléter la réalité, négligent l'hétérogénéité des sociétés et des communautés, d'un côté comme de l'autre. Le danger que représentent ces visions réductrices est la perpétuation de perceptions erronées de l'autre, qui font fi de sa complexité. Le travailleur social, rappellent Rachédi et Legault (2008), doit toujours être conscient de ce dérapage possible et ne jamais oublier que sa propre appartenance culturelle et identitaire peut fausser sa compréhension de celle des autres.

Notons qu'il existe d'autres approches en matière d'intervention auprès des communautés culturelles, telle l'approche ethnopsychiatrique de Devereux et Nathan, ainsi que des outils pratiques comme la grille d'évaluation en approche interculturelle, l'ÉCOMAP, le génogramme, la grille des valeurs et des croyances appliquée à des difficultés d'intervention.

Les concepts clés

L'intervention interculturelle soulève une grande question : si l'on veut s'ouvrir aux autres, différents de nous, doit-on pour autant renoncer à ses propres valeurs, à sa propre identité ? Ce problème est loin d'être simple à résoudre.

Face à la réalité du multiculturalisme, la profession du travail social a dû adapter ses approches pour répondre aux besoins des clients. Un des concepts clés mis en application est la sensibilisation du travailleur social à la culture du client. Pour permettre cette sensibilisation, il faut que le travailleur social commence par devenir conscient de sa propre culture et de ses valeurs et traditions sous-jacentes. À défaut d'être sensibilisé, il risque, sans le savoir, d'imposer ses propres valeurs à son client. Ce n'est qu'en étant conscient de sa propre culture et de celle du client que l'on est en mesure d'aider ce dernier (Herberg et Herberg, 1995).

Depuis plusieurs années maintenant, les théoriciens et praticiens en relations humaines ont redoublé d'efforts en matière de formation interculturelle afin de fournir des services plus adéquats aux personnes issues de cultures diverses. C'est dans cet esprit que s'inscrivent les travaux de Mvilongo (2001, 2007) sur les principaux modèles d'intervention sociale en contexte multiethnique et multiculturel. Pour cet auteur, des problèmes peuvent découler du fait que le travailleur social représente la culture dominante – qui est aussi celle de sa profession – aux yeux de la population ethnoculturelle, qui perçoit cette culture comme dominatrice et oppressive, plutôt que simplement différente. La solution requiert selon lui une réflexion portant sur l'intervention dans une société multiculturelle, source d'une réalité interculturelle.

Dans son livre *Pour une intervention sociale efficace en milieu interculturel*, Mvilongo-Tsala (2001), fondant son raisonnement sur le double concept de centration et décentration culturelles, insiste sur le fait qu'une décentration culturelle est nécessaire pour que les praticiens en intervention sociale puissent comprendre et surtout aider leurs clients. L'auteur évoque une démarche paradoxale où la personne est invitée, dans un premier temps, à reconnaître les traditions et les valeurs de sa propre culture (centration) pour, dans un second temps, s'ouvrir à la culture de l'autre (décentration).

La centration culturelle

Dans un premier temps, « la centration culturelle est le double phénomène qui consiste à valoriser les réactions et les aspirations du groupe auquel on appartient et à dévaloriser celles des autres groupes. On surestime son groupe et on sous-estime l'autre » (Mvilongo, 2007, p. 392). Selon Mvilongo, les intervenants ont beau avoir tendance à parler de leurs interventions, c'est leur sous-culture dominante ou leur culture professionnelle qui déterminent, dans une large mesure, leur pratique. Ils sont « sociocentrés », selon la terminologie employée par Mvilongo. Au départ, l'intervenant se place au centre de ses perceptions, et c'est à partir de là qu'il élabore ses jugements sur la culture des autres. Il a ainsi l'illusion d'être en possession d'un savoir objectif, présuppose qu'il n'a pas de préjugés et ignore l'ampleur de sa subjectivité personnelle et sociale. La formation à l'intervention interculturelle doit donc amener l'intervenant à réfléchir sur sa culture d'appartenance, afin de diminuer les effets de son sociocentrisme, et ainsi être plus à même de s'ouvrir aux autres systèmes de valeurs qui affectent son comportement et son idéologie.

La décentration culturelle

Dans un deuxième temps, « la décentration culturelle est une démarche scientifique permettant à l'individu de saisir l'autre en tant que lui-même, réduisant ainsi la part de la subjectivité » (Mvilongo, 2007, p. 392). Cette démarche contraint le travailleur social à faire face à ce qu'il considère comme des évidences. L'intervenant est en droit de s'attendre à ce que la formation reçue le prémunisse contre son ethnocentrisme et contre le risque que celui-ci induise une perception déformée de la réalité. Le danger, explique Mvilongo, est qu'à ce sociocentrisme déformant corresponde un sociocentrisme pratique uniformisant de la culture ou de la sous-culture dominante. Le travailleur social doit s'interroger dès le départ afin de prendre conscience des bases culturelles du style de vie de la société d'origine de la personne à aider. Bien sûr, personne ne peut prétendre à la décentration complète, mais chacun peut tendre vers une décentration relative.

Le sociocentrisme identitaire

Le sociocentrisme identitaire est une nécessité, car on ne saurait se décentrer sans connaître son propre centre et sans adhérer à ses valeurs. L'intervention sociale doit reconnaître que les valeurs de notre société fondent notre identité (de classe, nationale, professionnelle, etc.), selon Mvilongo. Il existe un sociocentrisme identitaire qu'il ne faut pas briser, sous peine de produire des individus sans ancrage, sans racines, sans attaches. Le défi de la pratique du travail social avec une communauté minoritaire, explique cet auteur, consiste à maintenir les valeurs fondamentales de la culture d'accueil (démocratie, liberté, importance de l'individu et de ses droits, égalité homme-femme), tout en s'appuyant sur la mentalité et les coutumes propres aux divers groupes culturels. Cet équilibre est difficile à atteindre et demeure toujours fragile (Mvilongo, 2007).

L'interculture ainsi atteinte est de plus en plus présente dans nos sociétés, et l'identité culturelle doit inclure aussi parfois une identité d'adoption, c'est-à-dire la reconnaissance de la richesse culturelle de l'autre.

En plus de se sensibiliser à une autre culture, le travailleur social doit comprendre que chaque client est unique par rapport à la façon dont il s'adapte à la culture dominante et au temps nécessaire à l'adaptation. Il l'est aussi par rapport à sa culture d'origine. Ainsi, il est périlleux de réduire une personne à son origine culturelle. Bien qu'elle soit née au sein d'une culture donnée, cette dernière n'est pas homogène et elle se caractérise par des rapports de classes sociales, de genre ou de sous-groupes culturels parfois difficiles à distinguer pour l'intervenant. De plus, toute personne a une singularité qui la rend autonome vis-à-vis de sa culture d'origine.

Des immigrants peuvent être bien intégrés dès la première génération, tandis que d'autres ne le seront qu'à la deuxième ou à la troisième génération. Le travailleur social doit accepter que, même après deux générations, un membre d'une minorité culturelle puisse encore privilégier la religion, les tendances politiques, la langue et les traditions de sa culture d'origine (Herberg et Herberg, 1995); c'est souvent là un outil important de protection contre la vulnérabilité inhérente à l'expérience migratoire. Il est possible que le travailleur social voie cette identification à la culture d'origine comme une barrière à l'intégration à la culture dominante. Le travailleur social a besoin d'une formation spéciale pour comprendre le processus d'intégration et être capable d'intervenir de façon efficace.

Il est intéressant de noter que les divers principes de l'intervention interculturelle sont transférables vers d'autres clientèles pour qui les valeurs, la culture ou les caractéristiques communautaires sont particulières (communauté sourde, populations autochtones, etc.).

Enfin, il faut distinguer le concept de multiculturalisme, prévalant au Canada anglais, de l'interculturalisme en usage au Québec. Le premier s'appuie sur le principe de la présence de communautés distinctes, autonomes, qui ne cherchent pas à se transformer, chacune vivant comme elle l'entend. L'interculturalisme pose la nécessité de la transformation mutuelle de la société d'accueil et des personnes immigrantes autour d'un corpus commun de valeurs (égalité homme-femme, équilibre linguistique, etc.). Dans les deux cas, le cadre juridique (la Constitution canadienne et sa Charte) établit des mécanismes de protection des individus contre les discriminations.

Les techniques d'intervention

Voyons maintenant comment ces fondements théoriques et ces concepts clés se traduisent dans les techniques d'intervention. Chaque immigrant arrive au Canada avec un répertoire de caractéristiques culturelles couvrant tous les aspects de la vie de la personne. Pour aider à comprendre un peu la diversité culturelle, Herberg et Herberg (1995) ont élaboré un modèle d'évaluation des valeurs de base de la personne. Ils font une distinction entre les gens qu'ils appellent de « haut contexte » et ceux qu'ils appellent de « bas contexte ». Les personnes de haut contexte ont été socialisées dans un milieu où les attentes de la communauté et les relations entre les gens, dès la naissance, sont très clairement définies. Par opposition, les personnes de bas contexte ont été socialisées dans un milieu où les attentes sont beaucoup moins claires ou plus ouvertes. Le tableau 11.1 fournit quelques exemples de différences entre les valeurs.

En faisant la distinction entre une personne de haut contexte et une personne de bas contexte, on peut ajuster l'évaluation à la situation singulière. Par exemple, s'il s'agit d'une personne de haut contexte, l'intervention peut être dirigée vers la famille étendue et devrait tenir compte de la hiérarchie qui existe au sein de la famille ou de la communauté. Dans le cas d'une personne de bas contexte, l'intervention vise surtout l'individu. Il importe de

TABLEAU 11.1 Les valeurs de haut et de bas contexte

Les valeurs de haut contexte	Les valeurs de bas contexte
L'unité familiale est centrale.	L'individu est central.
Les membres sont organisés selon une hiérarchie.	Les membres sont égalitaires.
Les hommes et les femmes sont isolés.	Les hommes et les femmes sont intégrés.
La société est religieuse.	La société est laïque.
Les traditions ne sont pas remises en question.	Les traditions sont remises en question.

rappeler que, malgré cette classification, toute situation demeure complexe et ne peut se réduire à des catégories trop générales qui représentent un risque d'étiquetage social.

L'intervention, dans les différents groupes culturels, peut emprunter plusieurs voies. Matsuoka et Sorenson (cités dans Herberg et Herberg, 1995) en ont relevé quatre. La première est l'approche générique : ici, un établissement de service social offre un seul type de service pour répondre aux besoins de tous les clients, même ceux qui sont issus de groupes minoritaires. Une autre voie est la création, par les communautés minoritaires, de leurs propres organismes, parallèlement à l'établissement destiné au groupe dominant. Une troisième voie consiste à aménager un établissement de service social multiculturel, qui adapte ses services de manière à répondre aux besoins propres à chaque groupe ethnique. Finalement, la quatrième possibilité est la présence, dans un établissement de service social, d'intervenants issus de différentes communautés culturelles. À ces quatre voies, Herberg et Herberg (1995) en ajoutent une cinquième : il s'agit des cas où un établissement, générique ou multiculturel, établit des partenariats avec les organismes des minorités ethniques pour favoriser un partage des ressources et des connaissances. Au Québec, les établissements publics se rapprochent de la quatrième voie, avec des expertises développées en contexte urbain. Il existe d'ailleurs de nombreuses organisations communautaires, à base ethnique ou interculturelle, qui offrent des services spécialisés, mais surtout en ville.

Rachédi (2007) présente quelques principes clés pour une intervention émancipatoire auprès des immigrants, permettant de leur donner la parole, de les sortir de l'invisibilité et du manque de reconnaissance, de les faire participer activement à la société, de favoriser leur liberté et leur affranchissement, et aussi de former des intervenants libres de poser des actions conformes à leurs valeurs, à une certaine éthique et à un projet de société. Ces trois principes clés d'une pratique sociale émancipatoire sont :

- la réhabilitation des histoires de vie des migrants, afin d'aller chercher la réalité construite et son sens au plus près des acteurs, et d'échapper aux savoirs constitués *a priori* et aux pouvoirs dominants (Rachédi, 2007);

- la reconnaissance du « nous familial », qui permet d'éviter une approche individualisante (Rachédi, 2007);
- la prise en compte du savoir et du potentiel des personnes immigrantes, plutôt qu'une problématisation de la situation vécue, afin d'éviter d'interpréter ou de justifier tout problème par la culture, dès lors considérée comme étant statique, rétrograde ou contraignante, et de s'attarder davantage sur la complexité des situations, tout en valorisant les pratiques, les savoirs et les stratégies de ces populations (Rachédi, 2007).

✓ ÉTUDE DE CAS

L'exemple suivant montre comment un établissement peut intervenir auprès d'un client en s'inspirant de la théorie des systèmes et en respectant la culture du client.

La famille Saint-Pierre est composée de la mère, Marie-Louise, âgée de 25 ans, du père, Édouard, 29 ans, et de leurs deux enfants, Sébastien, 3 ans, et Nicolas, 4 ans. La famille Saint-Pierre, d'origine haïtienne, habite un logement de quatre pièces à Sudbury, en Ontario. Marie-Louise et ses deux enfants sont arrivés au Canada en juillet dernier. Avant de s'installer à Sudbury, Édouard, qui allait passer les étés à Haïti avec sa famille, a habité deux ans Montréal, où il a complété une maîtrise en administration à l'École des hautes études commerciales, puis Québec, pour faire un doctorat en économie à l'Université Laval. La famille Saint-Pierre est venue à Sudbury parce qu'Édouard a reçu une offre d'emploi de l'Université Laurentienne.

Le service familial de Sudbury est intervenu à la suite d'une demande d'aide faite par Marie-Louise. Celle-ci a téléphoné au service et a parlé à la travailleuse sociale responsable de l'accueil. Elle s'est plainte d'être à bout de forces et de patience. Elle a expliqué que ses deux garçons se querellent constamment. Elle ne sait comment les discipliner et se sent impuissante et isolée. Quand elle habitait Port-au-Prince, toute sa famille étendue vivait autour d'elle et il se trouvait toujours quelqu'un pour garder les garçons pendant qu'elle sortait faire des courses ou simplement reprendre son souffle. À Sudbury, par contre, mis à part son mari, elle ne connaît personne. Elle a précisé qu'elle n'aime pas Sudbury et qu'elle pense laisser son mari et retourner à Haïti avec ses enfants.

Hélène, une travailleuse sociale du service d'aide aux familles, a pris en charge le dossier. Quand elle a demandé à Marie-Louise si son mari était au courant de la situation, celle-ci a répondu qu'elle lui en avait déjà parlé, mais que, comme il doit terminer sa thèse de doctorat pour obtenir sa permanence, il a dit qu'elle devait se débrouiller sans lui. Elle a ajouté qu'elle se sentait coupable d'avoir besoin d'aide, car elle considère que le soin des enfants est sa responsabilité. À Haïti, ce sont les femmes qui prennent soin des enfants.

Hélène a vite compris que Marie-Louise se sent isolée, qu'il lui manque un réseau d'appui et qu'elle a besoin de quelqu'un qui comprenne la culture haïtienne. Le service d'aide aux familles de Sudbury est un établissement de type générique, qui n'offre qu'une seule approche à ses clients. Cependant, Hélène sait qu'il existe à Sudbury un club social haïtien.

Ce club est petit et n'offre pas de programmes d'activités, sauf quelques soirées sociales destinées à ses membres. Toutefois, ce groupe pourrait constituer pour Marie-Louise un réseau d'appui qui l'aiderait à se sentir moins isolée. Hélène a soumis l'idée d'entrer en contact avec ce club à Marie-Louise, qui a accepté en disant qu'elle n'avait rien à perdre. Hélène a téléphoné à la présidente du groupe, qui lui a dit qu'elle appellerait Marie-Louise pour l'inviter chez elle à prendre un café.

Deux semaines plus tard, à la rencontre suivante, Marie-Louise apprend à Hélène qu'elle a fait la connaissance de la présidente du club social et qu'elle a déjà participé à une soirée. Elle a trouvé les membres très gentils, et certaines personnes lui ont offert de garder ses garçons pour lui permettre d'avoir du temps pour elle.

Hélène a estimé que le contact entre Marie-Louise et le club social pouvait répondre au besoin d'un réseau d'appui manifesté par sa cliente. Elle sait qu'il reste d'autres problèmes à régler, par exemple les difficultés de communication dans le couple. Cependant, Hélène a voulu respecter la position de Marie-Louise au sujet de son rôle dans la famille et, par conséquent, elle ne s'est pas occupée du fait qu'Édouard refuse d'aider Marie-Louise dans l'éducation des garçons.

! CRITIQUE

Le cas de la famille Saint-Pierre présenté ci-dessus est un exemple un peu simple et risque de donner l'impression que la pratique interculturelle est essentiellement une question de volonté de la part du travailleur social en ce qui concerne le respect des valeurs et des traditions du client. En fait, la pratique interculturelle est très complexe. L'Ordre professionnel des travailleurs sociaux du Québec la décrit comme « une forme de remise en question de l'intervention traditionnelle » (Matthey et coll., cités dans Roy, 1992, p. 61). Roy (1992) souligne que la profession manque toujours d'outils adéquats de collecte de données, qui permettraient d'aller plus loin que les formulaires standardisés de l'établissement. Jacob (1992) ajoute qu'après plusieurs années de débats au sujet de l'intervention sociale, la profession est encore loin de l'idéal à atteindre en la matière. D'après lui, « il faut déployer les grandes voiles si nous voulons avancer plus vite et rattraper le temps perdu ».

? QUESTIONS

1. Les personnes des minorités visibles sont-elles bien traitées au Canada ? Expliquez.
2. Pourquoi la profession du travail social a-t-elle mis tant de temps à s'adapter à la réalité multiculturelle ?
3. Avant d'être sensible aux autres cultures, qu'est-ce qu'un travailleur social doit faire ?
4. Quels sont les enjeux de l'équilibre entre le respect des valeurs des immigrants et celui des valeurs de la société d'accueil ?

+ LECTURES SUGGÉRÉES

Baines, D. (dir.) (2007). *Doing Anti-oppressive Practice : Building Transformative, Politicized Social Work*. Black Point, Nouvelle-Écosse : Fernwood Publishing.

Bélanger, M. (2002). L'intervention interculturelle : une recherche de sens et un travail du sens. *Service social, 49*(1), 70-93.

Bertalanffy, L. von (1956). General Systems Theory. *General Systems Yearbook, 1*(4).

Cohen-Emerique, M. (2000). L'approche interculturelle auprès des migrants. Dans G. Legault (dir.), *L'intervention interculturelle* (pp. 160-184). Montréal, Québec : Gaëtan Morin Éditeur.

Communication Canada (2001). *Le Canada – une mosaïque multiculturelle dynamique.* Repéré à http://infocan.gc.ca/facts/imming_f.html.

Heffernan, J., Shuttlesworth, G. et Ambrosino, R. (1988). *Social Work and Social Welfare: An Introduction.* Saint Paul, Minnesota: West Publishing.

Herberg, D. C. et Herberg, E. N. (1995). Canada's Ethno-Racial Diversity: Policies and Programs for Canadian Social Welfare. Dans J. C. Turner et F. J. Turner (dir.), *Canadian Social Welfare* (pp. 165-178), Scarborough, Ontario: Allyn and Bacon.

Jacob, A. (1992). Services sociaux et groupes ethnoculturels: le débat et les pratiques au Québec. *Nouvelles pratiques sociales, 5*(2), 19-24.

Leman, M. (1999). *Le multiculturalisme canadien.* Repéré à www.parl.gc.ca/information/library/PRBpubs/936-f.htm.

Mvilongo, A. (2007). Réalités interculturelles et intervention sociale. Dans H. Dorvil et R. Mayer (dir.), *Problèmes sociaux.* Tome II. *Études de cas et interventions sociales* (pp. 387-404). Québec, Québec: Presses de l'Université du Québec.

Mvilongo-Tsala, A. (2001). *Pour une intervention sociale efficace en milieu interculturel.* Paris: L'Harmattan.

Rachédi, L. (2007). Enseigner l'intervention sociale en contexte interculturel. Dans H. Dorvil (dir.), *Problèmes sociaux.* Tome IV. *Théories et méthodologies de l'intervention sociale* (pp. 367-384). Québec, Québec: Presses de l'Université du Québec.

Rachédi, L. (2008). Le phénomène migratoire: politiques et diversité. Dans G. Legault et L. Rachédi (dir.), *L'intervention interculturelle* (pp. 7-42). Montréal, Québec: Gaëtan Morin Éditeur, Chenelière Éducation.

Rachédi, L. et Legault, G. (2008). Le modèle interculturel systémique. Dans G. Legault et L. Rachédi (dir.), *L'intervention interculturelle* (pp. 121-142). Montréal, Québec: Gaëtan Morin Éditeur, Chenelière Éducation.

Roy, G. (1992). Devons-nous avoir peur de l'interculturel institutionnalisé? *Nouvelles pratiques sociales, 5*(2), 53-64.

Roy, G., Legault, G. et Rachédi, L. (2008). Les modèles de pratique et les idéologies d'intervention. Dans G. Legault et L. Rachédi (dir.), *L'intervention interculturelle* (pp. 101-119). Montréal, Québec: Gaëtan Morin Éditeur, Chenelière Éducation.

Saris, A. (2007). L'obligation juridique d'accommodement raisonnable. Dans H. Dorvil (dir.), *Problèmes sociaux.* Tome IV. *Théories et méthodologies de l'intervention sociale* (pp. 385-425). Québec, Québec: Presses de l'Université du Québec.

Sites Web à consulter

Institut interculturel de Montréal
www.iim.qc.ca

Association pour la recherche interculturelle (ARIC)
www.unifr.ch/ipg/ARIC/Ouverture.html

Groupe d'information et de soutien des immigrés (GISTI)
www.gisti.org

Ministère de l'Immigration et des Communautés culturelles du Québec
www.micc.gouv.qc.ca

Ministère de la Citoyenneté et de l'Immigration du Canada
www.cic.gc.ca

La fondation de la tolérance
www.fondationtolerance.com

Conseil des relations interculturelles
www.conseilinterculturel.gouv.qc.ca

Amnistie internationale
www.amnistie.ca

Commission de l'immigration et du statut de réfugié du Canada
www.irb-cisr.gc.ca

Conseil canadien pour les réfugiés
www.ccrweb.ca

Haut Commissariat des Nations unies pour les réfugiés
www.unhcr.ch

Human Rights Internet
www.hri.ca

Organisation mondiale contre la torture (OMCT)
www.omct.org

Table de concertation des organismes au service des personnes réfugiées et immigrantes (TCRI)
www.tcri.qc.ca

Chapitre 12
L'approche amérindienne, la roue médicinale : l'intervention en contexte autochtone

La pratique du travail social auprès des peuples autochtones a connu plusieurs changements significatifs dans les dernières décennies. La profession est passée d'une intervention ayant un effet d'assimilation à une intervention mieux adaptée, apparentée à l'approche interculturelle présentée précédemment. Tout en étant très positifs, ces changements n'ont cependant pas réussi à modifier fondamentalement l'enseignement et l'intervention du travail social auprès des autochtones. La profession tarde à reconnaître l'importance d'un programme d'études qui inclurait l'enseignement d'un modèle d'intervention spécifique aux besoins des autochtones. Nous voulons, dans ce chapitre, sensibiliser le lecteur à des approches alternatives d'intervention valorisées en contexte autochtone, en donnant l'exemple de la roue médicinale, un modèle traditionnel de guérison.

L'historique

Assimilation
Processus par lequel un individu d'une culture minoritaire est absorbé par une collectivité de la culture dominante.

Les services sociaux étaient, jusqu'à récemment, fournis aux autochtones de façon paternaliste et avec une certaine indifférence sur le plan culturel. L'**assimilation** des Premières Nations à la culture dominante constituait par conséquent un effet de l'intervention. La plupart des travailleurs sociaux agissant auprès des autochtones étaient de race blanche, de souche européenne et passablement ignorants de la question des peuples autochtones. Tout en ayant les meilleures intentions du monde, ces travailleurs sociaux croyaient vraiment que ces peuples s'en tireraient mieux s'ils adoptaient les valeurs et les coutumes de la société nord-américaine.

En 1980, Philip Hepworth, travaillant pour le Conseil canadien du développement social, publiait les résultats d'une importante recherche sur les soins nourriciers et l'adoption au Canada. Il démontrait clairement la surreprésentation des enfants autochtones dans le système d'aide sociale dans chacune des provinces. Cette étude reste une des références les plus citées dans le domaine de l'aide à l'enfance au pays.

Une autre étude, menée par Patrick Johnston et publiée en 1983, *Native Children and the Child Welfare System*, a eu, elle aussi, une incidence non négligeable sur la prestation de services d'aide destinés aux enfants autochtones. L'auteur, en se servant des données du recensement canadien, parle même de « *sixties scoop* » en faisant allusion aux politiques en vertu desquelles les enfants autochtones étaient retirés de leur communauté durant les années 1960. Cette recherche est souvent évoquée lorsqu'on parle de la nécessité du contrôle, par les peuples autochtones, de leur propre système d'aide à l'enfance.

Aujourd'hui, la pratique consistant à retirer presque automatiquement l'enfant de son milieu familial ou de sa réserve pour le placer dans une famille de race blanche loin de sa communauté est moins fréquente. La plupart des provinces reconnaissent qu'il est important de respecter l'héritage de l'enfant. En Ontario, cette reconnaissance est même inscrite dans la *Loi sur les services à l'enfance et à la famille* de 1984.

Il est évident que, pendant longtemps, le peuple dominant n'a pas tenu compte de l'héritage culturel et des traditions des nations autochtones, quand elle ne les considérait pas avec mépris. Mais la situation a changé et, de nos jours, les gouvernements et les travailleurs sociaux encouragent et soutiennent la création de programmes de prévention qui sont culturellement appropriés. Ces programmes visent notamment les mauvais traitements que subissent les enfants des communautés autochtones, mais aussi l'intervention auprès des femmes autochtones, et considèrent par exemple les modalités traditionnelles de justice réparatrice.

Certes, des améliorations sont encore nécessaires, notamment en ce qui concerne la formation en travail social qui, comme nous l'avons mentionné précédemment, n'accorde pas la place qui revient à ce groupe particulièrement marginalisé de la population. À quelques exceptions près, les étudiants en travail social se familiarisent surtout avec les modèles traditionnels d'intervention, qui sont essentiellement ethnocentriques, c'est-à-dire fondés sur les valeurs de la culture blanche nord-américaine. Les diplômés de ces programmes travaillent en s'inspirant de ces modèles et ne tiennent pas compte des différences culturelles et des traditions des minorités ethniques, y compris celles des peuples des Premières Nations.

La situation des nations autochtones du Québec

Définir qui sont les autochtones n'est pas aussi simple qu'il y paraît. Pourtant, cela est nécessaire si l'on veut comprendre les particularités de l'intervention auprès de cette population, compte tenu de la gravité des problèmes sociaux qui affectent ces communautés. Aline Sabbagh (2007, 2008) a étudié l'intervention en santé mentale auprès des autochtones du Québec. Selon elle, le terme « autochtone » recouvre une diversité de cultures, de langues, de traditions, de styles de vie et de croyances, mais sous-entend aussi des similitudes historiques qui ont amené au sein de ces populations des changements rapides sur les plans culturel, politique, socioéconomique et sanitaire. Il est indispensable que tous les intervenants comprennent les conséquences du **colonialisme** sur le bien-être psychologique et social des nations autochtones et connaissent la conception culturelle et traditionnelle que partagent ces peuples de la santé, du mieux-être et de la guérison (Sabbagh, 2008).

Colonialisme
Idéologie justifiant et prônant la colonisation de territoires hors des frontières nationales.

Au 31 décembre 2006, la population des Premières Nations au Québec se chiffrait à 69 749 personnes inscrites sur les listes gouvernementales, selon les données du ministère des Affaires indiennes et du Nord canadien. Sur ces

69 749 personnes, 48 975 (70,2 %) habitaient dans une réserve, alors que 20 774 (29,8 %) vivaient dans un centre urbain. Au total, le Québec compte 10 nations autochtones : Abénakis, Algonquins, Attikameks, Cris, Hurons-Wendat, Malécites, Micmacs, Mohawks, Innus (auparavant appelés « Montagnais »), Naskapis et Inuits. Un peu moins du tiers d'entre eux habitent, par choix ou par nécessité (travail, études, soins, etc.), dans un centre urbain (Québec, Montréal, Gatineau, La Tuque, Val-d'Or, Chibougamau et Loretteville). Ces nations sont divisées en 55 communautés autochtones réparties sur l'ensemble du territoire québécois. Ce chiffre comprend 14 communautés inuites établies le long des côtes des baies d'Hudson et d'Ungava et 41 communautés amérindiennes résidant dans des réserves, qui sont généralement administrées par un conseil de bande. Aux autochtones inscrits s'ajoutent les Métis (gens qui ont à la fois des ancêtres autochtones et européens), dont plus des deux tiers vivent en milieu urbain (Sabbagh, 2008).

Dans un survol historique des Premières Nations, avant et après l'arrivée des premiers colons, on constate que les causes des traumatismes subis par les autochtones sont multiples et datent de plusieurs siècles : guerres, épidémies, dépossession territoriale, colonisation, sédentarisation forcée, évangélisation, éducation obligatoire dans des pensionnats, conversion aux valeurs des colonisateurs, prohibition des langues, des rites et des cérémonies culturelles traditionnelles, abus physiques, psychologiques et sexuels, etc. Cette assimilation forcée à la culture dominante, encadrée par des lois discriminatoires, a laissé des blessures et des séquelles importantes sur les plans économique, sociologique, biologique, psychologique et spirituel. Si les effets ont été différents et d'intensité variable d'une communauté à l'autre, on observe un peu partout un effritement du tissu social, un appauvrissement et une atténuation de la culture et des traditions, une perte des repères culturels, identitaires et moraux. Ce processus d'**acculturation** et de **déculturation** est illustré par les propos d'un autochtone rapportés par Sabbagh (2007, p. 241) :

> Tous les jours de la semaine, de 9 h à 5 h je suis devant mon ordinateur, je fais des transactions, je discute avec des gens importants. La fin de semaine, je vais dans le bois, je chasse ou je trappe comme mes parents ou mes grands-parents le faisaient, mais moi... qui suis-je dans tout ça ? Je me sens partagé entre ces deux mondes.

Ces souffrances et traumatismes se transmettent de génération en génération. Il n'est pas étonnant que la situation actuelle soit si dramatique en ce qui concerne l'état de santé mentale des autochtones. La détresse psychologique, l'anxiété et la dépression sont des problèmes majeurs au sein de ces communautés. Dans beaucoup trop de cas, ces difficultés se manifestent par des comportements destructeurs, de la violence implosive (idées suicidaires, tentatives de suicide et suicide) et explosive (violence familiale, surtout envers les femmes et les enfants), et des problèmes de dépendance à l'alcool et aux drogues (Sabbagh, 2007, 2008).

À tous ces indicateurs du mal-être ou du mal de vivre que l'on observe dans maintes collectivités autochtones, s'ajoutent d'autres problèmes et facteurs explicatifs du caractère tragique de la situation psychosociale de ces communautés : promiscuité des résidences, promiscuité des membres d'une même famille

Acculturation

Processus par lequel un groupe d'humains assimile les valeurs culturelles d'un autre groupe d'humains.

Déculturation

Processus par lequel un groupe d'humains perd ses croyances et ses valeurs culturelles, c'est-à-dire son identité culturelle.

nucléaire ou élargie, surpeuplement faute de logements en quantité suffisante, habiletés parentales déficientes, négligence des enfants, méconnaissance de ses droits et de ses responsabilités, rupture du lien intergénérationnel en raison du fossé culturel créé par l'acculturation, taux élevé de chômage, faibles niveaux de revenu et de scolarité, marginalisation sociale et politique, absence de ressources professionnelles et traditionnelles, etc. (Sabbagh, 2007).

Les fondements théoriques

Avant d'entreprendre la description de la roue médicinale, il est utile de préciser la différence fondamentale qui existe entre les perspectives autochtone et occidentale en ce qui concerne la conception de l'être humain et le rapport à l'environnement. Contrairement à la pensée occidentale qui définit l'humain comme une entité distincte de l'environnement, sur lequel il exerce sa domination, la pensée autochtone considère l'homme comme faisant partie intégrante de l'environnement. Par ailleurs, chez les peuples autochtones, il n'existe aucune séparation entre le monde spirituel et le monde vivant.

Les Occidentaux croient à la primauté de l'individu sur le lien social et valorisent la différenciation de la personne par rapport au collectif, à la famille et à la communauté. Cette conception prône l'autonomie et l'indépendance des individus. Les Amérindiens, les Inuits et les Métis ont, quant à eux, une conception plutôt holistique et communautaire du phénomène. Pour eux, l'individu forme un tout indivisible qui fait partie d'un ensemble mis en place par un être supérieur : le Créateur. L'individu et les différents aspects de sa personne, de sa famille, de ses ancêtres, de sa communauté, de la terre et de l'univers sont interreliés et interdépendants. Il y a maladie quand cet équilibre est rompu (Sabbagh, 2007).

Le Cercle de la santé des autochtones, aussi appelé le « Cercle sacré de la vie », illustre cette **conception holistique** et systématique de la santé et du bien-être axée sur le principe d'interdépendance entre l'individu et les éléments de la vie. Le Cercle comprend cinq niveaux ou cercles concentriques qu'on peut désigner comme suit : un esprit et un cœur sains (niveau 1), dans un corps sain (niveau 2), dans une famille, un groupe, une communauté en santé (niveau 3), dans une nation en santé (niveau 4), avec notre mère la Terre en santé (niveau 5). Cette conception montre à quel point, aux yeux des autochtones, la spiritualité et les ancêtres jouent un rôle protecteur central et à quel point les liens spirituels avec les ancêtres transcendent temps et générations (Sabbagh, 2007, 2008).

Conception holistique
Conception du monde ou d'un phénomène où l'on considère le tout et non seulement les éléments qui forment le tout.

L'exemple de la roue médicinale

La roue médicinale, dont il a été question dans le chapitre 3, est un ancien symbole utilisé par presque toutes les premières nations de l'Amérique du Nord et de l'Amérique du Sud. On trouve plusieurs variantes de la roue. Celle que nous présentons ici nous vient d'une femme anishnabe (ojibwé) de la réserve Sagamok First Nation, située à environ 100 kilomètres à l'ouest de Sudbury, dans le nord de l'Ontario ; elle a été exposée à l'occasion d'une rencontre d'un cercle de guérison formé à l'intention de parents. Le livre de Bopp et coll. (1984), *The Sacred Tree*, nous a aussi servi de guide pour expliquer certains des principes examinés ici.

La figure 3.2 (*voir la page 43*) montre clairement que la roue correspond à un cercle, lequel se divise en quatre parties égales et comporte des lignes qui s'entrecroisent. Le cercle symbolise le chemin de la vie, qui va toujours dans le sens rétrograde (sens des aiguilles d'une montre). Le bois du cercle est recouvert de tissu de quatre différentes couleurs. Le quartier supérieur est blanc et représente l'esprit, l'hiver et le nord. Le quartier à droite est jaune, couleur qui symbolise la raison, le printemps et l'est. Le quartier inférieur est rouge et évoque le corps, l'été et le sud. Finalement, le dernier quartier est de couleur noire et renvoie au cœur, à l'automne et à l'ouest. Les quatre couleurs désignent également les quatre races du monde : blanche, jaune, rouge et noire. Sur la ficelle blanche, qui part du centre et va vers le haut, se trouvent sept coquillages représentant les leçons des sept grands-pères : l'éternité, la sagesse et la connaissance, l'amour et la confiance, la vérité et l'honnêteté, l'humilité et la patience, le courage et la bravoure et, finalement, le respect. Tous ces éléments ont leur opposé. Par exemple, l'opposé de l'amour est la jalousie et la possessivité. Les sept coquillages symbolisent aussi les sept étapes de la vie, d'une durée de sept ans chacune. À chaque étape sont associés des activités spécifiques et des défis à relever. Deux autres ficelles partent du centre : une bleue, qui représente le ciel, et une verte, qui désigne la mère nature. Une plume est attachée au centre du cercle et symbolise le souffle du Créateur. Ce souffle est ce qui permet l'harmonie entre les individus et toutes les choses de la création.

Ainsi que l'expliquent Bopp et coll. (1984), les symboles traduisent la perception qu'un peuple a du monde et varient selon les sociétés et les époques. Toutes les sociétés se servent de symboles et ceux-ci revêtent une signification qui relève de leur vision du monde et de leurs coutumes. Les symboles constituent un moyen précieux de comprendre les peuples et leur évolution.

Le nombre quatre

Comme on peut le constater, la construction de la roue s'articule autour du nombre quatre. Il s'agit d'un symbole très puissant pour les peuples autochtones, qui représente la façon dont le monde est divisé. Les quatre couleurs, comme nous l'avons mentionné déjà, correspondent aux quatre races de la terre. Le fait que celles-ci font partie du même cercle symbolise l'appartenance à une même grande famille : « Ce sont tous des frères et sœurs habitant une même terre nourricière » (Bopp et coll., 1984, p. 10 ; traduction libre). Les quatre couleurs renvoient aussi aux quatre saisons : le blanc pour l'hiver, alors que la nature s'endort et se régénère ; le jaune pour le printemps, une période d'activité intense avec le réveil de la nature ; le rouge pour l'été et la fertilité de la terre ; et le noir pour l'automne avec les récoltes et la terre qui se prépare pour un autre long repos.

Selon les enseignements de la roue médicinale, notre univers est composé de quatre éléments : la terre, l'air, l'eau et le feu. Le Créateur nous les a donnés en cadeau et notre vie en dépend. La roue intègre aussi les quatre composantes de la nature humaine : le corps, la raison, l'esprit et le cœur (ce dernier étant le siège des émotions). Toujours selon Bopp et coll. (1984), ces quatre composantes, si elles sont mises en valeur de façon égale dans une vie bien équilibrée, font de l'individu un être de bonne volonté.

Les quatre directions

Le nombre quatre représente également les quatre directions ou points cardinaux. La personne marche autour de la roue de la même façon qu'elle évolue dans la vie. Chacune des directions est reliée à une certaine facette de la vie de l'individu et de son épanouissement personnel (Bopp et coll., 1984).

L'est, l'étape des premiers pas, est associé à l'innocence, à la spontanéité, à la joie. Cette étape de la vie se caractérise par une certaine naïveté, l'acceptation inconditionnelle et la vulnérabilité.

Après un certain apprentissage dans cette direction, la personne change de direction pour aller vers le sud. Maintenant qu'elle est devenue jeune adulte, l'espoir et la détermination sont à l'honneur. Cette étape de la vie est l'une des plus productives, avec tous ces buts que se fixe l'individu. Il a appris à comprendre et à exprimer ses émotions ainsi qu'à être sensible à celles des autres.

Bientôt vient le temps de prendre une nouvelle direction, celle de l'ouest. L'ouest est synonyme de noirceur et d'inconnu. La personne remet maintenant en question ses choix, le sentier qu'elle a suivi. Durant cette période de la vie, l'individu a besoin de solitude, de temps de réflexion sur ses réalisations ainsi que de redéfinir ses priorités. Il apprécie mieux sa spiritualité, se donne un code moral personnel et reconnaît les valeurs universelles de la vie. Un respect pour l'enseignement des **aînés** commence à se manifester.

Finalement, la personne se dirige vers le nord. L'individu est devenu un aîné et jouit de toute la sagesse qui vient avec l'âge. Il comprend mieux la chimie de la vie, comment exister de façon équilibrée et en harmonie avec la nature. Il devient l'enseignant qui partage ses connaissances avec ceux et celles qui l'entourent.

C'est ce cheminement que représente la roue. En écoutant ces leçons de vie, chacun apprend à vivre de façon plus équilibrée et à satisfaire ses besoins ainsi que ceux des autres. La roue médicinale, c'est l'univers, c'est soi-même : l'esprit, la raison, le corps et le cœur.

Bien sûr, ce ne sont pas toutes les nations autochtones qui utilisent cette roue. Chaque nation a sa propre conception, sa propre interprétation et sa propre utilisation de la roue médicinale (Sabbagh, 2008). De façon générale, toutefois, elle nous rappelle l'importance qu'accordent les autochtones à l'équilibre et à l'harmonie entre les divers éléments de la nature et de la vie humaine. Ce modèle souligne combien il est primordial de comprendre l'influence de cette conception cosmologique de l'univers chez les autochtones.

> **Aîné**
> Dans la culture amérindienne, enseignant traditionnel.

Les concepts clés

Les outils qu'utilise un intervenant traditionnel autochtone sont très différents de ceux employés dans le monde occidental. Il utilise le foin d'odeur (*sweet grass*), la sauge et le cèdre pour faciliter le processus de changement. Ces plantes ont des vertus d'ordre spirituel qui aident la personne dans sa guérison. Par exemple, un aîné peut confectionner une tresse avec du foin d'odeur et en allumer le bout. Il s'imprègne de la fumée pour s'ouvrir au processus de changement (Nabigon et Mawhiney, 1996).

Le processus de changement commence par une introspection, effectuée pour faire face aux conflits intérieurs. Par ailleurs, étant donné que la personne n'est pas une île isolée, il lui faut aussi considérer l'influence de la famille, des amis et de tous ceux qui font partie de son environnement.

Tout fait partie de la terre et nous ne pouvons séparer l'individu de celle-ci. Nous ne pouvons pas non plus séparer la personne de ses ancêtres ; il ne faut pas s'attarder au seul présent, mais se pencher aussi sur le passé et l'avenir. Avec l'aide d'un aîné, la personne commence à soigner l'intérieur et poursuit ensuite vers l'extérieur. Ceux qui, dans l'environnement de la personne, ont pu avoir été blessés par elle font partie du processus de guérison (Nabigon et Mawhiney, 1996).

Les techniques d'intervention

La roue médicinale est utilisée pour aider la personne à se comprendre elle-même et à comprendre son environnement. Comme exemple de technique d'intervention, nous présentons au tableau 12.1 une partie d'une grille d'évaluation élaborée par Barbara Waterfall et Herb Nabigon (cités dans Nabigon et Mawhiney, 1996) à l'intention des intervenants qui travaillent avec des adolescents de Weechi-it-te-win, un établissement de services aux familles situé à Fort Francis (Ontario). Chacune des directions symbolisées dans la roue peut être vue comme une porte qui s'ouvre sur des questions, dont chacune peut entraîner d'autres questions.

Après avoir posé une série de questions (qu'on pourrait associer à l'évaluation), on cherche à savoir comment l'adolescent perçoit les voies de sa guérison. Là aussi, des questions peuvent l'aider à faire le point :

- À quel point l'écoute est-elle importante pour vous ?
- Pourquoi l'écoute est-elle importante ?
- Croyez-vous que l'écoute nous montre comment il faut être positif ? Donnez des exemples.
- Décrivez des choses que vous pourriez faire pour faciliter votre guérison.
- Y a-t-il quelqu'un avec qui vous pouvez parler de votre douleur ?

L'utilisation de ces techniques d'intervention met une fois de plus en évidence l'importance de respecter les principes de l'approche interculturelle, que nous avons vus au chapitre précédent, car elles viennent encore une fois tester les limites de notre capacité d'ouverture à l'autre. À l'instar de Cohen-Emerique (2000), Sabbagh (2007, 2008) revient sur la nécessité pour le travailleur social de se décentrer, c'est-à-dire de maintenir la distance nécessaire vis-à-vis de

TABLEAU 12.1 Une grille d'évaluation à l'intention des intervenants travaillant avec des adolescents de Weechi-it-te-win

1. **La porte de l'est**
    1.1 Pourquoi avez-vous été envoyé(e) ici-bas ?
    1.2 Comment voyez-vous vos problèmes ?
    1.3 Où aimeriez-vous être dans un an ?
    1.4 Qu'aimeriez-vous faire de votre adolescence ?
    1.5 Qu'aimeriez-vous faire une fois que vous deviendrez adulte ?

2. **La porte du sud**
    2.1 Décrivez votre relation avec vos parents ou votre gardienne.
    2.2 Êtes-vous satisfait(e) de votre famille depuis votre naissance ?
    2.3 Y a-t-il des moments heureux dans votre famille ?
    2.4 Décrivez ce que vous aimez le plus de votre famille.
    2.5 Décrivez ce que vous aimez le moins de votre famille.

3. **La porte de l'ouest**
    3.1 Qu'est-ce qu'il y a de positif dans votre communauté ?
    3.2 Y a-t-il des problèmes comme l'abus de drogues ou d'alcool ?
    3.3 Décrivez les points positifs de votre famille.
    3.4 Décrivez ce qui se passe quand il y a abus d'alcool ou de drogues dans votre famille.
    3.5 Consommez-vous de la drogue ou de l'alcool ?
    3.6 Y a-t-il eu des personnes qui vous ont touché(e) d'une façon qui vous a mis(e) mal à l'aise ?

4. **La porte du nord**
    4.1 Décrivez votre comportement dans votre famille.
    4.2 Qu'est-ce que vous aimez le plus de vous-même ?
    4.3 Y a-t-il des choses que vous n'aimez pas de vous-même ?
    4.4 Décririez-vous votre comportement dans votre famille comme gentil ou dur ?
    4.5 Décrivez votre interaction avec votre famille quand vous cherchez à soulager votre douleur.

lui-même, afin de prendre conscience de ses cadres de référence, en tant que porteur d'une culture et de sous-cultures différentes. L'intervention auprès des autochtones ne peut réussir qu'à la condition d'éviter d'agir comme un colonisateur et d'adopter une attitude paternaliste, à l'opposé d'une relation saine, aidante et efficace.

> Le défi est donc d'être engagé dans la relation thérapeutique et de pouvoir garder en même temps une certaine distance critique suffisante pour éviter d'être submergé par des sentiments parfois contradictoires tels que l'impuissance, l'hostilité, la sympathie ou la révolte que certaines personnes peuvent déclencher en nous. (Sabbagh, 2007, p. 249)

Quelques éléments sont des conditions préalables essentielles à toute intervention auprès des Amérindiens, tels le respect, la reconnaissance et la valorisation des valeurs culturelles et traditionnelles, ainsi que la compréhension de la conception holistique et spirituelle de la santé et du bien-être des autochtones. Il faut toutefois éviter d'enfermer la personne dans le cadre de ses coutumes traditionnelles (Sabbagh, 2007, 2008).

Marie-Hélène Lamarche est une travailleuse sociale engagée par le Conseil des Anicinapek de Kitcisakik, petite communauté algonquine située dans la région de l'Abitibi-Témiscamingue, afin d'améliorer les habiletés parentales des 6 à 17 ans. Dans une entrevue accordée à la revue *Nouvelles pratiques sociales*, elle explique son mode d'intervention auprès de la population et les défis et exigences liés à son travail.

> Les différents organismes autochtones utilisent principalement la théorie holistique, ainsi que l'écosystémique. […] [L]'approche holistique conceptualise l'être humain comme un tout, en considérant le grand cercle de ses besoins et en l'insérant dans ce même grand cercle rassemblant les éléments de la vie, la nature, la vie en communauté, l'histoire, la spiritualité, etc. L'équilibre entre les composantes du cercle de la vie est un fondement central pour la spiritualité autochtone. L'approche holistique se base, par ailleurs, sur cette vision du monde. Par conséquent, si une génération est blessée, par l'expérience des pensionnats par exemple, c'est l'ensemble de la communauté qui en souffre. Je cherche donc à appliquer cette même logique de pensée lorsque j'analyse la réalité et les problématiques que vivent les membres de la communauté. Je tâche d'observer la construction de la réalité dans son ensemble, tout en me basant sur les éléments de la roue de médecine et de son équilibre. (Girard, 2008, p. 16)

✓ ÉTUDE DE CAS

Le cas présenté ci-dessous illustre l'utilisation de la roue médicinale en tant qu'outil de counselling. L'exemple est décrit très brièvement et de façon simplifiée. Il montre tout de même le potentiel d'un tel encadrement en travail social.

Anna, âgée de 18 ans, est mère d'un enfant de 2 ans et vit seule, sans conjoint. La communauté autochtone dont elle est membre réunit environ 600 personnes. On rencontre souvent Anna sans son fils, avec ses amis, et elle rentre à la maison très tard en soirée. Elle tient pour acquis que les voisins s'occuperont de son enfant.

Un des principes chers aux peuples autochtones est que toute la communauté porte la responsabilité de s'occuper de l'enfant. Ce principe est bel et bien accepté dans la communauté d'Anna et cela ne pose en général aucun problème. Il y a toutefois des moments où les voisins d'Anna ne sont pas disponibles, et son fils est alors laissé sans surveillance pendant plusieurs heures. Les voisins d'Anna lui en ont parlé, mais celle-ci n'a pas réagi. N'ayant plus le choix, ils se sont plaints au conseil de bande afin qu'il demande à la travailleuse sociale de la communauté d'intervenir.

La travailleuse sociale a réussi à convaincre Anna de se joindre à un cercle de parents. Ce cercle, comme elle l'a expliqué à la jeune femme, est constitué de plusieurs jeunes mères qui y reçoivent l'enseignement traditionnel des habiletés parentales autochtones. Anna connaît l'aînée qui dirige le cercle pour l'avoir vue à plusieurs activités communautaires. Elle s'aperçoit dès la première réunion que cette femme est très respectée. À cette occasion, l'aînée a pris la parole, comme le veut la coutume, et a raconté sa propre histoire – sa négligence envers ses enfants à cause d'un problème d'alcool. Elle a à l'époque éprouvé des difficultés si graves que la Direction de la protection de la jeunesse a dû lui retirer ses enfants jusqu'à ce qu'elle règle ses problèmes d'alcoolisme. Quelques années plus tard, elle s'est jointe à un cercle tel que celui-ci et a été initiée à la roue médicinale. Cette expérience a changé sa vie. C'est à ce moment qu'elle a décidé d'apprendre tout ce qu'elle pouvait au sujet de la roue médicinale et de partager ses connaissances avec d'autres dans le besoin. Elle va jusqu'à dire que, si elle avait connu les enseignements de la roue médicinale plus tôt, elle n'aurait probablement jamais perdu ses enfants.

À la suite de son récit, les participantes font part de leurs inquiétudes et de leurs attentes par rapport au cercle. Chacune a vite fait de comprendre que l'aînée n'est pas là pour les juger, mais simplement pour leur permettre d'éviter ses erreurs. L'aînée sort ensuite une roue médicinale qu'elle a fabriquée il y a plusieurs années. Elle résume chacune des parties de la roue et explique la signification des couleurs, des quatre directions et des sept coquillages. Elle souligne que, selon les enseignements de la roue, la plume, au centre, représente le souffle du Créateur, celui qui donne la vie aux enfants. En conséquence, dit-elle, les enfants ne sont pas la propriété des parents, mais bien un prêt du Créateur. L'aînée précise que c'est le rôle des parents de voir au bien-être des enfants, de bien les préparer à la vie, de les amener à participer et à contribuer à la communauté, afin de garder cette dernière forte. Selon elle, le Créateur peut ramener les enfants parmi les esprits s'ils sont négligés.

À mesure qu'avance la discussion, certaines participantes expriment leurs doutes quant au réalisme de ces principes dans une vie aussi complexe que celle d'aujourd'hui. Elles font valoir qu'il devient de plus en plus difficile d'élever un enfant sans conjoint. L'aînée leur donne raison, mais leur fait remarquer qu'elles ne sont pas seules. Plusieurs approuvent et décident de former un groupe de soutien. De cette façon, chacune pourra aider, par exemple, en gardant les enfants pendant que d'autres mères vaquent à leurs occupations.

La réunion n'est pas terminée, mais Anna a déjà compris l'importance de ne pas négliger son fils : toute la communauté souffrirait en même temps que lui. Elle sait en outre qu'elle peut désormais compter sur de bonnes personnes pour l'aider.

! CRITIQUE

Le concept d'esprit, au sens qui prévaut dans les cultures amérindiennes, reste particulièrement difficile à comprendre pour le travailleur social de race blanche. Selon la pensée autochtone, les esprits sont bel et bien vivants. Toutefois, il ne faut pas voir cette conception comme une religion ; une telle interprétation de la pensée traditionnelle autochtone est la preuve d'une incompréhension totale de ces cultures. La spiritualité n'est pas seulement une façon de voir le monde, c'est aussi et surtout une façon de vivre.

La roue médicinale est maintenant utilisée, parmi les communautés autochtones, dans un grand nombre de situations. Elle tend à remplacer les modèles théoriques et les approches typiques du travail social traditionnel. Cependant, les techniques faisant appel à des concepts autochtones sont très difficiles à évaluer de façon empirique. Il reste néanmoins que cette approche connaît un rayonnement considérable dans les communautés amérindiennes.

Dans un mémoire présenté par la Commission de la santé et des services sociaux des Premières Nations du Québec et du Labrador (CSSSPNQL, 2003), il est précisé qu'en ce qui concerne l'intervention en santé mentale, « un bon nombre d'Autochtones préconisent une démarche thérapeutique qui tient compte de leur culture et de la médecine traditionnelle tout en profitant des psychothérapies contemporaines ». L'intervention des travailleurs sociaux doit trouver un point d'équilibre entre les techniques reconnues d'intervention et les exigences déontologiques et légales de la pratique, et une action qui prend en considération les particularités culturelles des autochtones. En ce sens, la méthodologie des approches interculturelle et structurelle est en très grande partie transférable vers les clients de cette population.

QUESTIONS

1. Est-ce que la profession du travail social a toujours respecté les intérêts des personnes autochtones ? Expliquez.
2. Pourquoi tant d'enfants autochtones ont-ils été retirés de leur famille et de leur communauté et placés dans des familles blanches ?
3. Un des principes de l'approche amérindienne est d'aider la personne à vivre en équilibre avec son environnement. Expliquez, dans vos propres mots, ce que cela signifie.
4. Quel(s) principe(s) de l'approche amérindienne un travailleur social non autochtone peut-il utiliser dans sa pratique ?

LECTURES SUGGÉRÉES

Boudreau, F. et Nabigon, H. (2000). Spiritualité, guérison et autonomie gouvernementale dans le contexte politique Ojibwas. *Reflets, 6*(1), 108-127.

Charbonneau, L. (2001). Au début, il y avait les Autochtones. *Vis-à-Vis : Suicide et Premières Nations, 10*(3), 9-11.

Cohen-Emerique, M. (2000). L'approche interculturelle auprès des migrants. Dans G. Legault (dir.), *L'intervention interculturelle* (pp. 160-184). Montréal, Québec : Gaëtan Morin Éditeur.

Commission de la santé et des services sociaux des Premières Nations du Québec et du Labrador (CSSSPNQL) (2003). *Réinventer un partenariat : plus qu'une nécessité pour la santé mentale des Premières Nations.* Mémoire déposé auprès du Comité sénatorial permanent des affaires sociales, des sciences et de la technologie du Canada.

Girard, A. (2008). Au-delà de l'intervention interculturelle. *Nouvelles pratiques sociales, 20*(2), 9-23.

Hart, M. (2001). An Aboriginal Approach to Social Work Practice. Dans T. Heinonen et L. Spearman (dir.), *Social Work Practice : Problem Solving and Beyond* (pp. 231-256). Toronto, Ontario : Irwin Publishing.

Sabbagh, A. (2007). La santé mentale et les autochtones du Québec. Dans H. Dorvil (dir.), *Problèmes sociaux.* Tome IV. *Théories et méthodologies de l'intervention sociale* (pp. 237-252). Québec, Québec : Presses de l'Université du Québec.

Sabbagh, A. (2008). Les Premières Nations du Québec : réflexions sur le processus de bien-être. Dans G. Legault et L. Rachédi (dir.), *L'intervention interculturelle*. (pp. 273-291). Montréal, Québec : Gaëtan Morin Éditeur.

van de Sande, A. et Renault, G. (1998). L'intégration des concepts autochtones dans le curriculum du travail social. *Reflets, 4*(1), 164-173.

Sites Web à consulter

Cercle national autochtone contre la violence familiale
www.nacafv.ca

Conseil en éducation des Premières Nations
www.cepn-fnec.com

Dialogue pour la vie. Association Prévention Suicide Premières Nations et Inuits du Québec et du Labrador
www.dialogue-pour-la-vie.com

Femmes autochtones du Québec inc.
www.faq-qnw.org

Ministère des Affaires indiennes et du Nord Canada
www.ainc-inac.gc.ca

Organisation nationale de la santé autochtone
www.naho.ca/french

Portail des Autochtones au Canada
www.autochtonesaucanada.gc.ca

Chapitre 13 — Les approches contemporaines

On a pu constater, à la lecture des chapitres précédents, que le travail social est en constante évolution. Le praticien peut compter sur un ensemble de modèles et d'approches qui lui permettent d'intervenir selon sa vision de la réalité et le problème auquel il fait face. Certains intervenants se qualifient d'éclectiques, c'est-à-dire qu'ils ne privilégient aucun modèle en particulier, alors que d'autres se spécialisent dans la pratique d'une seule forme d'intervention.

Ces dernières années, l'influence de l'interdisciplinarité a commencé à se faire sentir dans le domaine du travail social, et il semble que l'idée de théories imbriquées intéresse un nombre grandissant d'intervenants. René Auclair indique que « la prise de conscience des limites d'une approche fragmentée et curative des problèmes sociaux a amené certains théoriciens à élaborer des approches qui se veulent intégrées ». Selon lui, ces approches « s'établissent et se définissent à l'intérieur d'une pratique généraliste et se caractérisent par une vision globale des problèmes sociaux, qui accorde une plus grande importance à l'action collective » (Auclair, 1987, p. 290).

Plusieurs raisons militent en faveur de la flexibilité de l'intervention, comme en font foi l'approche généraliste, l'approche à court terme centrée sur la tâche, l'approche centrée sur la résolution de problèmes, l'approche centrée sur les solutions, l'approche écologique et l'intervention de crise. Frank Turner (1996) aborde cette flexibilité dans son ouvrage intitulé *Social Work Treatment*, dans lequel il présente 23 approches différentes ainsi qu'une typologie qui permet de les comparer par rapport à une quinzaine de variables.

L'approche généraliste du travail social

La plupart des organismes produisant des normes professionnelles en travail social (ordre professionnel, associations, regroupements de formateurs) valorisent une approche éclectique et généraliste de la profession. Middleman et Goldberg (1974) participent de ce mouvement qui, selon eux, permet d'articuler la complexité des champs d'intervention et la multiplicité des processus d'intervention qui sont à la disposition du travailleur social pour répondre aux besoins des diverses clientèles. Par exemple, tous les praticiens, y compris ceux qui se consacrent à l'intervention individuelle, doivent parfois faire usage de stratégies d'intervention visant des organismes et des communautés. Inversement, ceux qui se consacrent à l'intervention communautaire doivent souvent travailler auprès des personnes. L'intervention individuelle et l'intervention collective ne s'exercent donc jamais dans l'absolu et en vase clos; elles se superposent souvent. Il est donc nécessaire, pour un intervenant, d'acquérir des connaissances et des habiletés qui lui permettent d'intervenir dans ces deux domaines.

C'est en tenant compte de cette réalité que Middleman et Goldberg ont établi un cadre pour l'**approche généraliste**, que présente la figure 13.1.

FIGURE 13.1 L'approche généraliste et ses quatre quadrants (selon Middleman et Goldberg)

A L'intervention auprès des individus	B L'intervention auprès des familles et des groupes
C L'intervention auprès d'organismes ou d'une communauté en faveur de l'individu	D L'intervention auprès d'organismes ou d'une communauté en faveur d'une collectivité

> **Approche généraliste**
> Approche établie par Middleman et Goldberg qui comprend quatre quadrants possibles d'intervention: auprès des individus, auprès des familles et des groupes, auprès d'organismes ou d'une communauté en faveur de l'individu, et auprès d'organismes ou d'une communauté en faveur d'une collectivité.

Regardons les activités associées à chacun des quadrants de la figure 13.1. Le quadrant A concerne l'intervention auprès des individus (*casework*), B renvoie au travail effectué auprès des familles et des groupes; A et B correspondent plutôt à un travail de l'ordre de la micro-intervention. Dans C, on fait appel à des techniques se rapprochant de l'intervention dans la communauté, mais en faveur d'un système client particulier; il s'agit ici de techniques telles que le courtage. Enfin, D se rapporte au développement communautaire, à l'action sociale et à la planification sociale. C et D se situent plutôt dans le domaine de la macro-intervention. L'approche généraliste veut encourager le travailleur social à intégrer ces quatre domaines dans son intervention, en fonction des besoins de chaque situation.

L'approche à court terme centrée sur la tâche

Dans son ouvrage sur l'évolution des pratiques en travail social, Robert Mayer (2002) présente quelques-uns des modèles et approches d'intervention qui ont influencé le travail social depuis les années 1980. L'une de ces approches, l'**approche à court terme centrée sur la tâche**, a connu une certaine popularité au Québec à partir des années 1980. On connaît surtout cette approche sous ses deux principales formes: l'intervention en situation de crise et l'intervention centrée sur la tâche. Élaborés dans les années 1960 aux États-Unis, ces modèles « ont en commun le fait d'être structurés, d'être planifiés pour le court terme, de requérir un contrat et d'être basés davantage sur l'expérience pratique que sur des considérations théoriques » (Mayer, 2002, p. 361).

> **Approche à court terme centrée sur la tâche**
> Approche populaire dans les années 1980, qui centrait l'effort sur l'identification et l'exécution des tâches.

Influencée par les modèles psychiatriques encore en vogue à l'époque, l'intervention en situation de crise cherche à permettre au client d'adopter de nouveaux comportements (*patterns*) d'adaptation après une crise qui a brisé l'équilibre assurant son bon fonctionnement et devant laquelle ses comportements habituels de résolution de problèmes ne fonctionnent plus. Il s'agit d'une intervention à court terme qui, en principe, ne dépasse pas huit semaines. Elle est axée sur l'apprentissage de nouveaux modes d'adaptation, qui peuvent s'avérer appropriés dans certains cas de perte d'autonomie physique et mentale (Mayer, 2002).

Conceptualisée vers la fin des années 1970, l'intervention centrée sur la tâche se concentre sur le problème exposé plutôt que sur ses causes. Ce modèle repose sur trois principes :

- Le problème doit pouvoir être clairement défini et s'appuyer sur des besoins exprimés par le client.
- Le problème retenu est relativement récent.
- L'approche s'appuie sur un désir de changement du client et repose sur la participation active de celui-ci à toutes les étapes du processus.

Cette approche est encore utilisée dans certains milieux de pratique spécialisée (Mayer, 2002).

L'approche centrée sur la résolution de problèmes

L'approche centrée sur la résolution de problèmes est devenue très populaire dès la fin des années 1950 et l'est restée pendant plusieurs décennies. Elle est essentiellement fondée sur la connaissance et la maîtrise du processus d'intervention, mais elle doit aussi centrer l'action sur un problème concret, avec des résultats obtenus à court terme. Helen Harris Perlman, qui a publié en 1957 un ouvrage intitulé *Social Casework : The Problem-Solving Process*, est considérée comme une pionnière de cette approche. Celle-ci met l'accent sur le problème tel qu'il est présenté par le client plutôt que sur le diagnostic. On y accorde aussi moins d'importance aux motivations et aux conduites inconscientes.

L'approche que propose Perlman fournit au travailleur social un outil pour aider le client à résoudre ses problèmes ; il ne s'agit pas ici d'agir sur les causes fondamentales de son oppression, ni sur les structures psychiques profondes de l'individu. À l'occasion de l'apparition d'un problème concret, par exemple une crise familiale, l'intervention visera avant tout à résoudre le problème et, de façon incidente, à agir quelque peu sur les déterminants sociaux ou psychiques de ce problème. L'idée centrale de l'approche est d'initier le client à des modes de résolution des problèmes. L'intervention se déroule suivant différentes étapes d'interaction avec le client. On tente d'abord de déterminer le problème, sa signification pour le client, sa ou ses causes, les efforts faits par le client pour le résoudre, la nature de la solution envisagée ou les attentes vis-à-vis de l'aide psychosociale demandée, puis on clarifie la nature réelle de l'aide qui peut être offerte et les moyens disponibles, compte tenu du client et de son problème. Pour Perlman, le traitement ne consiste pas dans l'application de techniques ni de théories générales.

Il s'effectue grâce à un savoir-faire commandé par quelques principes généraux de communication thérapeutique, en fonction d'un problème concret qui peut se résoudre sans transformer la société ou la structure psychique profonde de l'individu.

Le travailleur social puisera le bon outil d'intervention dans une boîte à outils bien fournie, en fonction des besoins exprimés dans la situation. Il pourra aussi tenir compte de son style personnel, c'est-à-dire de «l'expression honnête de soi-même dans le rôle d'un professionnel, expression qui émane du souci véritable et du respect qu'a le travailleur social de son client, de son absence de crainte devant sa personne ou son problème» (Ranquet, 1981, p. 134).

Il est important de noter que, quels que soient les clients ou la nature de leurs problèmes, les étapes du processus d'intervention seront toujours à peu près les mêmes. On évalue une situation, on planifie une intervention, on passe à l'action et, finalement, on clôt le processus d'intervention (*voir la figure 13.2*) en évaluant ses effets. Ces étapes s'inscrivent dans un processus continu et peuvent se chevaucher. Autrement dit, on évalue tout au long du processus, comme on prépare la fin dès le début.

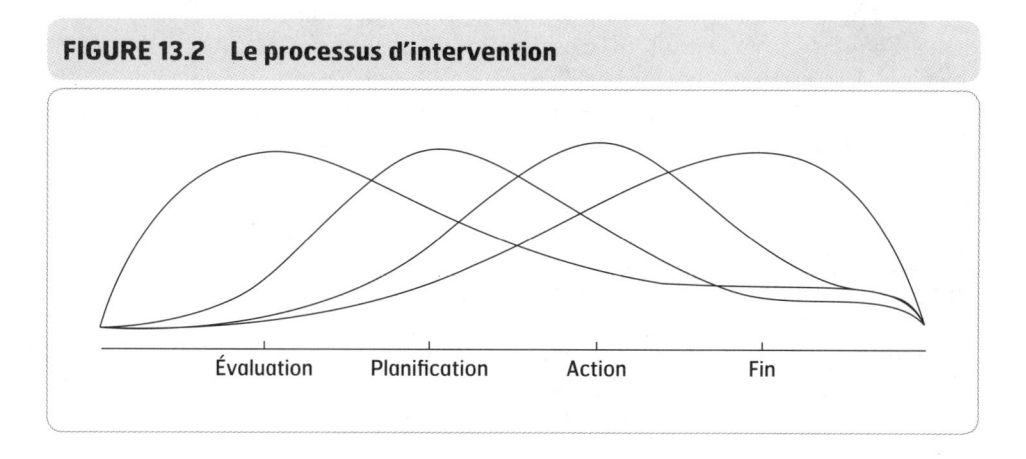

FIGURE 13.2   Le processus d'intervention

Évaluation   Planification   Action   Fin

Certains auteurs divisent les quatre étapes mentionnées en sous-étapes. De Robertis (2007), par exemple, présente un processus en sept étapes. Elle divise l'étape de l'action en deux parties : l'établissement du contrat et la mise en œuvre de la stratégie d'intervention. Ce qu'il faut retenir, c'est que la démarche est la même, peu importe l'approche.

L'approche centrée sur les solutions

Proche de la précédente, l'**approche centrée sur les solutions** a commencé à se répandre au début des années 1990 (De Jong et Berg, 1998 ; Epstein, 1992). De Shazer (1985) et son équipe ont amené les idées du constructivisme social dans une direction plus pragmatique que les modèles antérieurs. Les praticiens qui adoptent ce modèle ne visent pas à identifier et à réactiver les déterminants sociaux ou psychiques profonds. Leur rôle est d'aider les gens à ne plus focaliser

Approche centrée sur les solutions

Perspective proposant de se centrer sur les solutions au lieu de se centrer sur le problème.

leur attention sur leurs problèmes et à se centrer sur la recherche de solutions possibles, réalistes pour eux, en leur faisant expérimenter le succès. Le but de cette approche est d'amener les clients à changer leur perception du problème, à comprendre ou à analyser celui-ci sous un autre angle, c'est-à-dire sous l'angle de ce qui pourrait aider concrètement dans l'avenir. L'accent est mis sur les solutions réalistes, et les intervenants s'efforcent de jouer un rôle de collaborateurs, en ce sens qu'ils n'imposent aucune solution particulière et font confiance aux clients pour trouver la meilleure manière de gérer la situation. Ils privilégient une conception de la personne qui reconnaît ses forces, se concentrant sur les ressources et les succès personnels.

Cette approche et ses diverses variantes, comme la thérapie d'impact, sont très pragmatiques. Pour cette raison, elles sont très en vogue dans les établissements publics puisqu'elles permettent d'agir sur des problèmes circonscrits, de mesurer la performance des interventions, et donc des intervenants en ce qui concerne la charge de cas et les interventions réalisées, et d'inscrire l'intervention dans une stratégie à court terme, durant le plus souvent de six à huit séances. Ces méthodes (à court terme, centrée sur la tâche, centrée sur la résolution de problèmes, thérapie de la réalité, etc.) partagent les principes suivants : pragmatisme, centration sur le problème manifeste, responsabilité du client, action aux effets mesurables et éclectisme. Ce qui compte avant tout, c'est le résultat observable plutôt que la théorie valorisée. Ces méthodes se rapprochent de celles qui prévalent dans le domaine sanitaire puisqu'elles sont centrées sur un besoin bien circonscrit. Pour cette raison, elles permettent l'interdisciplinarité entre le domaine social et le domaine médical.

L'approche écologique

Devenu très populaire depuis les années 1980, ce nouveau paradigme d'analyse des problèmes sociaux, issu des sciences biologiques, s'intéresse aux liens existant entre les divers éléments (vivants ou non) qui interagissent dans un milieu (Mayer, 2002). Les principaux concepts de ce modèle, dont nous avons déjà parlé en abordant l'intervention interculturelle systémique, sont les suivants :

- le chronosystème, qui correspond à l'ensemble des considérations temporelles (âge, durée, synchronie, etc.) qui caractérisent un événement ;
- le macrosystème, constitué de l'ensemble des croyances, des valeurs, des normes et des idéologies à la base des conduites individuelles et institutionnelles ;
- l'exosystème, comprenant les endroits non fréquentés par le client en tant que participant, mais dont les activités ou les décisions touchent ou influencent le rôle de celui-ci dans le microsystème (conseils d'administration, institutions civiles ou juridiques, etc.) ;
- le mésosystème, constitué de l'ensemble des relations entre les microsystèmes ;
- le microsystème, correspondant aux lieux assidûment fréquentés par le client et où on peut observer ses activités, ses rôles, ses interactions, etc. ;

- l'ontosystème, c'est-à-dire l'ensemble des caractéristiques, des états, des compétences, des habiletés ou des déficits de l'individu (Mayer, 2002).

Jusqu'au début des années 1980, l'intervention était le plus souvent centrée soit sur l'individu, soit sur l'environnement. Ce sont Carel Germain et Alex Gitterman (1980) qui, tentant d'intégrer ces deux dimensions, ont défini une **approche écologique**, en partant du principe que la personne fait partie intégrante de son environnement, qu'il n'existe pas de coupure entre les deux. Dans la perspective écologique, l'être humain est perçu comme un être actif qui possède le potentiel voulu pour évoluer. Les besoins et les problèmes humains sont vus comme des réactions à des situations de stress engendrées par la relation personne-environnement ou liées aux phases de la vie et aux transitions provoquées par les exigences changeantes du milieu. La personne doit être constamment considérée sous l'angle de son rapport avec son environnement. Il faut alors comprendre et interpréter la relation de réciprocité entre la personne et son milieu; ce qui est recherché, c'est l'harmonie entre ces deux composantes.

> **Approche écologique**
> Perspective qui met l'accent sur la relation d'adaptation et de réciprocité entre la personne et son environnement.

Selon cette approche, il existe trois sources possibles de problèmes:

1. **Les phases de la vie ou les périodes de transition** L'évolution d'une personne l'amène à traverser des périodes de changement et de transition, comme le passage de l'adolescence à l'âge adulte, le passage du célibat à la vie de couple ou celui d'une vie active de travailleur à la retraite. Les transitions ne se font pas toujours sans douleur, car c'est dans ces moments que la personne peut avoir des choix difficiles à faire, des décisions importantes à prendre pour donner une nouvelle orientation à sa vie, pour s'adapter le plus harmonieusement possible à ses nouvelles conditions de vie.

2. **Les situations de stress associées à l'environnement** Le milieu peut faciliter les transitions ou être une source d'obstacles. L'environnement peut rendre difficiles les réactions adéquates devant les situations créées par les phases de transition, en fonction de facteurs comme la race, l'âge, la classe sociale ou le sexe. Par exemple, l'école peut adoucir le passage de l'enfance à l'adolescence ou créer des stress additionnels.

3. **L'interaction entre les personnes** Nous sommes constamment en interaction avec les personnes de notre environnement. Ces interactions peuvent contribuer à aplanir les difficultés que nous éprouvons dans notre vie ou être la cause de stress ou de problèmes. Par conséquent, ce sont ces sources possibles de difficultés que devrait viser l'intervenant.

L'approche du milieu ou proactive

Une autre approche, qui a gagné en popularité depuis les années 1990, l'approche du milieu ou proactive, s'inscrit dans cette perspective écologique (Mayer, 2002). Elle se caractérise par les cinq éléments suivants:

- le recours à une conception écologique pour analyser les problèmes qui font l'objet de l'intervention;

- la reconnaissance du potentiel des individus, dans une optique d'*empowerment*;
- la notion de responsabilités partagées entre les différentes parties concernées par l'intervention;
- une pratique professionnelle proactive;
- une attention particulière accordée aux stratégies préventives (Mayer, 2002).

Cette approche « cherche à mieux connaître les réseaux sociaux afin de pouvoir intervenir auprès des usagers [...] au moment où leurs proches peuvent encore collaborer à la résolution du problème » (Mayer, 2002, p. 433). Une partie des interventions consiste donc en des activités de soutien aux proches et aux aidants. Cette approche se veut essentiellement proactive, remettant en question la pratique traditionnelle, plutôt curative. Elle permet d'intervenir rapidement et d'éviter dans une certaine mesure les situations de crise. Selon Mayer (2002), l'approche proactive donne la possibilité d'entrer en contact avec les clientèles à risque. Elle conduit à moyen terme à une baisse des services spécialisés. Elle favorise aussi une meilleure adaptation des services aux besoins des communautés locales.

Cette approche fait aussi l'objet de critiques assez acerbes. Pour plusieurs intervenants, elle ne sert en fait qu'à dissimuler la volonté des pouvoirs publics de réduire sensiblement les dépenses plutôt que d'améliorer la qualité des services, s'inscrivant en cela dans le courant néolibéral de désinstitutionnalisation, de décentralisation, de prise en charge communautaire des problèmes sociaux et de reprivatisation des services sociaux (Mayer, 2002).

L'approche systémique brève, de son côté, est apparentée à l'approche du milieu et cherche à joindre les outils méthodologiques de l'approche systémique aux approches plus pragmatiques présentées en début de chapitre.

L'intervention de crise

Les individus sont portés à se servir de leurs mécanismes d'adaptation ou à faire appel aux ressources du milieu avant de venir rencontrer un travailleur social. Ils sont souvent dans un état de stress marqué et peuvent être en situation de crise. Dans ce dernier cas, il est important que le travailleur social soit capable de reconnaître la situation et d'agir de manière appropriée. L'**intervention de crise** est un modèle de pratique directe du travail social qui requiert des connaissances et des habiletés particulières.

L'objectif fondamental de l'intervention est la résolution de la crise et la restauration du fonctionnement social. Si, une fois cet objectif atteint, le travailleur social et le client décident de s'attaquer à un autre problème, une modalité d'action différente devra être envisagée.

Intervention de crise
Modèle d'intervention qui permet au client d'adopter de nouveaux comportements (*patterns*) d'adaptation à la suite d'une crise qui a brisé son équilibre, en vue d'atteindre un nouvel équilibre, aux plus solides.

La reconnaissance de la crise

Une crise survient lorsque, à cause d'une situation stressante ou à la suite d'un événement particulier, le système, par exemple un individu ou une famille, qui connaissait jusque-là un fonctionnement social acceptable, se trouve précipité dans un état de déséquilibre et incapable de le retrouver par lui-même. Les mécanismes auparavant efficaces n'agissent plus, même si des efforts considérables pour se défendre sont faits. On ne parle pas de situation de crise lorsqu'il s'agit d'une personne qui est continuellement en état de désorganisation (par exemple, la dépression chronique). L'intervention, dans ce cas, prend une autre forme.

Nous risquons tous de vivre des crises au cours de notre existence ; elles font partie de l'expérience de vie de toute personne. Une situation de crise peut apparaître à cause de facteurs situationnels et développementaux. Les facteurs situationnels englobent la maladie (touchant la personne elle-même ou des membres de sa famille immédiate), la mort d'un membre de la famille, la séparation ou le divorce, un changement dans le style de vie ou la perte d'un emploi. Ces facteurs situationnels appellent une adaptation, comme remplir de nouveaux rôles, assumer des responsabilités additionnelles ou encore établir les relations interpersonnelles sur de nouvelles bases. Quelquefois, ces facteurs ne provoquent qu'un stress temporaire et, après une période d'instabilité et d'essai de nouvelles stratégies d'adaptation, un nouveau mode de fonctionnement émerge. D'autres fois, la situation de stress précipite la crise.

Les facteurs développementaux consistent en des sentiments, des émotions, des préoccupations non exprimés qu'éprouve la personne lorsqu'elle passe d'un stade développemental à un autre. Ces transitions requièrent de nouveaux modes de fonctionnement. L'adolescence est une période de stress parce que les jeunes ne savent pas toujours comment agir devant les nouvelles préoccupations et les nouveaux besoins qui se manifestent. Comme les jeunes doivent composer avec leurs pulsions sexuelles, faire des choix de carrière et établir de nouvelles relations avec leurs parents, ils peuvent se sentir dépassés par les événements. Les familles peuvent vivre elles aussi une crise lorsqu'elles passent d'une étape à l'autre. La naissance d'un enfant, par exemple, demande de nouveaux modes de fonctionnement social, ce qui crée un stress additionnel qui aboutit parfois à la crise.

La gestion de la crise

Lorsqu'il s'occupe d'une personne en crise, le travailleur social doit être conscient de l'aspect temporel de la crise. Les véritables situations de crise durent de quatre à huit semaines. Après ce temps, les individus trouvent généralement de nouvelles manières de vivre. Cependant, sans une aide appropriée durant une période de crise, la personne peut voir diminuer sa capacité à bien gérer sa vie et à s'intégrer harmonieusement dans la société. C'est pourquoi l'aide aux individus en crise doit être immédiate et quelquefois très intensive.

Le travailleur social a deux tâches immédiates : 1) comprendre la personne et ce qui a déclenché la crise, et 2) établir une relation d'aide, et ce, dans une perspective à court terme. Pour comprendre, il cherche à connaître l'événement qui a entraîné la situation – celui qui a amené la personne dans la situation de crise aussi bien que les circonstances dans lesquelles cet événement s'est produit. Le travailleur social s'informe aussi de ce que le client a essayé de faire pour atténuer le stress (quelles stratégies de défense il a utilisées) et l'encourage à exprimer ses sentiments par rapport à la situation.

Le travailleur social veille aussi à établir une bonne relation d'aide en s'intéressant aux préoccupations et aux besoins du client. Ensemble, ils explorent la situation et précisent la perception de sa réalité par le client. Le travailleur social soutient le client en le félicitant pour les tentatives qu'il a faites afin de réduire le stress et peut lui suggérer des moyens de gérer la crise. Le travailleur social explique au client sa propre perception de la situation. Il lui fait comprendre que la crise peut être résolue et qu'il l'aidera à surmonter ce moment difficile. Le travailleur social doit être sensible à l'anxiété du client et à la possibilité d'une dépression. Si l'anxiété est excessive, il encourage le client à faire appel aux services d'un professionnel en santé mentale à qui de telles demandes d'aide sont familières. Le travailleur social peut aussi diriger le client vers d'autres ressources communautaires, publiques ou privées.

Il sera particulièrement vigilant quant aux idéations suicidaires, qui appellent une réponse rapide et efficace. Il faut être particulièrement attentif à la présence de plans concrets, d'échéances, etc.; de tels indices exigent une action intensive et immédiate. Toutes les régions du Québec ont des ressources spécialisées en ce domaine. Le COQ (pour Comment? Où? Quand?) est un outil permettant de déterminer le niveau de sévérité de la menace suicidaire. Dans certaines circonstances laissant croire que le danger est imminent, la loi (loi P-38) peut autoriser un intervenant à agir de manière intrusive, le temps qu'une évaluation psychiatrique soit faite afin d'estimer la dangerosité de l'individu pour lui-même ou pour autrui.

Au fil de ce travail en collaboration, pendant les quatre à huit semaines que dure la crise, le client découvre habituellement de nouvelles stratégies d'adaptation, et la crise se résorbe. Dans la dernière partie de cette période, le travailleur social peut encourager les habiletés de résolution de problèmes du client et ainsi prévenir une future crise. L'intervention intensive en tout début de crise est, dans une certaine mesure, directive, afin de ramener le client dans un état où il peut diriger sa vie d'une manière efficace et satisfaisante, et entreprendre par lui-même un processus de changement adapté à sa situation.

L'intervention de crise est aussi appropriée lorsque ce sont les systèmes familiaux qui vivent une telle situation. Il est également possible de travailler avec des personnes en crise réunies pour former un petit groupe. Lorsque le travailleur social a plusieurs clients en situation de crise, il est parfois utile pour ces personnes de partager leurs perceptions et leurs expériences, une démarche qui devient partie intégrante de la résolution de la crise. Certains groupes de crise sont des groupes ouverts, c'est-à-dire qu'ils comprennent des individus pour qui débute l'intervention de crise et des individus qui sont dans les derniers stades de la crise et qui reçoivent de l'aide pour soutenir les premiers.

Les services de crise sont multiples et varient d'une région à l'autre, mais aussi d'un type de clientèle à l'autre. Certaines régions sont dotées d'un service d'urgence sociale, c'est-à-dire une ligne téléphonique permettant de rejoindre un intervenant social du CSSS. De plus, toutes les régions du Québec sont munies d'un centre de crise, un organisme communautaire spécialisé dans ce domaine. Pour les crises suicidaires, un soutien par téléphone aux individus et aux intervenants est disponible.

Les autres approches

Devant l'éparpillement de plus en plus grand des techniques et des méthodes d'intervention, une volonté s'est fait jour, à partir des années 1980, d'énumérer les phases obligatoires par lesquelles devrait passer toute intervention sociale, qu'elle soit individuelle, de groupe ou communautaire (Mayer, 2002). On a alors cherché à créer un modèle unitaire que l'on retrouvera ensuite dans divers types d'intervention mis en place, tels le modèle structurel, l'intervention en réseau, l'intervention conscientisante, etc.

L'intervention en réseau et la prise en charge par le milieu

À partir des années 1980, on cherche une solution de remplacement à l'institutionnalisation: l'apport du réseau primaire, c'est-à-dire la famille, les amis et le voisinage, est mis de l'avant et valorisé (Mayer, 2002). Cette approche vise en théorie à mettre à contribution le milieu immédiat du client, tant en ce qui a trait à la définition des problèmes qu'à la recherche de solutions. « On réunit en un même temps et dans un même lieu le porteur du problème, sa famille et les membres importants de son réseau social » (Mayer, 2002, p. 362). De manière simplifiée, cette pratique se caractérise par :

- une intervention sociale minimale – ce qui ne signifie pas qu'elle n'est pas intense, adaptée aux besoins et respectueuse du rythme des individus ;
- une intervention à la fois préventive et curative – elle aide le client à prendre conscience de ses ressources, tout en suscitant des rapprochements avec des personnes vivant des situations semblables (groupes d'entraide) ;
- une intervention se déroulant dans la mesure du possible dans le milieu naturel de la personne ;
- une intervention favorisant la prise en charge collective du problème (Mayer, 2002).

On peut dire que les politiques gouvernementales orientées vers le soutien à domicile et le maintien dans la communauté des personnes dépendantes (déficients intellectuels, handicapés physiques, personnes âgées en perte d'autonomie) privilégient ce type d'approche. Ceux qu'on appelle les « aidants naturels » y occupent une place centrale.

Les pratiques alternatives

Plus récemment, les pratiques alternatives ou parallèles sont également devenues plus populaires, bien qu'elles demeurent encore marginales par rapport aux approches officielles plus traditionnelles. L'émergence de ces nouvelles façons d'intervenir a été, dans une large mesure, favorisée par les analyses anti-institutionnelles, les approches féministes, le courant antipsychiatrique et le courant postmoderniste, qui ont tous remis en question le modèle médical des soins et de l'aide, critiquant durement les assises des approches traditionnelles. Dans un article sur les pratiques alternatives en travail social, Nérée St-Amand (2001) explique comment ces nouvelles techniques ou façons d'intervenir, qui visent la promotion de la solidarité et de l'entraide, font éclater plusieurs mythes et remettent en cause les modes traditionnels de pensée et d'intervention, les prémisses idéologiques et politico-historiques derrière ces modèles, ainsi que leur rôle de contrôle social. Ces nouvelles approches, explique-t-il, mettent en lumière cette contradiction entre le mandat d'aide et le rôle de contrôle social de nombreuses approches traditionnelles.

Depuis une vingtaine d'années, on assiste à une prolifération de pratiques alternatives, imaginées et inventées de toutes pièces. Tentant de trouver des bases communes pour définir sommairement cette panoplie de pratiques, toutes plus imaginatives les unes que les autres, St-Amand (2001) relève un certain nombre de caractéristiques distinctives :

- Elles sont périphériques ou même marginales.
- Elles sont en rapport de complémentarité ou d'opposition avec les autres approches.
- Elles sont différentes des structures intermédiaires.
- Elles sont moins coûteuses que les ressources institutionnelles.
- Elles sont utilisées dans les milieux informels, souvent dans l'ombre des ressources institutionnelles, et doivent lutter pour se faire reconnaître.

Ces pratiques prennent des formes très variées. Parmi celles-ci, mentionnons : la réflexologie, le yoga, l'acupression, l'homéopathie, la photothérapie, l'hypnose, les pratiques de conscientisation, la zoothérapie, les réseaux d'entraide et l'accompagnement, la stratégie du silence, la thérapie par l'humour, la thérapie par l'art, la dimension spirituelle et le sens du sacré, le recours au pardon et à la libération des charges émotionnelles rattachées au passé, le modèle bouddhiste de non-violence.

La majorité de ces approches privilégient l'expérience comme point de départ d'un changement dans la nature des relations entre l'intervenant et le sujet de l'intervention, à l'intérieur même de la relation d'aide (St-Amand, 2001). Elles prêtent une oreille différente au vécu des gens, voient leur parcours d'un autre œil, encouragent l'expression des témoignages. Elles sont généralement moins articulées, plus intuitives, plus humbles aussi. Elles supposent une remise en question de nos préjugés, afin de se défaire des œillères culturelles et institutionnelles pour voir et faire autrement, et ainsi élargir notre champ de vision.

Mais aussi séduisantes soient-elles, ces approches demeurent assez marginales. Elles suscitent au mieux le scepticisme, au pire une réaction franchement négative de la part des professionnels et des institutions d'aide, ce qui mine leur crédibilité. C'est pourquoi peu d'écoles professionnelles et de milieux de pratique les reconnaissent. Confrontées à des budgets restreints et à un manque de reconnaissance et d'aide de la part de l'État et du réseau institutionnel, elles survivent difficilement, et leurs praticiens sont souvent contraints de mettre un terme à leurs activités (St-Amand, 2001).

La pratique réflexive

Depuis les années 1990, une nouvelle tendance s'est imposée dans la pratique du travail social : l'analyse et la réflexion dans l'action. Cette approche consiste pour les intervenants à réfléchir de manière systématique et rigoureuse à leurs propres interventions. Elle vise essentiellement à mieux connaître l'intervention sociale telle qu'elle est pratiquée, afin de saisir toute la mesure de la distance existant entre ce qui est dit et ce qui est fait (Mayer, 2002). Dans un article sur la pluralité des savoirs en travail social, Racine et Legault (2001) expliquent que la pratique réflexive cherche à mieux comprendre l'écart et même la contradiction qui existe parfois entre ce que Schön (1983) appelle les « théories prônées » et les « théories de l'action » (*operational theories*) ou de l'usage. Cette distinction est essentielle pour comprendre le décalage qui s'immisce entre ce que l'on dit vouloir faire et ce que l'on fait :

- Les théories prônées réfèrent au discours conscient et explicite de l'intervenant, à la fois objet d'allégeance et discours de justification et de légitimation de ses pratiques.
- Les théories de l'action ou de l'usage renvoient aux choix décisionnels de l'intervenant, lequel s'appuie sur des convictions enracinées dans ses connaissances, elles-mêmes issues de ses expériences (aussi appelées « connaissances expérientielles »), et dans les idéologies qui relèvent davantage du sens commun que des théories académiques.

L'intervention de milieu

Le travail de rue et l'intervention de milieu, aussi appelés « travail de proximité », sont des approches qui ont gagné du terrain depuis 15 ou 20 ans. Ces approches ont donné lieu au développement d'un nouveau champ de pratique destiné en particulier, mais non exclusivement, aux populations marginales, à risque d'exclusion ou difficilement joignables par les approches plus traditionnelles, parce qu'elles ne sont en relation avec aucun établissement : jeunes vivant dans la rue, prostitués, itinérants, délinquants, membres de gangs de rue, toxicomanes, personnes suicidaires, personnes âgées isolées (et souvent victimes de mauvais traitements ou abusées). Les personnes ayant un problème de santé mentale ou atteintes de déficience intellectuelle ont aussi fait l'objet de ce genre d'intervention. Cheval (2001) et Parazelli (2002) font partie des chercheurs qui ont contribué, par leurs travaux sur le parcours identitaire des jeunes de la rue et le rôle des travailleurs de rue dans la création de nouveaux liens sociaux, à donner leurs lettres de noblesse à ces nouvelles pratiques.

Outre les CLSC, les organisations communautaires ont fait preuve de beaucoup d'imagination ces dernières années en mettant en place de nombreux projets novateurs ayant au moins un point en commun : les intervenants y sont appelés à aller directement dans la communauté. Ils sont invités à se déplacer dans les milieux fréquentés ou habités par les personnes à qui sont destinées leurs interventions. C'est dans ce contexte que des associations et des organismes communautaires ont créé diverses initiatives et activités visant à améliorer la qualité de vie de personnes isolées et vulnérables, à risque d'exclusion. Toutes ces expériences de travail de milieu, aussi intéressantes soient-elles, demeurent toutefois largement tributaires de leur reconnaissance par les bailleurs de fonds (publics ou privés) ainsi que par les divers partenaires essentiels au développement de telles initiatives.

QUESTIONS

1. Quel est l'avantage de l'approche généraliste ?
2. Est-il possible d'intervenir à différents niveaux en même temps ? Expliquez.
3. Quand on dit que, peu importe la nature du problème sur lequel porte l'intervention, le processus est à peu près le même, qu'est-ce que cela signifie ?
4. Donnez un exemple où une situation de stress dans la relation personne-environnement a entraîné un problème.
5. Pourquoi est-il important d'adopter une approche intégrée dans la pratique du travail social ?

LECTURES SUGGÉRÉES

Auclair, R. (1987). Synthèse et commentaire des écrits sur l'approche intégrée. *Service social, 36*(2-3), 286-314.

Bouchard, C. (1987). Intervenir à partir de l'approche écologique : au centre, l'intervenante. *Service social, 36*(2-3), 454-473.

Cheval, C. (2001). Des travailleurs de rue créateurs de liens sociaux. Dans H. Dorvil et R. Mayer (dir.), *Problèmes sociaux. Études de cas et interventions sociales*. Tome 2 (pp. 361-386). Québec, Québec : Presses de l'Université du Québec.

De Robertis, C. (1981). *Méthodologie de l'intervention en travail social*. Paris : Centurion.

Duval, M. et Fontaine, A. (2000). Lorsque des pratiques différentes se heurtent : les relations entre les travailleurs de rue et les autres intervenants. *Nouvelles pratiques sociales : le « nouveau » travail social, 13*(1), 49-67.

Elkaim, M. (1995). *Panorama des thérapies familiales*. Paris : Seuil.

Ouellet, F. et coll. (2000). Intervention en soutien à l'*empowerment. Nouvelles pratiques sociales, 13*(1), 85-102.

Parazelli, M. (2002). *La rue attractive. Parcours et pratiques identitaires des jeunes de la rue*. Québec, Québec : Presses de l'Université du Québec.

Pearlman, H. (1957). *Social Casework : A Problem-Solving Process*. Chicago, Illinois : University of Chicago Press.

Racine, G. (2000). *La production de savoirs d'expérience chez les intervenants sociaux. Le rapport entre l'expérience individuelle et collective*. Paris : L'Harmattan.

Racine, G. et Legault, B. (2001). La pluralité des savoirs dans la pratique du travail social. *Intervention, 114*, 6-15.

Schön, D. A. (1983). *The Reflective Practitioner. How Professionals Think in Action*. New York : Basic Books, Harper Colophon.

St-Amand, N. (2001). Dans l'ailleurs et l'autrement : pratiques alternatives et service social. *Reflets : revue d'intervention sociale et communautaire, 7*(2), 30-74.

Turner, F. J. (dir.) (1996). *Social Work Treatment : Interlocking Theoretical Approaches*. New York : Free Press.

Partie III — Le processus d'intervention en quatre étapes

Chapitres

- **14** L'évaluation
- **15** La planification
- **16** L'action ou l'intervention
- **17** La fin du processus

Cette troisième partie explore le processus d'intervention. Quatre étapes ont été retenues, qui font l'objet, chacune, d'un chapitre : l'évaluation, la planification, l'action ou l'intervention proprement dite, et la fin du processus. Ces étapes s'inscrivent dans l'approche généraliste (De Robertis, 1981 ; Johnson, 1989). Nous avons jugé bon de regrouper les multiples phases du processus d'intervention dans ces quatre grandes étapes. Il ne faudrait cependant pas penser que le découpage du processus d'intervention en quatre étapes est arbitraire ni que le travailleur social est libre de laisser de côté certains points. C'est que, pour le présent exercice, nous avons cru plus utile de regrouper des étapes qu'on trouve dans une même partie de l'intervention.

Le chapitre 14 présente un cas fictif qui illustrera, dans les chapitres 15 à 17, la démarche correspondant à chaque étape. Mais il faut garder à l'esprit que le travailleur social doit découvrir son propre style d'intervention, se servir des outils qui lui conviennent et qui sont appropriés à la situation et adapter le processus d'intervention en tenant compte des caractéristiques du système client. Ainsi, cette partie ne s'avère pas un « livre de recettes » à suivre aveuglément. Le modèle présenté constitue en quelque sorte le squelette de ce qui pourrait se définir comme une méthode générale d'intervention en travail social. Rappelons enfin que ce qui fait la différence entre le travailleur social et le proche aidant est la planification, la rigueur et l'encadrement théorique de l'intervention.

Chapitre 14 — L'évaluation

L'évaluation est la première étape du processus d'intervention. Le succès d'une intervention dépend, en grande partie, des renseignements obtenus durant cette étape et de l'analyse qui est faite de ces derniers. La maîtrise de cet aspect de l'intervention est donc essentielle.

Le présent chapitre aborde sommairement les points suivants : l'analyse du contexte, les objectifs, les caractéristiques, les phases et, enfin, les méthodes de l'évaluation.

L'analyse du contexte

Avant de commencer l'évaluation, l'intervenant doit comprendre le contexte dans lequel il aura à intervenir ; entre autres, il lui faut être au fait de la situation socioéconomique du client, ainsi que du rôle et des besoins généraux de la population cible de l'organisme ou de l'établissement. Le travailleur social doit en outre être conscient de l'effet émotif que provoque chez le client la demande d'aide ou l'obligation d'intervenir en contexte d'autorité (par exemple, intervention de la Direction de la protection de la jeunesse). Il doit aussi avoir une idée claire de ce qu'implique la relation intervenant-client. L'ensemble de ces variables a une incidence sur l'intervention, il importe donc d'en tenir compte consciencieusement. Mais pour faire cette première **exploration**, le travailleur social doit accueillir le client, lui faire formuler sa demande, préciser le sens de son intervention et, au besoin, le rassurer sur le sens de cette dernière. La façon dont le client formule sa demande est particulièrement importante et mérite le plus souvent un effort de clarification.

> **Exploration**
> Recherche des événements, des faits qui entourent une situation donnée, et dont la mise en évidence permet de compléter l'évaluation psychosociale.

Voyons pourquoi il est si important de bien saisir le contexte de l'intervention. La pratique professionnelle suppose que l'intuition doit, le plus possible, céder la place aux faits et à leur analyse. Quand on choisit une approche d'intervention, on connaît ses fondements théoriques et les raisons qui motivent notre choix. Il en va de même pour le processus d'intervention : avant même de recevoir le client, il faut bien connaître le contexte dans lequel l'intervention se déroulera. Un examen des composantes du contexte, selon une perspective systémique, permettra de saisir l'ampleur de l'influence du contexte sur l'intervention.

Même si le contexte mondial peut parfois avoir une incidence sur le travail de l'intervenant, nous nous limiterons au contexte social plus immédiat. Il est donc important de connaître la géographie, l'histoire, les conditions économiques, la ou les cultures, la ou les religions, les normes et valeurs du milieu où se situe l'intervention. Ce sont souvent des données que connaissent les travailleurs sociaux et qu'ils tiennent pour acquises, mais elles doivent être contextualisées pour le client qui est devant eux. Ce contexte social englobe sans doute le sous-système des politiques sociales et des programmes de services sociaux. Quels sont les programmes, les politiques et les règlements dont la population peut profiter ? Ce sous-système présente-t-il des lacunes majeures ?

De ce sous-système, allons un pas plus loin. L'organisme ou l'établissement est lui-même un sous-système des politiques sociales. Où se situe-t-il dans cet ensemble ? Quels services offre-t-il et à qui ? Quels sont les politiques et les règlements internes, et répondent-ils aux besoins de la population cible ? Quelle est l'atmosphère de travail qui règne dans l'établissement, quelles sont les conditions de travail et la nature des relations interpersonnelles ? Il est tout à fait normal de connaître son milieu de travail, son mandat, sa mission, ses objectifs, ses limites, etc.

Les clients appartiennent à un autre sous-système, celui de la communauté desservie par l'organisme ou l'établissement. Quels sont les problèmes sociaux de cette communauté ? Existe-t-il des relations de domination dans ce milieu ? Y trouve-t-on des réseaux d'entraide ? Plus le travailleur social est informé, mieux il pourra intervenir en faveur de son client.

Enfin, les systèmes qui nous intéressent le plus ici sont le système client et son pendant, le système intervenant-client. Il est très important que l'intervenant comprenne ce que signifie pour une personne d'avoir à demander de l'aide et à admettre un échec dans la résolution de ses problèmes personnels et familiaux. De Robertis (1981) consacre une partie importante d'un chapitre à la description des effets produits par la demande d'aide sur le client et des changements que celui-ci a déjà entrepris avant même de se présenter à un organisme ou à un établissement pour obtenir du soutien.

L'analyse du contexte se fait plus rapidement avec l'expérience. Il faut cependant toujours être aux aguets et ne pas négliger les modifications ni les faits nouveaux qui sont susceptibles de le transformer. Il arrive que l'évaluation de la situation du client permette à l'intervenant de découvrir ces faits.

Les objectifs de l'évaluation

Essentiellement, l'évaluation comporte deux objectifs : la compréhension de tous les aspects du problème et la mise en place d'une base pour l'intervention. Ces objectifs guident l'intervenant dans le choix de l'information à recueillir. Habituellement, les sources d'information sont le client, son dossier et les rapports provenant de l'extérieur de l'organisme. L'autorisation du client est toujours requise pour demander des renseignements à l'extérieur sur celui-ci. Ce n'est qu'une fois les données recueillies, compilées et analysées qu'on procède à la planification de l'intervention.

Dans les pratiques actuelles, l'évaluation se fait très souvent avec des outils standardisés, comme l'outil d'évaluation multiclientèle (OEMC). Ces outils fournissent un certain degré de stabilité à l'évaluation. Dans le cas de l'OEMC, l'outil vise à documenter des incapacités temporaires ou permanentes, à apprendre comment ces incapacités sont compensées par le client lui-même, des proches et diverses ressources. Cette évaluation est multidimensionnelle, centrée sur l'individu et son environnement, et elle est arrimée à des outils plus spécifiques, comme les profils de besoins des personnes âgées en perte d'autonomie (Iso-SMAF), et à des outils de planification, comme le plan de services individualisé (PSI). Ces outils ne remplacent pas le jugement professionnel, mais lui donnent une rigueur permettant d'insérer le travail de l'intervenant dans une équipe interdisciplinaire et dans un processus souvent complexe.

Les caractéristiques de l'évaluation

Selon Louise C. Johnson (1989), l'évaluation présente quatre grandes caractéristiques, que nous examinons dans les paragraphes suivants.

La continuité

L'évaluation est une démarche continue qui se poursuit tout au long du processus d'intervention. Première étape de ce processus, l'évaluation s'actualise pendant les autres phases, selon les besoins de l'intervention. Il est évident que l'essentiel de l'évaluation est réalisé au cours de cette première étape, mais des faits nouveaux peuvent survenir, dont il faut prendre note. Pour les clientèles chroniques, les bonnes pratiques et le cadre légal de l'intervention prévoient d'ailleurs des réévaluations systématiques, habituellement aux six mois.

La réciprocité

L'évaluation est un processus qui engage autant l'intervenant que le client. Il faut noter qu'il y a là une **réciprocité** de relation qui se démarque des approches traditionnelles où l'intervenant déterminait la nature du problème et choisissait la forme d'intervention. Autrement dit, lui seul tenait les commandes.

> **Réciprocité**
> Concept selon lequel l'évaluation est un processus qui engage autant l'intervenant que le client.

Le principe est admis, dans l'intervention contemporaine, que le client est maître de sa destinée dans la mesure du possible. Il est néanmoins clair que, dans certains cas, l'intervenant doit exercer un minimum de contrôle, ne serait-ce que pour assurer la protection du client. Dans le cas où un enfant requiert une protection, par exemple, il faut intervenir même si les parents s'y opposent. Pourtant, même dans ces cas, il est parfois possible de laisser une marge de manœuvre au client pour qu'il sente qu'il exerce un certain contrôle sur ce qui lui arrive. La même logique s'applique aux situations de crise : au début de l'intervention, l'intervenant exercera un contrôle qui ira en diminuant, selon le rythme auquel la crise se résorbe. Ce qu'il faut retenir, c'est que le client doit être mis à contribution dans l'intervention qui le concerne, car c'est le meilleur gage de succès.

Les perspectives horizontale et verticale

Pendant l'évaluation, il est important d'adopter une **perspective horizontale et verticale**. La première permet de se faire une idée générale de la situation. À cet égard, le recours à des concepts de la théorie des systèmes est utile. Cette idée globale est ce qu'on désigne comme le premier jugement professionnel (à ne pas confondre avec un jugement de valeur). Une fois le problème clairement déterminé, la cible change, et une perspective verticale permet une étude en profondeur du problème spécifique. Le choix du moment et des aspects à explorer à la verticale relève de l'intervenant et du client, qui en ont préalablement discuté.

L'individualité

L'**individualité** est la caractéristique à laquelle il convient d'accorder une importance majeure. Chaque cas et chaque situation est différent, et il est très dangereux de généraliser. Après des années de pratique, l'intervenant peut être tenté de comparer les cas ou d'abréger l'évaluation sous prétexte que le cas présent ressemble à un autre. Il doit résister à cette tentation. En effet, pour bien saisir toutes les nuances d'un cas donné, il est essentiel de l'individualiser.

Les phases de l'évaluation

Johnson (1989) divise l'évaluation en plusieurs étapes, que nous décrivons dans les pages suivantes.

La prise de contact

La prise de contact correspond essentiellement à ce temps de l'intervention où l'on rencontre le client et où l'on prend connaissance du problème. C'est le moment qui, souvent, déterminera la qualité de la suite de l'intervention. Cette prise de contact est en réalité précédée par ce que certains appellent le « précontact », à la suite duquel s'amorce une réflexion pour préparer la rencontre avec le client (entendu ici au sens de « système client », qu'il s'agisse d'un homme, d'une femme, d'un enfant, d'une famille, d'un groupe, d'une communauté, etc.). Dans les CSSS, le précontact s'établit le plus souvent par un service interne spécialisé dans l'évaluation primaire et l'orientation interne des demandes. Avant la prise de contact proprement dite, l'intervenant doit se poser certaines questions : Qui vient me voir ? Qu'est-ce que je connais de la problématique ? Quel choix a le client qui vient me voir ? Quelle est ma réaction devant ce type de client ? Quel est mon état émotif actuel ?

La prise de contact fait appel à une démarche particulière dont les principaux éléments sont :

- d'amener le client à préciser sa demande, à décrire son problème (une première version) et à parler des résultats qu'il attend de l'aide recherchée ;

Perspective horizontale et verticale
Double perspective adoptée pendant l'évaluation qui permet dans le premier cas de se faire une idée générale de la situation, et dans le second, de procéder à une étude en profondeur du problème spécifique.

Individualité
Principe selon lequel il convient d'accorder à chaque cas une attention importante et personnalisée.

- de l'encourager à exprimer ses sentiments relativement à son problème et au fait d'avoir à demander des services d'aide ;
- de lui expliquer les services offerts, les critères d'admissibilité, les procédures à suivre, le rôle qu'il aura à jouer, etc. ;
- d'explorer les résistances et les motivations du client à accepter de l'aide.

La formulation préliminaire du problème

La formulation préliminaire du problème correspond à la première description qu'en fait le client. C'est la deuxième phase de l'évaluation, bien que certains la considèrent comme le début réel du processus. Une fois faite cette formulation, l'intervenant, utilisant ses connaissances sur la problématique et les théories qui y sont liées, commence l'analyse du problème avec le client.

Les hypothèses préliminaires

L'une des composantes de l'analyse consiste à émettre des hypothèses préliminaires concernant le problème. À cette étape, il faut déterminer les besoins, observer les systèmes et les transitions, et reconnaître les blocages systémiques qui empêchent la satisfaction des besoins du client. L'intervenant exploite ici ses habiletés de relation d'aide pour explorer toutes les facettes du problème et permettre au client d'avoir une vision plus globale et objective de sa situation.

La collecte des données

L'analyse du problème permet de voir quels éléments d'information manquent pour bien comprendre la situation. L'intervenant fera en sorte d'obtenir ces éléments après avoir établi, en collaboration avec le client, les modalités de la collecte de données. Rappelons que l'autorisation du client à cet égard est requise. Il arrive qu'un client refuse de donner cette autorisation. Le travailleur social doit expliquer clairement que l'intervention peut être compromise si une telle autorisation n'est pas accordée. Dans certains cas, quelques rencontres seront nécessaires pour venir à bout de la résistance du client. La collecte de données peut (et parfois doit) se réaliser à l'aide d'un outil standardisé (par exemple, l'OEMC) ou d'un outil maison.

L'analyse des renseignements recueillis

Les renseignements ayant été obtenus, l'intervenant et le client examinent de nouveau le problème pour s'assurer qu'ils l'ont bien compris. On relève les besoins qui ne sont pas comblés et les blocages qui créent cette situation. Puis, on s'entend sur une formulation finale du problème qui permettra de passer à la planification des actions en vue de résoudre celui-ci.

L'objectif de cette démarche est, bien entendu, de comprendre le problème. Conclure rapidement sur la nature du problème est une erreur grave qu'on commet malheureusement trop souvent.

Le contrat préliminaire

Une fois le problème bien circonscrit, l'intervenant doit décider si la demande est acceptée ou refusée, ou encore s'il convient d'adresser le client à un autre organisme ou service. C'est avec l'acceptation de la demande que s'amorce la dernière phase de l'évaluation, qui consiste dans l'établissement d'un contrat préliminaire. Ce contrat contient les termes de l'entente entre le client et l'intervenant concernant :

- les problèmes sur lesquels ils travailleront ;
- les objectifs immédiats ;
- leurs attentes respectives ;
- la participation de personnes significatives à l'intervention ;
- les stratégies et les moyens déployés ;
- les indicateurs de réussite ou de progrès.

Le plan d'intervention (PI) est monodisciplinaire, le plan d'intervention interdisciplinaire (PII) établit la concertation des différents acteurs d'un même établissement, et le plan de services individualisé (PSI) détermine celle de l'ensemble des acteurs professionnels dans un même dossier. La bonne pratique veut que le client signe le plan, de façon à donner un accord éclairé sur ce qui sera fait pour l'aider.

La manière dont l'intervenant effectue l'évaluation et le choix du modèle d'intervention est fonction des valeurs qu'il privilégie, mais aussi de la nature de la demande. Pour une évaluation la plus objective possible, il doit se conformer à un certain nombre de principes, qu'il nous semble utile de rappeler :

- Il faut connaître ses propres préjugés et en tenir compte.
- Il faut se garder de croire aux mythes associés aux situations sociales problématiques.
- Chaque cas est différent, l'individualisation permet de se le rappeler.
- La participation du client est à la base d'une bonne évaluation.
- L'évaluation doit tenir compte des caractéristiques liées au développement de la personne.
- Les valeurs et les comportements diffèrent selon les cultures ; il faut être sensible à la diversité.

Les méthodes d'évaluation

Les situations que vivent les clients sont très complexes. Pour mener à bien l'évaluation, il peut être nécessaire de les aborder sous un angle particulier. Nous présentons ci-dessous quelques-unes des approches décrites par Johnson (1989).

La perspective culturelle

La perspective culturelle est pertinente surtout quand l'intervenant rencontre un client issu d'une minorité culturelle. Elle consiste à examiner les normes et les valeurs de la culture minoritaire pour bien saisir le vécu du client. Une telle culture peut être de nature ethnique, mais aussi sexuelle, sociale, etc.

La cartographie des relations interpersonnelles

La constitution d'une carte pour représenter les relations entre les membres d'une famille (génogramme) ou entre les membres d'un petit groupe (sociogramme) peut aider à évaluer la situation du client (Johnson, 1989). Ces cartes permettent d'illustrer les relations positives et problématiques, ainsi que les relations d'interdépendance et les ruptures entre les membres du groupe en question, tout en facilitant la compréhension du problème. La figure 14.1 présente un exemple de carte pour une famille, carte combinant le génogramme et une variante du sociogramme.

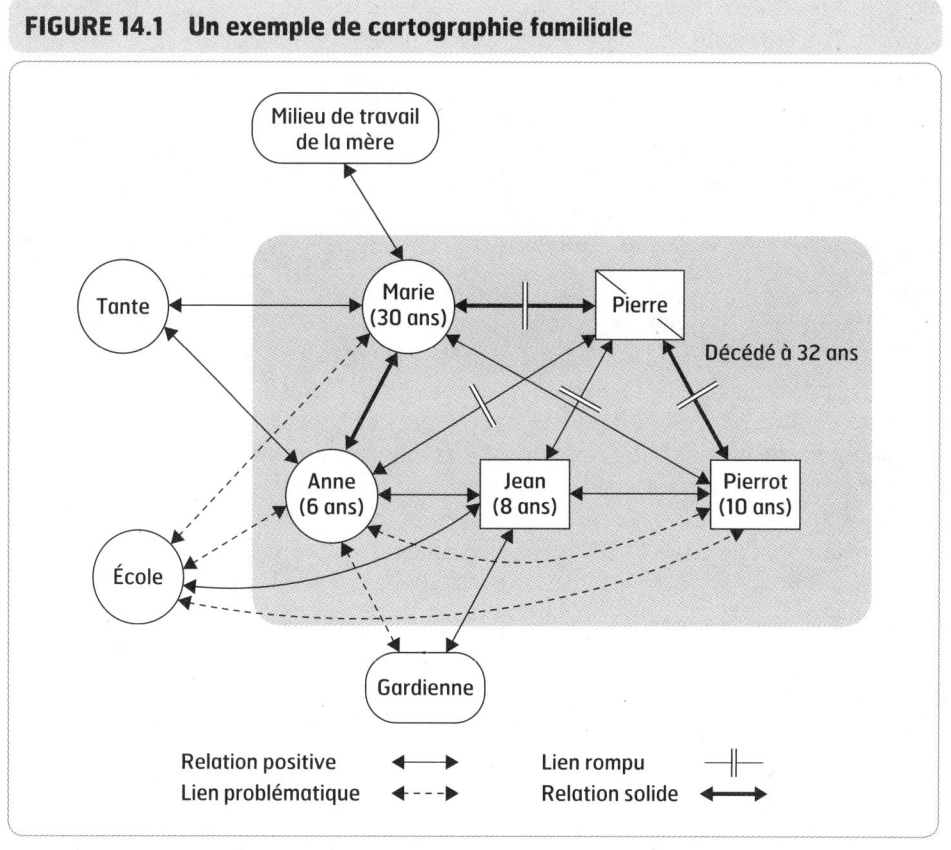

FIGURE 14.1 Un exemple de cartographie familiale

Source: Adapté de L.C. Johnson et S.J. Yanca (2001). *Social Work Practice: A Generalist Approach* (p. 286). Boston: Allyn and Bacon, p. 286. © 2001, Pearson Education. Reproduit avec la permission de l'éditeur.

L'évaluation de l'influence sociale et des besoins

L'évaluation de l'influence sociale est utile pour analyser les effets d'un changement majeur dans l'environnement sur le client et sur son milieu immédiat. De plus, afin de déterminer la nécessité de ressources additionnelles, il faut d'abord bien évaluer les besoins.

✓ ÉTUDE DE CAS

L'intervenant chargé de s'occuper du cas de la famille Malthaie a pris connaissance du dossier. Voici les informations qu'il en a tirées.

La famille Malthaie compte cinq membres : Michel, 34 ans, est fonctionnaire fédéral au ministère du Revenu, où il est cadre intermédiaire ; Tania, 30 ans, est ménagère et coiffeuse à temps partiel au salon d'une cousine ; Antoine, 11 ans, est en 6e année ; Lucie, 8 ans, est en 3e année ; Charlotte, 4 ans.

Le tribunal de la jeunesse a rendu une ordonnance de placement de Lucie et de Charlotte en famille d'accueil pour une période d'au moins trois mois. Le cas devra être révisé dans trois mois. Les parents devront rencontrer un travailleur social d'un centre jeunesse tel qu'exigé dans le jugement et un rapport devra être remis à la Cour concernant leur capacité de reprendre leurs filles.

Les circonstances sont les suivantes : il y a eu signalement par l'école de mauvais traitements exercés sur Lucie, qui montrait des égratignures et des ecchymoses. L'enquête a révélé des sévices chez les deux fillettes. Le garçon semble avoir reçu un traitement de faveur comparativement à ses sœurs. Selon les premiers éléments d'information recueillis, cette situation dure depuis plusieurs années.

L'histoire sociale (selon les documents du tribunal) des parents se résume comme suit. Marié depuis 14 ans, Michel Malthaie travaille pour le gouvernement fédéral depuis 15 ans. Il a commencé comme commis avant d'être promu en fonction de son ancienneté et de ses compétences. À son travail, il est bien considéré par ses collègues. Il consomme de l'alcool, mais de façon occasionnelle (les fins de semaine), et cela ne semble pas avoir nui à son travail jusqu'à maintenant. Sur le plan familial, il se considère comme le chef de la famille et sa perception du rôle de la femme est plutôt traditionnelle, c'est-à-dire que c'est la conjointe qui doit s'occuper des travaux ménagers et des repas, même lorsqu'elle travaille à l'extérieur. Selon lui, les filles ont besoin d'une discipline plus sévère, car « les filles, dit-il, ça risque de devenir gâtées ». Pour que les siennes deviennent de bonnes épouses, il leur impose une discipline plus stricte. Il admet avoir peut-être exagéré quant aux moyens utilisés, mais il ne comprend pas ce qu'il y a de mal à cela... Ses parents l'ont élevé ainsi et tout a bien fonctionné. Il craint les répercussions si son employeur et ses amis venaient à apprendre l'intervention de la Direction de la protection de la jeunesse (DPJ). À l'occasion, il fait du bénévolat dans quelques clubs sociaux. Son père est décédé l'an dernier, et sa mère, depuis cinq ans (tous les deux du cancer). Il n'a pas de contact avec ses deux frères et sa sœur, car ils demeurent tous à Vancouver.

Quant à sa conjointe, Tania, elle s'est toujours occupée de la maison à temps plein jusqu'à il y a deux ans, quand elle a commencé à aider occasionnellement sa cousine dans son salon de coiffure. L'achat d'une maison plus moderne, il y a deux ans, a précipité son retour au travail, car un revenu supplémentaire était devenu nécessaire. Elle aime travailler parce que « ça la repose de la routine et ça lui fait rencontrer du monde ». Elle se sent par contre coupable de négliger son travail domestique et comprend son mari d'être parfois fâché. Elle n'aime pas les corrections trop sévères, mais croit que son mari a raison.

Aucun rapport scolaire n'est inclus.

Pour faire son évaluation, l'intervenant pourrait adopter la démarche suivante :

1. Au premier contact avec la famille, que ce soit toute la famille ou le couple seul, le travailleur social devra s'assurer que les objectifs de l'intervention sont clairs. Il s'agit ici d'une évaluation qui fera partie du rapport exigé par le juge, à la lumière duquel il se prononcera sur le retour à la maison de Lucie et de Charlotte. L'intervenant doit bien saisir tous les éléments de la demande, les problèmes à régler et les solutions envisagées, et être conscient des efforts que chacun devra faire pour que des changements se produisent.

2. Il sera important d'aider le père et la mère à exprimer leurs émotions, dans un premier temps, afin de lever les résistances relativement à l'intervention, dont la pertinence ne semble pas avoir été comprise jusqu'à maintenant.

3. La collecte de données doit être complétée, et cela peut comprendre une ou des entrevues avec chacun des membres de la famille, un rapport scolaire sur les deux enfants en âge de fréquenter l'école (Antoine et Lucie) et toutes les autres démarches pour obtenir l'information jugée appropriée à ce moment. Il faudra voir si les parents sont motivés à changer leurs conduites, s'ils sont capables de le faire et si le changement envisagé est réaliste, à défaut de quoi il sera difficile d'atteindre les objectifs fixés.

4. Un contrat préliminaire devra être conclu, c'est-à-dire qu'on devra s'entendre sur les problèmes à régler, sur les objectifs immédiats, sur les attentes précises de chacun (les parents, les enfants et l'intervenant) et sur la participation de personnes significatives au besoin.

Avant de passer à la prochaine étape, le travailleur social devra déterminer si l'intervention se poursuivra auprès de toute la famille ou auprès de chacun des membres pris individuellement (autrement dit, le système client devra être défini). Il lui faudra aussi s'assurer que les buts et les objectifs de l'intervention sont compris de tous.

? QUESTIONS

1. Avant même de faire l'analyse d'une situation problématique vécue par un client, qu'est-ce qu'il faut connaître ?
2. Le client fait partie de plusieurs systèmes. Est-il important de tenir compte de tous ces systèmes ? Pourquoi ?
3. Quand on dit que l'évaluation est un processus réciproque, qu'est-ce que cela signifie ?
4. Quelle est la différence entre une évaluation effectuée selon une perspective verticale et une évaluation effectuée selon une perspective horizontale ?
5. Est-ce que l'évaluation est achevée une fois pour toutes à la fin de l'étape de l'évaluation ? Expliquez.
6. En quoi l'utilisation d'outils tels que le génogramme ou le sociogramme peut-elle aider l'intervenant à comprendre la situation du client ?

Chapitre 15 — La planification

La planification constitue la deuxième étape du processus d'intervention. C'est à ce moment que l'intervenant, en se servant de l'information qu'il a recueillie à l'étape de l'évaluation et de l'analyse qu'il en a faite, planifie une démarche logique d'intervention. Le client et lui déterminent ensemble les stratégies susceptibles d'être le plus efficaces selon la situation, les possibilités, les ressources et les capacités du client et de son environnement.

Nous allons voir en quoi consiste la planification, mais nous mettrons l'accent sur le contrat, qui est le résultat concret de la réflexion menée au cours de cette étape. La planification est un volet important du processus d'intervention; en gros, il réunit en un tout cohérent les éléments suivants : l'énoncé des objectifs d'intervention et des moyens qui seront utilisés, la planification des activités et de leur déroulement dans le temps, la désignation des lieux où se fera l'intervention et des systèmes concernés et, lorsque nécessaire, les indicateurs de réussite ou de progrès. Ces divers éléments doivent faire l'objet d'une entente, d'un contrat, entre l'intervenant et le client, entente qui doit être le plus explicite possible. Dans les contextes institutionnels, elle sera produite par écrit et fera l'objet d'un consentement écrit du client.

Les composantes du plan d'intervention

Un plan d'intervention s'articule autour d'un certain nombre de composantes, soit les buts et les objectifs de l'intervention, les cibles, les stratégies et les indicateurs de réussite ou de progrès.

Les buts et les objectifs de l'intervention

But
Finalité ultime d'une intervention, ce pour quoi elle s'effectue.

Objectif
Cible spécifique et idéalement observable vers laquelle tendent les actions.

Les notions de **but** et d'**objectif** sont souvent confondues. Le but d'une intervention est la finalité ultime, ce pour quoi s'effectue l'intervention. Il est souvent défini en termes généraux et larges. Par exemple, en intervention individuelle directe dans le cas d'une personne qui réside dans un centre de convalescence, le but de l'intervention sera de réintégrer cette personne dans la communauté; dans le domaine communautaire, le but d'une intervention auprès d'un groupe de familles pourrait être l'ouverture d'une garderie.

Les objectifs sont, pour leur part, des cibles spécifiques et idéalement observables vers lesquelles tendent les actions. Il s'agit en quelque sorte d'étapes qui permettent, ultimement, d'atteindre le but. Si celui-ci peut être défini d'une façon générale, les objectifs doivent être formulés le plus précisément possible, idéalement avec des indicateurs observables de réussite ou de progrès.

Un objectif doit entraîner un résultat qui soit mesurable d'une façon ou d'une autre. Supposons, par exemple, que le but d'une intervention soit d'augmenter l'estime de soi d'une personne; le résultat sera difficilement mesurable. Il faudra donc déterminer des indicateurs, définir les comportements qui permettront de constater que l'estime de soi s'est améliorée et les lier à des objectifs spécifiques. La tenue vestimentaire peut être un de ces indicateurs, et s'habiller d'une manière plus convenable peut devenir un objectif par lequel on pourra vérifier si la personne chemine vers une plus grande estime de soi. Précisons que les buts et les objectifs doivent être réalistes et doivent pouvoir être atteints dans des conditions acceptables; si l'intervenant et le client sont trop ambitieux, ils risquent d'échouer, ce qui entraînera une dégradation de la situation du client.

Pour finir, soulignons que quelques principes doivent être respectés dans la formulation des buts et des objectifs:

- Des objectifs tant généraux que spécifiques doivent être établis.
- Des objectifs à court, à moyen et à long terme sont à définir.
- Les objectifs établis doivent être réalistes et aboutir à des résultats mesurables.
- Les actions doivent viser à faire disparaître ou du moins à atténuer les symptômes ou les problèmes décelés dans la demande initiale.
- Le but doit viser le bien-être personnel par opposition au bien-être des autres, y compris celui de l'intervenant.

Les cibles de l'intervention

Les cibles de l'intervention sont les unités systémiques sur lesquelles portera le travail. L'intervention peut viser une ou plusieurs cibles. Dans un contexte d'approche généraliste, il est possible de trouver, dans le même cas, des cibles dispersées à plusieurs niveaux. Par exemple, si un client éprouve des problèmes dans ses relations interpersonnelles et s'il est aussi victime d'une injustice systémique, l'intervention portera sur les deux niveaux.

Les stratégies

Les **stratégies** se rapportent aux techniques, aux moyens utilisés pour atteindre les objectifs. Plusieurs stratégies sont courantes en travail social et font partie de la pratique de beaucoup d'intervenants. Mentionnons le counselling, la thérapie familiale, le travail de groupe et l'approche communautaire. Certaines stratégies sont plus individuelles et plus spécifiques, comme la défense de droits, le courtage de services, etc. Nous reviendrons au chapitre 16 sur ces stratégies particulières. Retenons pour le moment que l'important est de choisir la ou les stratégies qui permettront de répondre le plus adéquatement et le plus efficacement possible aux besoins du client.

Stratégie

Technique et moyen utilisé pour atteindre un objectif.

Les facteurs influant sur la planification de l'action

Le client

Le choix d'une stratégie[1] doit tenir compte des caractéristiques particulières du client, de ses valeurs, de ses capacités et de ses limites. Une stratégie particulière peut paraître appropriée pour une problématique donnée, mais si elle va à l'encontre des valeurs du client, il vaut mieux en choisir une autre.

Le problème

Le problème en soi est un facteur important dans le choix d'une stratégie. Prenons, pour l'illustrer, le cas d'un jeune délinquant qui aurait commis des délits en réaction à des conflits familiaux. Bien que l'intervenant estime que la thérapie familiale constitue la meilleure stratégie dans ce contexte, il est à prévoir que le jeune devra passer une période de temps en centre d'accueil et que l'intervenant sera obligé de retarder la thérapie familiale.

L'approche privilégiée par l'intervenant

L'approche privilégiée par l'intervenant joue un grand rôle dans la détermination des stratégies. Comme on l'a vu dans la deuxième partie de l'ouvrage, certaines approches ont un encadrement assez rigide qui dicte la marche à suivre, les valeurs particulières qui sous-tendent l'intervention et les rôles que peut remplir l'intervenant. Ainsi, le plan d'intervention utilisé dans le cadre de l'approche féministe sera très différent de celui qu'établirait l'intervenant qui privilégie l'approche centrée sur la modification du comportement.

L'organisme

L'organisme pour lequel travaille l'intervenant peut également être la source de limites concernant les stratégies possibles. En vertu de sa mission et des ressources dont il dispose, l'organisme offre une gamme de services particuliers et, la plupart du temps, l'intervention doit s'inscrire dans le cadre de ces services. Les intervenants peuvent avoir une certaine marge de manœuvre pour étendre cet éventail de services lorsqu'ils considèrent que c'est nécessaire pour répondre aux besoins des clients.

La communauté

Le client et l'intervenant sont membres à part entière d'une communauté qui possède un système de lois, de valeurs et de normes qui lui sont propres. La réflexion et le choix d'une stratégie doivent tenir compte de cette réalité.

---

1. Cette section est inspirée de Johnson (1989).

Le contrat

L'établissement d'un **contrat** formel et écrit entre l'intervenant et le client est devenu une pratique courante dans beaucoup d'organismes de travail social et constitue même une obligation légale dans la plupart des établissements publics. Au terme de l'évaluation, un contrat préliminaire a été établi ; ce contrat doit contenir une définition claire du problème, les buts et les objectifs de l'intervention, les moyens et les stratégies qui seront utilisés, la durée et les échéances ainsi que les indicateurs de résultats.

Plusieurs raisons militent en faveur d'un contrat écrit et non seulement verbal. D'abord, le contrat écrit protège les droits du client ; cette pratique remplace désormais celle du contrat verbal, voire implicite, où le client se fiait à la compétence de l'intervenant et ne cherchait pas à connaître les détails de l'intervention ni ses conséquences. Il faut aussi se rappeler que les approches avaient des affinités avec le modèle médical, qui postule généralement que le client ne comprend pas ce que le spécialiste fait ou doit faire. De nos jours, avec la reconnaissance de l'autonomie du client et de son droit de refuser l'intervention en tout ou en partie, il est devenu nécessaire d'établir un contrat par écrit. Cela rend la collaboration plus claire entre les parties prenantes, y compris les collaborations interprofessionnelles et intersectorielles possibles.

Mais le contrat écrit n'a pas seulement pour fonction de protéger les droits du client. Il présente également des avantages thérapeutiques évidents. En effet, dans la mesure où il implique une participation totale et entière du client au processus d'intervention, il favorise l'acquisition de compétences personnelles et d'aptitudes à l'autonomie et à l'autodétermination. La signature d'un contrat permet de responsabiliser le client par rapport à sa situation, à ses problèmes, aux actions à entreprendre pour les résoudre, en plus de le sensibiliser aux résultats escomptés. Le contrat devient un outil d'intervention grâce auquel le client apprend qu'il peut surmonter ses difficultés ; il y fait également l'apprentissage de l'engagement, ce qui augmente les chances de réussite.

La troisième raison qui justifie la pertinence du contrat écrit est la possibilité de clarifier le plan. Un écrit aide à préciser les idées et à les organiser de façon cohérente. On peut vérifier si le problème a été bien défini, si les buts et les objectifs sont clairs et réalistes, si les moyens prévus sont les meilleurs et tiennent compte des ressources et des capacités de chacun. Une telle vérification est plus difficile sans texte écrit. Finalement, si le client ne comprend pas bien un ou plusieurs éléments, il faut les clarifier et les reformuler.

Le contrat est en quelque sorte l'aboutissement, la concrétisation de la **planification**. Il peut contenir tout ce que l'intervenant et le client jugent bon d'y inscrire. Néanmoins, certains éléments doivent obligatoirement en faire partie. En fonction des règles propres à un organisme, des variations quant au contenu sont possibles, mais tous les éléments mentionnés ci-après doivent figurer dans le contrat. Celui-ci débute par la définition du problème ; il ne s'agit pas d'un long exposé, mais de quelques lignes qui résument clairement le problème et les besoins qui s'y rattachent. Vient ensuite l'énoncé des buts et des objectifs ; les premiers sont exposés d'une manière générale ; les objectifs, eux, sont formulés d'une manière plus précise. Il faut bien sentir que l'atteinte des objectifs conduira à la

> **Contrat**
> Document ou entente qui définit clairement le problème, les buts et les objectifs de l'intervention, les moyens et les stratégies qui seront utilisés, la durée et les échéances ainsi que les indicateurs de résultats.

> **Planification**
> Étape du processus d'intervention où, en se servant de l'information recueillie à l'étape de l'évaluation et de l'analyse, l'intervenant planifie une démarche logique d'intervention.

réalisation des buts. Suivent les stratégies ou les moyens ; cette rubrique contient une énumération des actions qu'ont à accomplir le client et l'intervenant, et elle est accompagnée d'un calendrier pour chacune. Le contrat se termine par la description des méthodes d'évaluation des résultats. Plus les objectifs sont imprécis, plus il faudra s'assurer que les indicateurs de résultats seront concrets. Par exemple, travailler sur une attitude est un objectif imprécis ; cependant, un comportement lié à cette attitude est facilement vérifiable. Il sera donc important d'inclure des comportements dans les indicateurs. Il existe de nombreux outils standardisés facilitant la production d'un plan d'intervention, dont le plan de services individualisé prescrit par la loi en certaines circonstances.

Il importe de conclure sur le fait que le plan est certes un contrat, mais qui doit demeurer évolutif, en fonction des changements dans la situation problème. Le plan doit faire l'objet d'une réévaluation périodique, pour les clientèles dont le suivi est long, et peut en tout temps faire l'objet d'un changement, auquel le client aura toutefois explicitement consenti.

✓ ÉTUDE DE CAS

Le travailleur social a discuté avec le couple Malthaie des buts et des objectifs de l'intervention. Il s'est assuré que chacun est bien motivé pour apporter des changements, qu'il en a la capacité et qu'il est prêt à faire les efforts nécessaires. Un plan d'action a été arrêté et les tâches dont le couple et l'intervenant auront à s'acquitter ont été planifiées. Les parents souhaitent ardemment que le Tribunal de la jeunesse juge, à la lumière du rapport qui doit lui être remis bientôt, que leurs fillettes n'ont plus besoin de protection et qu'il permette leur retour à la maison. Ils sont donc prêts à s'investir dans la thérapie.

Le travailleur social a ainsi pu établir un contrat avec les parents, car ils ont compris ce qu'on attend d'eux. Le contrat rédigé est présenté au tableau 15.1.

TABLEAU 15.1 Le contrat établi avec la famille Malthaie

Problématique	Buts	Objectifs spécifiques	Moyens	Calendrier
Violence menant à des sévices sur des enfants	1a. Que le couple comprenne bien la notion de violence et ses implications.	1a. Que M. et Mme Malthaie deviennent sensibles à la définition de la violence.	1a. Le couple, avec l'aide du travailleur social, doit faire un inventaire de ce qui constitue un acte de violence.	Les deux premières rencontres avec le travailleur social
	1b. Que la situation familiale ne requière plus une protection pour les enfants.	1b. Que M. et Mme Malthaie reconnaissent les éléments qui mènent à la violence.	1b. M. Malthaie doit noter ses comportements violents, trouver des comportements de remplacement et les mettre en pratique.	Rencontres 2, 3, 4
		1c. Que M. Malthaie reconnaisse ses comportements violents et y mette fin.		

TABLEAU 15.1 (*suite*)

Problématique	Buts	Objectifs spécifiques	Moyens	Calendrier
	2. Que le couple définisse les différents rôles qu'ils joueront en tant que parents (père, mère).	2. Que M. et Mme Malthaie définissent les différents rôles qu'ils joueront en tant que père, mère, conjoint.	2a. M. et Mme Malthaie doivent réfléchir sur ce que constituent, pour eux, les différents rôles de chacun au sein de la famille, en discuter avec le travailleur social et mettre en pratique les rôles appropriés.	Rencontres 3, 4, 5
		2b. M. et Mme Malthaie doivent suivre des cours de « parents efficaces » ou un cours semblable donné par le CLSC de la région.		Dans le prochain mois
	3. Que le couple apprenne à communiquer ensemble de la façon qui soit pour lui la plus efficace.	3. Que le couple apprenne différentes méthodes efficaces de communication de couple.	3. M. et Mme Malthaie doivent s'inscrire à des ateliers de communication pour couple donnés au CLSC de la région.	Dans les deux prochains mois

? QUESTIONS

1. En quoi l'étape de la planification se distingue-t-elle de l'étape de l'évaluation ? Expliquez.
2. Quelle est la différence entre un but et un objectif ?
3. Quels sont les facteurs qui ont une influence sur le plan d'intervention ?
4. Pourquoi est-il important d'établir un contrat écrit entre le travailleur social et le client ?

Chapitre 16 — L'action ou l'intervention

L'étape de l'action ou de l'intervention proprement dite suit celle de la planification. C'est à cette étape que l'intervenant et le client mettent en œuvre les éléments du contrat qu'ils ont établi de concert. On peut diviser les interventions en deux catégories : les interventions directes et les interventions indirectes. Les premières correspondent au travail auprès des individus, des familles, des petits groupes et à certaines formes d'intervention auprès des communautés. Si l'on se réfère aux quatre quadrants de l'approche généraliste (*voir la figure 13.1, page 141*), les interventions directes se situent dans les quadrants A et B et sont de l'ordre de la micro-intervention. Les interventions indirectes sont celles qui se pratiquent auprès de systèmes plus grands, comme les organismes, les communautés ou la société en général. Il s'agit ici de macro-interventions, qui appartiennent aux quadrants C et D. De Robertis, pour sa part, caractérise autrement les interventions directes et indirectes. Selon elle, les premières sont celles qui ont lieu au cours des interactions face à face entre le travailleur social et son client, alors que les secondes ont lieu en l'absence du client (De Robertis, 1981). À vrai dire, les intervenants ne font en règle générale pas de distinction aussi tranchée entre ces deux catégories. Nous avons choisi de les classer ainsi pour montrer que l'intervenant doit se servir d'approches, d'encadrements théoriques et d'outils différents dans ses interventions. La réalité est que toute intervention de type direct comporte une dimension communautaire qui va au-delà de l'individu et que toute intervention de type indirect englobe une facette individuelle, en ce sens que l'intervenant a toujours affaire à des individus qui évoluent dans le milieu en question, qui y travaillent. Cette division des interventions types fait l'objet de nombreux débats théoriques.

Nous n'aborderons ici que les principaux aspects de ces catégories d'interventions. Nous examinerons plus en détail certaines d'entre elles, qui sont des approches spécialisées, dans la dernière partie de l'ouvrage.

Intervention directe
Intervention à l'échelle « micro » pour aider le client (petit système), c'est-à-dire une personne, une famille ou un petit groupe.

Action
Étape où l'intervenant et le client mettent en œuvre les éléments du contrat qu'ils ont établi de concert.

Les interventions directes

Certaines interventions ont un caractère très spécial et à ce titre débordent le cadre de cet ouvrage. Par ailleurs, il serait trop long de donner ici une description de toutes les **interventions directes**. Nous nous limiterons donc à une énumération des interventions que Johnson et Yanca (2007) ont désignées comme étant les plus fréquentes :

- l'**action** qui encourage le développement des relations ;
- l'action qui favorise la compréhension des personnes en situation difficile ;
- l'action entreprise durant la planification ;

- l'action qui permet au client de connaître les ressources existantes et d'y recourir ;
- l'action entreprise en situation de crise ;
- l'action qui vise à soutenir le fonctionnement social du client ;
- l'action qui soutient le client dans ses activités quotidiennes ;
- l'action qui vise la médiation entre le client et d'autres personnes.

Avant d'entreprendre une intervention, il est important que l'intervenant et le client examinent les ressources qui existent dans l'environnement de ce dernier, soit les **systèmes d'aide informels** et les systèmes d'entraide.

Les systèmes d'aide informels comprennent les ressources auxquelles la plupart des personnes peuvent recourir : la famille, les amis, les collègues de travail. L'intervenant s'informe si le client a déjà fait appel à ces ressources et si elles ont été efficaces. Il peut arriver qu'elles ne soient pas accessibles pour diverses raisons.

Outre les ressources précédentes et les services sociaux formels, il existe généralement dans la communauté des organismes d'entraide, soit des **systèmes d'entraide**. Ces ressources offrent souvent une aide et des services efficaces pour certains types de problématique. Mentionnons, à titre d'exemple, les Alcooliques Anonymes.

> **Système d'aide informel**
> Ensemble de ressources auxquelles la plupart des personnes peuvent recourir : famille, amis, collègues de travail.

> **Système d'entraide**
> Ensemble de ressources et de services qui existent dans la communauté autres que les services sociaux formels (par exemple, les Alcooliques Anonymes).

Les principes qui président au choix des interventions

Les ressources informelles ayant été envisagées, on peut passer au choix des interventions qui seront les plus efficaces pour le client. Johnson (1989) cite six principes qui peuvent guider l'intervenant dans ce choix :

1. **L'économie** Il faut privilégier les interventions qui exigent le degré d'effort approprié de la part du client et de l'intervenant. Les activités doivent pouvoir être réalisées par le client, l'intervenant se réservant celles que ne peut absolument pas accomplir ce dernier.

2. **L'autodétermination du client** Le client doit choisir l'intervention qu'il préfère. L'intervenant a le devoir de l'informer des avantages et des désavantages des interventions possibles, mais c'est la décision du client qui l'emporte, sauf en contexte particulier, comme celui de la protection de la jeunesse.

3. **L'individualisation** La situation et les besoins particuliers du client doivent être pris en considération. Chaque personne étant unique, les interventions retenues doivent respecter les différences.

4. **Le développement** Dans le choix de l'intervention, il faut tenir compte du cheminement déjà entrepris par le client, qu'il s'agisse d'une personne, d'une famille, d'un groupe ou d'une communauté. L'intervention choisie doit favoriser la poursuite de ce cheminement.

5. **L'interdépendance** La relation entre l'intervenant et son client se construit à deux, ce qui crée une interdépendance particulière. Le choix de l'intervention doit en tenir compte.

6. La focalisation sur les buts L'intervention doit être choisie en fonction des buts et des objectifs fixés dans le contrat et doit permettre de les atteindre.

À ces six principes nous en ajoutons un septième, qui concerne le droit des parents. En effet, lorsque l'intervention se fait auprès d'un jeune, les parents ont un droit de regard sur les services que reçoit leur enfant. Cela ne signifie pas que les parents doivent toujours être consultés, mais, pour favoriser leur collaboration, il convient de les informer des démarches dans la mesure du possible. Il est à noter que des règles de consentement à l'obtention des soins sont prévues par la loi : un jeune de 14 ans et plus peut consentir sans l'accord de ses parents.

Les rôles possibles de l'intervenant

Dans le contexte de son travail, l'intervenant est appelé à jouer certains rôles pour aider son client. Parmi les rôles possibles, mentionnons ceux de :

- démarcheur ;
- courtier ;
- défenseur des intérêts et des droits ;
- évaluateur ;
- mobilisateur ;
- enseignant ou instructeur ;
- thérapeute ;
- consultant ;
- organisateur communautaire ;
- animateur social ;
- documentaliste ;
- administrateur ;
- chercheur ;
- programmateur.

Trois de ces rôles sont très présents dans la pratique :

1. **Le rôle de courtier** Le courtage consiste à mettre le client en contact avec des ressources ou des programmes existant dans la communauté. L'intervenant dirigera le client vers les ressources appropriées. Le travailleur social doit donc acquérir une excellente connaissance de toutes les ressources de son territoire.

2. **Le rôle de médiateur** Beaucoup d'interventions requièrent une médiation entre le client et son environnement en vue d'aplanir les obstacles. Le rôle du médiateur est de faciliter le rapprochement entre le client et son environnement pour que la cohabitation soit plus facile. Pour ce faire, il doit concilier les deux parties.

3. **Le rôle de défenseur des droits (*advocacy*)** Les clients sont souvent des personnes qui ont peu de pouvoir ; l'intervenant en a, lui, un peu plus. Dans les cas où le client bute contre des difficultés ou ne reçoit pas les services auxquels il a droit, l'intervenant doit défendre ses intérêts.

Les interventions et les rôles dont il vient d'être question prennent place sur le plan « micro » de la pratique. Dans le contexte d'une approche généraliste et intégrée, le travail social ne se limite pas nécessairement à ce plan. Des interventions sur l'échelle « macro », soit auprès d'organismes ou de communautés, sont parfois, et même souvent, requises. Ces interventions indirectes utilisent des techniques et des rôles qui peuvent être différents. C'est à elles que nous nous intéresserons dans la prochaine section.

Les interventions indirectes

Avant les années 1960, la plupart des intervenants privilégiaient une approche dont la cible d'intervention était la personne. De nos jours, un intervenant efficace doit posséder dans son répertoire de techniques un certain nombre d'outils qui se prêtent à la macro-intervention, soit aux **interventions indirectes**. En nous référant à Johnson et Yanca (2007), nous présenterons dans les pages qui suivent quelques-unes des actions possibles à cette échelle.

> **Intervention indirecte**
>
> Intervention à l'échelle « macro » faite pour aider le client (grand système), c'est-à-dire un organisme, une communauté ou la société.

L'action auprès des personnes influentes

Dans chaque communauté ou collectivité, des personnes exercent plus d'influence que d'autres ou y contrôlent des ressources. Afin de favoriser le changement, il faut repérer ces personnes et tenter d'exercer sur elles une certaine influence. Saul Alinsky (1971), qui a beaucoup écrit sur l'action sociale, insiste tout particulièrement sur cette habileté. Parmi ces personnes détenant de l'influence, il peut s'agir d'un interlocuteur de services publics (par exemple, le Protecteur du citoyen) ou de services privés (tel un fournisseur de services téléphoniques). Il importe de souligner que l'établissement au sein duquel travaille le travailleur social est le plus souvent la première cible d'intervention, parce qu'il permet, entre autres, l'adaptation des services aux besoins particuliers de l'individu.

L'action concernant l'élaboration et la planification de programmes et de services

Les intervenants sont souvent appelés à participer à la planification et à l'élaboration de nouveaux programmes ou services, ou à la réorganisation de programmes existants. En raison de la pression budgétaire que subissent les établissements, l'habileté à élaborer des programmes efficaces est une qualité de plus en plus nécessaire et importante.

L'action touchant la coordination de tâches ou de services

Il arrive que des lacunes existent au chapitre des ressources ou des programmes nécessaires à un client, ou dont la communauté aurait besoin. Il peut s'agir de services à l'intention d'une clientèle particulière, par exemple un programme de soutien des personnes âgées en perte d'autonomie dans leur milieu. Les travailleurs sociaux peuvent être chargés de combler ces lacunes. Ce type d'intervention suppose un travail en collaboration avec plusieurs personnes. Pour coordonner les tâches de chacun, il faut être capable de travailler avec des personnes ayant des formations différentes. Il devient ainsi possible d'atteindre un objectif qui ne serait pas réalisable autrement. Tous les grands systèmes de santé et de services sociaux du monde ont fait beaucoup d'efforts pour soutenir le travail interdisciplinaire ainsi que pour implanter des dispositifs (par exemple, le plan de services individualisé) et des pratiques professionnelles (telle la gestion de cas) favorisant la coordination des services.

L'action sur l'environnement

Dans le chapitre 1, nous avons fait état du modèle de médiation de Schwartz (1961), selon lequel le rôle de l'intervenant prend place dans l'interaction entre son client et l'environnement. Les problèmes sont le fait de la personne ou de l'environnement, ou, souvent, surgissent de l'interaction entre les deux. Il peut donc arriver que la cible de l'intervention soit l'environnement. Dans ce cas, l'intervenant doit essayer de changer le milieu, ou le rapport entre ce dernier et le client. À cette fin, toute une gamme d'actions est possible. Il s'agit essentiellement d'aplanir les obstacles qui nuisent à l'établissement d'une relation harmonieuse entre le client et son milieu.

L'action visant à changer une organisation

Les travailleurs sociaux ont le devoir, en vertu des règles éthiques de la profession, de veiller à ce que les organismes pour lesquels ils travaillent soient efficaces et de qualité, c'est-à-dire qu'ils répondent aux besoins des clients. La qualité des services ne relève pas seulement des administrateurs et du gouvernement. Cela doit faire partie des préoccupations des travailleurs sociaux.

La défense d'une cause

Sur le plan social, la responsabilité des travailleurs sociaux est claire : ils doivent combattre toute forme d'oppression et s'investir pour aider à éliminer les inégalités. À cet effet, ils peuvent, par exemple, participer à des campagnes de sensibilisation ou de mobilisation, ou encore s'engager dans diverses activités. Cela peut aussi se faire à l'échelle « micro », en favorisant par exemple l'*empowerment* des clients et en faisant valoir les droits de ces derniers dans les institutions publiques ou privées.

> ### ✓ ÉTUDE DE CAS
>
> Dans le cas de la famille Malthaie, le travailleur social a principalement quatre rôles à jouer, soit ceux de défenseur des droits, d'enseignant, de thérapeute et d'évaluateur. Dans un cas de protection de la jeunesse, son mandat premier est d'abord et avant tout de protéger les enfants.
>
> La Cour l'a mandaté comme évaluateur. Cette tâche implique la collecte d'information la plus complète possible, la détermination des problèmes individuels et familiaux, la pondération des options et des priorités, la formulation d'un jugement professionnel sur le risque de compromission de la sécurité et du bien-être des enfants et la prise de décision pour l'action en fonction du cadre légal en vigueur dans ce domaine. Le juge du Tribunal de la jeunesse s'appuiera sur son rapport pour rendre sa décision concernant le besoin de protection de Lucie et de Charlotte, âgées de huit et quatre ans. En tant que courtier, le travailleur social doit connaître les ressources existantes et ainsi pouvoir mettre la famille en relation avec l'organisme approprié, par exemple un organisme qui s'occupe de développement des compétences parentales.

Après avoir analysé le problème et avoir convenu, avec les parents, d'une marche à suivre, le travailleur social pourra être amené à revoir son appréciation de la problématique au fil des 10 semaines que durera l'intervention. Il doit définir des critères afin de pouvoir bien mesurer l'effet des actions et le changement chez les parents dans leur façon d'envisager la discipline familiale. Son rôle de médiateur peut ici faire la différence en ce qui concerne le degré d'acceptation des changements auxquels ils devront consentir.

Son rôle de défenseur des droits est probablement le moins concret en ce qui a trait aux interventions visibles. Sa tâche principale est de lutter pour les droits et la dignité des personnes qui ont besoin d'aide, mais dans un contexte de protection de la jeunesse, ce sont les droits et intérêts de l'enfant qui prévalent. Il se doit ici de défendre le besoin de protection des deux petites filles. Il lui faut aussi respecter le droit des parents et faire en sorte que chacun soit informé et connaisse ses recours, en accord avec le mandat de protection qui est le sien.

L'intervenant a aussi un rôle d'enseignant à jouer. Pour un travailleur social, ce rôle ne consiste pas dans l'enseignement pédagogique tel que nous l'imaginons. Il s'agit plutôt d'un rôle d'information et de modelage. L'information à communiquer dans ce cas-ci portera sur la violence, les comportements abusifs, les méthodes d'éducation des enfants et sur tout ce qui est susceptible de favoriser l'acquisition de connaissances et d'habiletés de base liées à la tâche du parent.

Son rôle le plus large est celui de thérapeute. Dans le cas présent, sa tâche principale est de faire en sorte que changent les conduites, les habitudes et les perceptions de M. et de Mme Malthaie. Un travail auprès des enfants sera également nécessaire, car le modèle qu'ils ont jusqu'à maintenant connu est un modèle de brutalité. Pour remplir son rôle de thérapeute, le travailleur social s'appuie sur le postulat selon lequel les problèmes peuvent être réglés ou atténués grâce à des changements touchant des éléments de la conduite, à la prise de conscience ou à la modification des valeurs et des perceptions.

Les rôles mentionnés ci-dessus ne sont pas exclusifs, car l'intervenant se doit de recourir à toutes les techniques susceptibles de donner de bons résultats, compte tenu de la situation, et de jouer les rôles nécessaires. Les diverses techniques d'intervention directe auprès du client impliquent toutes l'usage de la parole, ce qui peut laisser croire que c'est uniquement par la parole que l'on règle des problèmes. Dans le cas Malthaie, si le père dit au travailleur social que Lucie est souvent insupportable et qu'il lui administre, chaque fois, une gifle, il restera sceptique si l'intervenant lui répond qu'il étudiera le problème et qu'ils en discuteront plus tard. Il importe à ce moment d'être plus concret, plus orienté vers l'action, et c'est alors que les techniques béhavioristes peuvent être utiles. Une méthode type serait de créer une charte de comportement où sont énoncés de façon claire et précise les comportements appropriés et les récompenses qui les accompagnent, ainsi que les comportements inadéquats et leurs conséquences. Une chose est certaine, s'il veut revoir ses filles à la maison, M. Malthaie doit changer ses méthodes d'éducation. Plusieurs techniques devront être utilisées avec le père et la mère pour les amener à bien comprendre l'ampleur du problème et à modifier leur attitude.

Le plan d'action qu'a élaboré le travailleur social à l'intention de la famille Malthaie ne prévoit que des interventions directes. Comme intervention indirecte, et dans une optique de prévention, le travailleur social pourrait s'intéresser à un programme d'enseignement de méthodes d'éducation des enfants dans la communauté en demandant à un organisateur communautaire d'élaborer un programme de promotion des compétences parentales. Il pourrait aussi faire partie de comités qui s'occupent de campagnes de sensibilisation de la maltraitance des enfants.

QUESTIONS

1. Que faut-il faire avant d'entreprendre une intervention ?
2. En quoi consiste un système d'aide informel ?
3. Donnez un exemple d'un service qui vient du système d'entraide.
4. Pourquoi dit-on que l'économie d'effort est un principe qui guide le choix d'intervention ?
5. Décrivez le rôle de courtier.
6. Expliquez pourquoi l'intervenant ne doit pas se limiter à des interventions directes.

Chapitre 17 — La fin du processus

La dernière étape du processus d'intervention se nomme tout simplement la « fin du processus d'intervention ». Nous aborderons les deux principaux volets de cette phase : d'abord nous traiterons de la conclusion du processus avec un client, puis nous discuterons de l'évaluation des résultats.

Il faut dire que cette phase du processus, aussi importante soit-elle en principe, est souvent bâclée. Or, elle représente un moment crucial de l'intervention et requiert de solides connaissances et habiletés de la part de l'intervenant. En effet, c'est à cette étape qu'il faut consolider les progrès qu'a faits le client au cours des phases précédentes et raffermir sa capacité de réussir. De plus, pour le client, la fin de l'intervention risque d'être un moment difficile puisqu'elle constitue une étape importante de la prise en charge par lui-même de sa situation. Si la relation entre l'intervenant et le client est bonne et s'ils ont vécu ensemble des étapes de vie difficiles pour le client, ce moment de séparation peut être pénible. L'intervenant doit être conscient de ce qu'il représente pour le client et doit l'aider à accepter la « coupure » prochaine. L'intervenant doit aussi savoir qu'il existe un risque de régression chez le client. Le client cherchera peut-être à prouver que la relation ne devrait pas se terminer. Le succès de toute l'intervention peut reposer sur le déroulement de cette étape. C'est pourquoi il est important de bien évaluer les forces et les faiblesses du client ainsi que sa capacité à vivre cette séparation (Johnson et Yanca, 2007).

Soulignons par ailleurs que, dans certains cas, une intervention brève est ce qui est requis. Des auteurs ont fait remarquer que, bien souvent, une intervention de courte durée est aussi efficace et appropriée qu'une autre plus longue. Il a été observé que, dans un processus long, la plus grande part des progrès est réalisée au début de l'intervention. Ces constatations, qui font réfléchir sur la durée de l'intervention, laissent entendre que celle-ci devrait être brève.

Les types de fin du processus

La **fin de l'intervention** peut se produire à tout moment. Sa conclusion peut prendre deux formes :

1. **Le transfert** Si, après avoir bien évalué les besoins du client, il paraît clair qu'un autre intervenant sera plus en mesure de l'aider, l'intervenant doit envisager l'éventualité de transférer le cas. Il peut aussi arriver que ce soit le client qui demande un **transfert** pour des raisons personnelles. Une autre situation possible est celle où, à la suite du processus d'intervention, l'intervenant, le

---

Fin de l'intervention
Achèvement de l'intervention, au moment où les buts et les objectifs ont été atteints ou qu'il n'y a plus de progrès et qu'il est inutile de poursuivre.

Transfert
Action d'adresser le client à un autre intervenant ou organisme qui sera plus en mesure de l'aider.

client, ou les deux, se rendent compte que l'organisme ne dispense pas le type de service dont le client a besoin. Il convient alors d'adresser ce dernier à l'organisme approprié. Notons qu'il ne faut jamais oublier que, pour transmettre les renseignements concernant le client, il est absolument essentiel d'obtenir son autorisation écrite.

2. **La fin comme telle** Dans un contexte idéal, l'intervention se termine parce que les buts et les objectifs ont été atteints. Il arrive aussi que l'intervenant et le client se rendent compte qu'il n'y a plus de progrès et concluent qu'il est inutile de poursuivre. Le dossier est alors fermé.

Il est également fréquent pour certaines clientèles particulièrement instables que la fin soit abruptement provoquée par le client lui-même. Il faut analyser cette instabilité comme un symptôme du problème. De plus, l'intervenant doit être conscient qu'il existe un risque de **régression** chez le client vers la fin de l'intervention.

En résumé, l'intervention peut se terminer à n'importe quel moment au cours du processus, comme nous l'avons mentionné plus haut, et pour diverses raisons, qui tiennent tant à l'intervenant ou à l'organisme qu'au client et à ses besoins particuliers.

> **Régression**
> Retour des vieux problèmes vécus par le client qui émergent de nouveau vers la fin de l'intervention.

L'évaluation des résultats

L'évaluation de l'atteinte des objectifs visés initialement permet d'évaluer le progrès réalisé et de juger, au moins en partie, de la qualité de l'intervention. Ainsi, ce moment de conclusion permet à l'intervenant de déterminer réflexivement la qualité de son intervention. L'**évaluation des résultats** implique également un élément de recherche. Le matériel qui en découle peut servir au partage des connaissances entre praticiens. Les travailleurs sociaux doivent donc, idéalement, posséder des connaissances de base en recherche. L'**évaluation de la pratique** devient un outil important dans la formation et dans la quête de nouveaux savoirs.

Au cours des dernières années, une attention spéciale a été accordée à l'évaluation des résultats des interventions en travail social. Des systèmes d'information institutionnels ont été mis sur pied pour documenter le travail des intervenants. Cette information sert à la fois à la recherche, à la gestion et à l'élaboration de politiques publiques. En contexte de rareté de ressources, les gouvernements souhaitent pouvoir mesurer les succès de l'intervention. À titre d'exemple, on peut chercher à répondre à la question suivante : Les lits d'hébergement pour personnes âgées en grande perte d'autonomie sont-ils affectés à ceux qui en ont le plus besoin, ou bien sont-ils offerts au hasard ? Les statistiques obtenues sont construites selon le modèle que l'organisme a adopté. Le contenu des rapports doit respecter la confidentialité des interventions.

Par ailleurs, diverses procédures entourent la fermeture ou la réouverture d'un dossier. Elles peuvent être différentes selon les organismes, mais l'essentiel est de respecter la confidentialité et de bien comprendre les principes de l'accès à l'information.

> **Évaluation des résultats**
> Action posée pour déterminer si les objectifs visés initialement ont été atteints, et qui permet de juger, au moins en partie, de la qualité de l'intervention.
>
> **Évaluation de la pratique**
> Recherche sur l'efficacité des techniques d'intervention.

Comme nous l'avons souligné précédemment, cette dernière étape est importante, car la façon dont elle se déroule peut avoir une incidence sur le succès de tout le processus. Au terme de leur relation, le travailleur social et le client peuvent avoir le sentiment que les objectifs établis ont été réalisés ou que les attentes définies lors de la planification de l'intervention ont été comblées.

✓ ÉTUDE DE CAS

La dernière phase du processus d'intervention auprès de M. et de Mme Malthaie doit se traduire par une évaluation écrite à l'intention du Tribunal de la jeunesse. Il ne s'agit ici ni d'un transfert ni d'une fin découlant de l'atteinte des buts et des objectifs formulés dans le contrat. Ici, la fin est dictée par une ordonnance du Tribunal et celle-ci doit être respectée. Par contre, le dossier n'est pas nécessairement fermé une fois pour toutes, et un travail de clôture peut être fait par l'intervenant.

Pour la famille Malthaie, la fin du processus peut être une expérience positive ou négative. Ce qui compte, c'est que les individus concernés aient été respectés et que l'évaluation demandée ait été portée à leur connaissance, peu importe qu'ils soient d'accord ou non avec son contenu. Il est fort possible que l'intervention de 10 semaines ne puisse convaincre le juge que les fillettes n'ont plus besoin de protection. Il faudra peut-être, lorsque la cause sera réexaminée, négocier une autre entente d'intervention si le couple y consent ou si le juge le demande.

? QUESTIONS

1. Pourquoi l'étape de la fin du processus d'intervention est-elle si importante ?
2. Quand doit-on commencer à penser à la fin de l'intervention ? Expliquez votre réponse.

+ LECTURES SUGGÉRÉES

Adams, R., Dominelli, L. et Payne, M. (2009). *Critical Practice in Social Work*. Londres : Palgrave Macmillan.

De Robertis, C. (2007). *Méthodologie de l'intervention en travail social*. Paris : Bayard.

Deslauriers, J. et Y. Hurtubise (dir.) (2000). *Introduction au travail social*. Québec, Québec : Presses de l'Université Laval.

Milner, J. et O'Byrne, P. (2002). *Assessment in Social Work*. Basingstoke, Royaume-Uni : Macmillan.

Payne, M. (2005). *Modern Social Work Theory*. Chicago, Illinois : Lyceum Press.

Partie IV — Les cibles de l'intervention

Chapitres

- **18** L'intervention individuelle
- **19** L'intervention familiale
- **20** L'intervention de groupe
- **21** L'intervention communautaire

Cette quatrième et dernière partie de l'ouvrage traite du travail effectué auprès de quatre types de clientèle : les individus (*chapitre 18*), les familles (*chapitre 19*), les groupes (*chapitre 20*) et, enfin, les communautés (*chapitre 21*). Bien qu'il existe une diversité d'approches pour l'intervention auprès de ces types de clientèle, nous avons choisi l'approche généraliste telle que la conçoivent Johnson et Yanca (2007).

Chaque chapitre présente les étapes à suivre ainsi qu'une grille qui permet une évaluation en profondeur de la situation du client. De plus, dans chaque chapitre, un exemple de cas sert à illustrer la démarche. S'ils ne donnent pas une description détaillée de l'intervention, les chapitres qui suivent explorent néanmoins des techniques utiles pour une variété de situations. Les lecteurs qui veulent approfondir ces techniques sont invités à consulter les ouvrages et articles suggérés à la fin de chacun des chapitres ainsi que la bibliographie.

Chapitre 18 — L'intervention individuelle

Dans le contexte de l'approche généraliste, l'intervenant doit travailler avec des clientèles variées : personnes, familles, petits groupes et communautés. La résolution de problèmes et le processus d'intervention supposent que les mêmes étapes sont suivies indépendamment du client ou de la théorie qui sous-tend l'intervention. Le présent chapitre porte sur l'intervention auprès des individus. Au fil des étapes à suivre, c'est tout le processus d'intervention qui est examiné, le but étant la maîtrise des étapes qui mènent à l'élaboration du plan d'intervention et à l'action.

Les étapes du processus d'intervention

Les grandes étapes à suivre dans une intervention auprès d'une personne sont celles que nous avons présentées dans les chapitres 14 à 17. Elles se subdivisent comme suit :

1. L'évaluation
- La description du problème par le client
- L'exploration de l'histoire du problème et des solutions essayées
- La collecte des renseignements nécessaires au jugement professionnel
- L'évaluation en profondeur
- La reformulation du problème à partir de l'évaluation

2. La planification
- La détermination des buts, des objectifs et des stratégies d'intervention
- L'élaboration du plan d'intervention et la rédaction du contrat

3. L'action
- La mise en œuvre du plan, l'évaluation des résultats

4. La fin du processus d'intervention
- L'évaluation finale

Nous allons maintenant nous attarder à chaque étape.

L'évaluation

La description du problème par le client

Nous avons souligné, au chapitre 14, combien il est important de reconnaître qu'il est souvent difficile pour une personne de demander de l'aide et d'admettre qu'elle ne peut résoudre seule ses problèmes. L'intervenant doit être conscient de ce qu'a vécu le client avant de se présenter à lui. La première rencontre risque d'être pénible et douloureuse pour lui. Pour qu'il se sente un peu plus à l'aise, les règles énoncées par Johnson (1989) sont utiles:

- Le client doit être traité comme une personne et non comme une catégorie de problème.
- Le client a le droit d'exprimer des sentiments négatifs et positifs.
- Le client doit être accepté comme un être de valeur et sa dignité doit être respectée.
- Le client doit être compris et recevoir une rétroaction sur les sentiments qu'il exprime.
- Le client ne doit être ni jugé ni condamné pour la situation dans laquelle il se trouve.
- Le client a le droit de prendre les décisions qui le concernent.
- Les renseignements personnels doivent demeurer confidentiels dans la mesure du possible.

Tout en ayant en tête les règles énoncées par Johnson (1989), il faut encourager le client à décrire le problème qu'il vit en ses propres mots et selon la perception qu'il en a.

L'exploration de l'histoire du problème et des solutions essayées

À cette étape, l'intervenant cherche à connaître et à comprendre l'histoire du problème. Quand la situation a-t-elle débuté? Quels événements sont à l'origine du problème? Quel est le potentiel du client pour retrouver un emploi (formation, contacts, compétences, etc.)?

En examinant la situation problématique avec le client, l'intervenant doit évaluer la capacité de ce dernier à résoudre des problèmes, car elle est un facteur déterminant dans le choix des stratégies d'intervention. Comment, dans le passé, a-t-il fait face aux problèmes? Il faut se rappeler qu'un des objectifs de l'intervention est l'acquisition ou le renforcement d'aptitudes à la résolution de problèmes. Si cet objectif est atteint, le client n'aura peut-être plus à recourir à un professionnel dans le futur et exercera un meilleur contrôle sur le déroulement de sa vie.

Il faut aussi explorer les ressources à la disposition du client. Sur quelle aide peut-il compter pour résoudre ses difficultés? Quelles sont les personnes qui pourraient être mises à contribution pendant l'intervention?

Selon le **modèle de médiation** de Freynet (2000), le problème peut être le fait du client, de l'environnement ou de l'interaction entre les deux. Il se peut que d'autres personnes soient en cause. Qui donc contribue au problème? L'intervenant explorera également ces aspects.

Modèle de médiation

Modèle d'action où le rôle de médiateur est de faciliter le dialogue qui permet aux parties de discuter de l'impact du conflit, d'assister l'une et l'autre dans la détermination de la solution la plus acceptable et de reconnaître leur humanité commune (Burns, 2002).

La collecte des éléments d'information nécessaires

Pendant l'évaluation, l'intervenant et le client peuvent s'apercevoir qu'il manque des éléments d'information. Ils s'organiseront ensemble pour recueillir ces éléments. Comme nous l'avons déjà dit, si cela signifie qu'il faut obtenir de l'information confidentielle, l'autorisation écrite du client sera nécessaire.

L'évaluation en profondeur

Une fois l'information recueillie, l'intervenant procédera, avec le client, à l'évaluation de sa situation. Une partie de cette démarche sera facilitée par l'utilisation d'une grille conçue à cet effet. Chaque établissement ou service peut employer un formulaire maison, mais la tendance est au déploiement d'outils standardisés. Le tableau 18.1 en donne un exemple.

TABLEAU 18.1 Un schéma d'établissement d'une histoire sociale : l'individu

1. **Personne**
    1.1 Détermination de l'information (requise par l'établissement) : le nom, l'adresse, la date et le lieu de naissance, le statut matrimonial, la religion, l'origine ethnique, le nom de la personne qui a adressé le client à l'établissement et la raison de cette décision.
    1.2 Famille
        1.2.1 Parents : nom, date de naissance, date de décès, lieu ou lieux de résidence
        1.2.2 Frères et sœurs : nom, date de naissance, relations
        1.2.3 Époux/épouse : nom, âge, dates de mariage et de divorce, lieux de résidence, relations
        1.2.4 Enfants : nom, âge, date de naissance, lieux de résidence
        1.2.5 Ressources dans la famille pour le client ; attentes du client
    1.3 Éducation et expérience de travail
        1.3.1 Dernière année scolaire complétée ou dernier diplôme obtenu, connaissances particulières ou formations reçues ; attitudes envers son expérience scolaire ; ressources et attentes envers le système scolaire
        1.3.2 Passé professionnel : emplois occupés, dates et raisons du départ ; attitudes envers les expériences de travail ; ressources et attentes envers le monde du travail
    1.4 Facteurs de diversité
        1.4.1 Facteurs invalidants : physiques, passé de santé mentale, fonctionnement quotidien.
        1.4.2 Identité ethnique ou culturelle, importance pour le client
        1.4.3 Autres facteurs de diversité (incluant les préférences religieuses ou spirituelles, le cas échéant)
        1.4.4 Ressources et attentes liées aux caractéristiques de diversité du client
    1.5 Facteurs environnementaux
        1.5.1 Relations significatives hors de la famille ; ressources et attentes du client
        1.5.2 Facteurs significatifs du quartier et de la communauté ; ressources et attentes du client

2. **Préoccupations ou besoins**
    2.1 Raison de la demande de service
    2.2 Histoire de la préoccupation ou du besoin : origines ; nature et résultats des tentatives de faire face à la situation ; facteurs qui semblent contribuer à la préoccupation ou au besoin

TABLEAU 18.1 (*suite*)

- 2.3 Capacité de s'acquitter des rôles de vie
- 2.4 Besoins du client (en général)
  - 2.4.1 Besoins inhérents au développement humain
    - 2.4.1.1 Stade de développement physique, cognitif et psychosocial
    - 2.4.1.2 Compétence de réponse aux besoins dans les stades antérieurs
    - 2.4.1.3 Besoins actuels (besoins en fonction du stade de développement et compensation pour un déficit lors d'un stade antérieur)
  - 2.4.2 Besoins liés aux facteurs de diversité
    - 2.4.2.1 Quels facteurs et attitudes sociétaux dominants affectent la capacité des gens de ce groupe à satisfaire leurs besoins humains ou développementaux ?
    - 2.4.2.2 Quels facteurs culturels de groupe affectent la capacité des gens de ce groupe à satisfaire leurs besoins humains et développementaux ?
    - 2.4.2.3 Particulariser le client à l'intérieur d'un groupe diversifié. Quels sont ses attitudes envers cette caractéristique de diversité, ses moyens d'y faire face, son adaptation ou son style de vie à l'intérieur du groupe, et sa capacité ou son adaptation vis-à-vis des attentes sociétales dominantes ?
    - 2.4.2.4 Quelles incongruités y a-t-il entre la manière de fonctionner du client et les attentes sociétales liées à la diversité ?
    - 2.4.2.5 Quels besoins cette personne a-t-elle en raison d'attitudes et d'attentes de la société, de facteurs culturels liés aux besoins communs et au développement humain, de facteurs individuels d'attitude envers la diversité et des attentes et empiètements de la société dominante, ou en raison d'incongruités existant entre la manière de fonctionner du client et les attentes sociétales liées à la diversité ?

3. **Forces et défis de l'aide**
   - 3.1 À quoi le client s'attend-il quant au déroulement et aux résultats du service fourni ?
   - 3.2 Quels sont les idées, intérêts et plans du client qui sont en rapport avec le service ?
   - 3.3 Quelle est la motivation du client vis-à-vis de l'usage du service et du changement ?
   - 3.4 Quelle est la capacité du client à faire face à la situation et à changer ? Qu'est-ce qui pourrait l'affecter ? Quelles sont les ressources internes du client qui pourraient lui permettre de changer ?
   - 3.5 Quelles sont les forces du client ?
   - 3.6 Quelles sont les ressources et les responsabilités environnementales, en plus des empiètements qui pourraient soutenir ou limiter la capacité de faire face à la situation ou de changer ?
   - 3.7 Existe-t-il d'autres facteurs qui affectent la motivation, la capacité ou les perspectives de changement du client ?
   - 3.8 Quelle est la nature du facteur de stress ?
   - 3.9 Les attentes du client sont-elles réalistes ?
   - 3.10 Résumé des forces du client et des défis auxquels le client fait face dans la situation actuelle, et leur lien avec la satisfaction du besoin

Source : Adapté de Johnson, L. C. et Yanca, S. J. (2007). *Social Work Practice. A Generalist Approach* (pp. 194-195). Toronto, Ontario : Pearson/Allyn & Bacon.

La reformulation du problème à partir de l'évaluation initiale

Il faut maintenant reformuler le problème à la lumière des données de l'évaluation initiale. La démarche que nous venons d'exposer amène parfois le client à réévaluer lui-même son problème. Il a pu exposer son problème, exprimer ses attentes et inventorier les ressources disponibles et les limites plus précisément. Bien des choses peuvent maintenant se produire. Le client peut décider que la situation est trop complexe et abandonner. Il peut également vouloir changer sa formulation du problème.

S'il a pu croire qu'il était la seule cause de ce qui lui arrive, il peut aussi prendre conscience du rôle de l'environnement.

La planification

La détermination des buts, des objectifs et des stratégies d'intervention

Une fois que le client a décidé de poursuivre la démarche et que le problème a été cerné et précisé avec l'aide de l'intervenant, il reste à déterminer les buts, les objectifs et les stratégies d'intervention. Nous avons déjà indiqué, au chapitre 15, la différence entre le but et l'objectif. Il faut se rappeler qu'un but est plus général et qu'un objectif est plus spécifique. Ce dernier appelle une action à court terme et donne lieu à des résultats mesurables.

Dans l'établissement des buts, il faut tenir compte des capacités et des limites du client et de l'environnement. Il est préférable de fixer des buts réalistes plutôt que de viser trop haut et de risquer un échec. Quand le client vit des réussites, sa confiance augmente et il peut essayer d'aller plus loin. Le nombre de buts doit aussi être limité; il sera toujours possible d'en ajouter.

En ce qui concerne les stratégies, dans la mesure du possible, il faut tenir compte des besoins du client. Les principes qui président au choix des stratégies d'intervention ont été énoncés au chapitre 16. L'intervenant doit laisser ses préférences de côté et opter pour une stratégie vis-à-vis de laquelle le client se sent à l'aise. Ce dernier peut ainsi devenir plus maître de l'intervention et de ce qui lui arrive.

L'élaboration du plan d'intervention et la rédaction du contrat

Une fois que le client et l'intervenant se sont entendus sur les buts, les objectifs et les stratégies, ils sont prêts à procéder à la rédaction du contrat. Nous avons montré au chapitre 15 l'importance des contrats écrits. Rappelons simplement que le contrat écrit permet à l'intervenant et au client de clarifier les buts et les objectifs et de préciser leurs rôles respectifs.

L'action

La mise en œuvre du plan et l'évaluation des résultats

Pendant la réalisation du contrat, le travailleur social collabore à l'atteinte des buts et objectifs fixés. Il est convenu qu'il doit adapter le plan d'action selon les circonstances, et ce, toujours de concert avec le client.

La fin du processus d'intervention

L'évaluation finale

L'évaluation du travail accompli est faite à partir du contrat. Les objectifs visés sont revus, et le client est encouragé à exprimer ses sentiments face à la fin du processus. Le travailleur social s'assure que le client comprend bien le travail à poursuivre.

Nous avons décrit l'essentiel d'une intervention auprès d'une personne. Mais le travail est loin d'être terminé; il reste beaucoup à accomplir et des embûches sont toujours possibles, mais si les neuf étapes que nous venons d'exposer sont bien suivies, la probabilité d'atteindre les buts et les objectifs est d'autant augmentée.

✓ ÉTUDE DE CAS

Une femme de 23 ans vient vous rencontrer parce qu'elle a perdu son emploi et se sent dépressive.

Elle a perdu son emploi parce que l'employeur devait diminuer le nombre de ses employés. De plus, selon elle, étant donné que le travail pour lequel elle avait été engagée devait se faire en équipe et qu'elle est une personne très gênée, l'employeur a décidé de la congédier.

Vous explorez donc avec votre cliente le contexte de son travail et déterminez les éléments d'information dont vous avez besoin pour bien comprendre ce qui s'est passé. Combien de temps a-t-elle travaillé pour cette entreprise? Travaillait-elle à temps plein ou à temps partiel? Le congédiement est-il justifié? Etc.

Il s'agit alors pour vous de rassembler l'information requise pour déterminer plus précisément la gravité de la situation qu'elle vit.

Votre cliente peut redéfinir la situation de la manière suivante: après tout, elle n'aimait pas son emploi à cause des heures coupées que lui donnait l'employeur, et aussi à cause de certaines personnes avec qui elle devait travailler. Sa gêne tenait davantage à sa peur de ces dernières qu'aux clients qu'elle servait. Elle veut maintenant se mettre à la recherche d'un emploi permanent.

Votre cliente affirme qu'elle préférerait occuper un emploi où elle peut travailler seule. Par conséquent, le but consistera à se trouver un emploi dans un domaine qui le lui permet. Elle pourrait alors se fixer comme objectif de déterminer le domaine dans lequel elle aimerait travailler en prenant rendez-vous avec un conseiller en orientation professionnelle au centre local d'emploi (CLE). Elle doit aussi se poser les questions suivantes: Est-ce un but réaliste compte tenu du contexte qui est le sien? De tels emplois existent-ils là où elle habite? Comment va-t-elle s'y prendre pour atteindre son but? Quelle limite de temps se donne-t-elle pour explorer ce qu'elle vient de déterminer comme objectif? Faut-il envisager une nouvelle formation?

Votre cliente et vous concluez une entente écrite concernant les démarches à entreprendre et le délai fixé pour réaliser cette tâche. Elle prendra rendez-vous avec le CLE, trouvera les formations disponibles qui puissent lui convenir ainsi que les programmes de soutien au revenu qui lui seront accessibles pendant cette période de transition.

? QUESTIONS

1. En quoi consiste l'exploration du contexte du problème ?
2. Donnez un exemple précis d'un protocole d'exploration en profondeur.
3. Peut-on évaluer un problème individuel sans tenir compte du contexte de vie d'un individu ?
4. Quelle est la principale limite de l'intervention individuelle et quelles en sont les conséquences ?

+ LECTURES SUGGÉRÉES

Bernard, A.-M., Demmou, J., Gargan, V. et Girardet, M. (2010). *La relation d'aide en service social.* Paris : Erès.

Johnson, L. C. et Yanca, S. J. (2007). *Social Work Practice. A Generalist Approach.* Toronto, Ontario : Pearson/Allyn & Bacon.

Weber, P. (2008). *L'intervention du travailleur social – dynamiser les pratiques.* Lyon : Chroniques sociales.

Chapitre 19
L'intervention familiale

La famille est le système le plus important dans la vie de la plupart des gens. C'est dans la famille que nous apprenons notre langue maternelle, nos valeurs de base ainsi que les divers rôles que nous jouerons tout au long de notre existence. Même si la famille a changé et a évolué et que sa structure s'est modifiée substantiellement dans certains cas — familles monoparentales, familles recomposées, couples du même sexe —, la vie familiale continue à exister et la plupart d'entre nous en connaissons une forme ou une autre.

Dans les chapitres précédents, nous avons abordé l'intervention auprès des personnes ; nous allons maintenant porter notre attention sur la famille, considérée ici comme une entité en soi, et en faire la cible de l'intervention. Bien qu'il faille tenir compte de ses membres individuellement, l'objectif ici est de comprendre la famille et son fonctionnement global. Comme nous l'avons fait précédemment, nous suivrons les étapes du processus d'intervention en travail social. Une grille d'évaluation sera présentée ainsi que quelques outils utiles à l'évaluation du fonctionnement de la famille. Les théories ou les approches auxquelles nous nous référerons ne sont que quelques illustrations de celles, nombreuses, qui ont cours dans ce champ de pratique.

Les étapes du processus d'intervention

Les étapes que propose de suivre Johnson (1989) dans l'intervention auprès d'une famille sont énumérées ci-après ; on remarquera qu'elles sont semblables à celles de l'intervention auprès des individus.

1. L'évaluation
- La description du problème par les membres de la famille
- L'exploration de l'histoire du problème et des solutions essayées
- La collecte des renseignements nécessaires au jugement professionnel
- L'évaluation en profondeur
- La reformulation du problème à partir de l'évaluation

2. La planification
- La détermination des buts, des objectifs et des stratégies d'intervention
- L'élaboration du plan d'intervention et la rédaction du contrat

3. L'action

- La mise en œuvre du plan, l'évaluation des résultats

4. La fin du processus d'intervention

- L'évaluation finale et les recommandations sur le travail à poursuivre

Voyons les étapes de ce processus en détail.

L'évaluation

La description du problème par les membres de la famille

C'est souvent par téléphone ou par l'entremise de l'équipe d'évaluation de l'établissement que l'intervenant et la **famille** entrent pour la première fois en relation. Dans certains cas, ce peut être un intervenant qui, dirigeant la famille vers un autre praticien, appelle celui-ci et lui expose la situation. Une relation particulière se crée ainsi entre chacun des participants de la famille et l'intervenant. Salvador Minuchin (1979), un chercheur en intervention familiale, qualifie d'**alliance** cette relation. L'intervenant doit cependant se rappeler que sa **neutralité** est nécessaire pour travailler avec une famille. Certes, le premier contact est inévitable, mais, pendant la première rencontre avec la famille, l'intervenant doit montrer que tous les membres ont la même importance à ses yeux. Une des techniques propres à refléter la neutralité consiste à demander à chacun des membres, à tour de rôle, de parler du problème selon sa perception. Chaque famille a son porte-parole qui cherchera à répondre pour les autres ; l'intervenant doit insister pour que chaque membre puisse s'exprimer. C'est déjà là un début d'intervention ; donner à tous la possibilité de parler a des chances d'aboutir à une meilleure communication.

Pendant les rencontres avec une famille, le praticien doit constamment être aux aguets et prêter attention à deux aspects. Il doit d'abord être attentif au contenu du discours, au verbal. En même temps, il doit observer les modes de fonctionnement de la famille : qui est le porte-parole, qui détient le pouvoir, quelles sont les alliances, quels sont les messages non verbaux.

Les modes (*patterns*) de communication sont importants. Virginia Satir (1972), auteure connue dans le domaine de la thérapie familiale, a relevé quatre modes de communication familiale. D'abord, la communication devrait idéalement être claire et directe. Les membres devraient exprimer leurs sentiments réels aux personnes concernées. Par exemple, une femme qui est fâchée contre son mari doit lui en faire part à lui et non aux enfants. À l'opposé de ce modèle, il y a les communications qui ne sont ni claires ni directes. Dans ce cas, les membres de la famille cachent leurs sentiments réels ou les expriment à des membres qui n'en sont pas l'objet. Si on reprend l'exemple précédent, si la conjointe devient plus stricte avec ses enfants, c'est probablement qu'elle transfère sur eux sa colère contre son mari. Les deux autres modes concernent des communications claires mais indirectes et des communications directes, mais non claires. Une évaluation du mode de communication à l'intérieur d'une famille est essentielle pour mieux cerner le problème que vit celle-ci.

Famille

Unité composée de deux personnes ou plus qui œuvrent ensemble selon leurs différents rôles.

Alliance

Lien établi entre l'intervenant et chacun des membres de la famille.

Neutralité

Attitude de l'intervenant qui donne la même importance à chacun des membres de la famille dans leur définition de la situation.

L'exploration de l'histoire du problème et des solutions essayées

La façon dont on explore un problème est fonction de la nature de celui-ci. Si la difficulté tire son origine des comportements indésirables des enfants, l'exploration sera axée sur la manière dont les parents appliquent la discipline. Satir (1972) parle de trois types problématiques de discipline : le laisser-faire, la discipline rigide et la discipline chaotique. Le premier se caractérise par une quasi-absence de discipline. À l'inverse, la discipline rigide suppose des règles sévères, rigoureusement appliquées. Quant à la discipline chaotique, elle se traduit par un manque de constance : un jour, c'est le laisser-faire, et le lendemain, la rigidité est en vigueur.

Ce sont souvent les problèmes vécus par les enfants qui sont à l'origine de la demande d'aide familiale ; un enfant éprouve des difficultés à l'école, un autre commet des délits. L'intervenant sera toujours attentif sur deux plans : il prêtera attention à la description que les parents font des problèmes vécus avec leurs enfants, mais il observera aussi la distribution des rôles dans cette famille afin de vérifier si l'enfant n'est pas le bouc émissaire en lien avec des problèmes familiaux plus importants.

La collecte des renseignements nécessaires au jugement professionnel

À la suite de l'exploration préliminaire, le praticien peut constater qu'il a besoin de plus d'information. Dans le cas d'un enfant qui semble présenter des problèmes de comportement, il peut s'avérer nécessaire de demander aux parents de décrire en détail et par écrit les comportements indésirables et de noter leur fréquence. Martin Herbert (1989), utilisant comme fondement théorique l'approche centrée sur la modification du comportement, décrit la méthode ABC que nous avons présentée au chapitre 7 pour bien circonscrire les manifestations des comportements. Le « A » correspond à l'événement ou à l'incident précédant la crise, le « B », au comportement indésirable et le « C », aux conséquences de celui-ci. Une telle démarche permet à l'intervenant de comprendre le contexte dans lequel surviennent les comportements indésirables.

D'autres outils ou techniques peuvent aider à mieux comprendre la situation familiale. Hartman et Laird (1983) ont conçu l'**écomap** pour rendre compte des relations familiales internes et externes. Schützenberger (1999) a proposé de recourir au **génogramme** pour illustrer les liens entre les membres de la famille nucléaire et ceux de la famille étendue. Cet outil fonctionne dans plusieurs logiciels, dont certains gratuiciels.

Écomap
Représentation graphique de tous les systèmes en jeu dans la vie d'un individu.

Génogramme
Carte qui illustre le réseau relationnel familial sur plusieurs générations.

L'évaluation en profondeur

Nous avons mentionné dans les chapitres précédents que des grilles ont été conçues pour aider à évaluer à fond une situation. Nous présentons ici une variante du modèle proposé par Johnson et Yanca (2007) (*voir le tableau 19.1*). Il faut se rappeler que la grille sert d'aide-mémoire. L'intervenant n'est pas tenu d'inscrire un élément d'information sous chaque thème ; la nature du cas et son jugement doivent le guider pour déterminer ce qui est important.

TABLEAU 19.1 Un schéma d'établissement d'une histoire sociale : la famille

1. **Détermination de l'information (requise par l'établissement)**
   - 1.1 Nom et date de naissance des membres de la famille, date de décès
   - 1.2 Date de mariage, date de mariages antérieurs
   - 1.3 Religion, origine ethnique, bagage culturel
   - 1.4 Langue parlée à la maison
   - 1.5 Date du premier contact, nom de la personne ayant adressé le client à l'établissement

2. **La famille comme système (noter les forces, les ressources et les défis pour chaque section)**
   - 2.1 La structure familiale
       - 2.1.1 Identifier les personnes à l'intérieur du système familial. Inclure les membres de la famille étendue et des personnes non liées à la famille si elles participent au fonctionnement du système. Décrire chaque personne en utilisant les éléments appropriés du Schéma d'établissement d'une histoire sociale : Individu.
       - 2.1.2 Les sous-systèmes : les relations et le fonctionnement des sous-systèmes matrimonial, parental, fraternel et parents-enfants, ou d'autres sous-systèmes.
       - 2.1.3 La cohésion familiale : la façon dont la famille maintient son système, ses frontières et ce qui les lie. Inclure les éléments de connexion et de séparation entre les membres, la spécification des lois et normes de la famille et le climat émotionnel.
       - 2.1.4 L'environnement de la famille
           - 2.1.4.1 La situation de vie de la famille
           - 2.1.4.2 Le statut socioéconomique
           - 2.1.4.3 La nature de la communauté ou du quartier et la relation de la famille avec celle-ci (ou celui-ci). Inclure les organisations communautaires et les institutions importantes pour la famille, ainsi que la nature de sa relation avec ces dernières. Décrire les ressources, les responsabilités et les limites de la communauté ou du quartier pour cette famille.
           - 2.1.4.4 La famille étendue : implication avec la famille ; les personnes significatives dans la famille étendue ; la force de l'influence de ce système familial ; les ressources, la responsabilité et les limites de celui-ci.
   - 2.2 Le fonctionnement familial
       - 2.2.1 Les modes de communication
       - 2.2.2 Les modes de prise de décision
       - 2.2.3 L'exercice d'un rôle
           - 2.2.3.1 Le travail et les pratiques et standards d'intendance domestique
           - 2.2.3.2 Les pratiques et standards de l'éducation et du soin des enfants
           - 2.2.3.3 Le soutien aux membres du système ; l'encouragement, les soins et l'importance de la croissance
       - 2.2.4 Les mécanismes habituels d'adaptation et de résolution de problèmes de la famille
       - 2.2.5 Élaboration de l'écomap de la famille
   - 2.3 Le développement familial : le passé
       - 2.3.1 Racines, influence du groupe culturel et des générations précédentes sur le système familial

▼

TABLEAU 19.1 (*suite*)

   2.3.2 Événement significatif dans la vie de la famille

   2.3.3 Stade de développement de la vie de cette famille

   2.3.4 Construction du génogramme

3. **La préoccupation ou le besoin**

   3.1 Pourquoi cette famille est-elle venue à cet établissement ? De quel service a-t-elle besoin ?

   3.2 Les besoins des membres individuels de cette famille

   3.3 Les besoins des sous-systèmes à l'intérieur de la famille (prêter une attention particulière aux systèmes matrimonial et parental). Déterminer les ressources et toute autre assistance ou tout changement requis pour un fonctionnement approprié.

   3.4 Les besoins du système familial. Évaluer comment les besoins des individus et des sous-systèmes influent sur le système familial. Considérer aussi les responsabilités environnementales, les attentes et les facteurs de diversité qui influeront sur la famille comme système. Déceler les blocages qui empêchent le système familial de satisfaire ses besoins.

4. **Forces et défis pour satisfaire les besoins**

   4.1 Qu'est-ce que cette famille veut qu'il se produise comme résultat du service fourni ?

   4.2 Quels sont les idées, les intérêts et les projets de cette famille qui sont en rapport avec le service ?

   4.3 Quelle est la motivation de la famille vis-à-vis de l'usage du service et du changement ?

   4.4 Quelle est la capacité de cette famille à s'ajuster à la situation et au changement ? Qu'est-ce qui pourrait y nuire ?

   4.5 Quelles sont les ressources (internes) de la famille pour le changement ?

   4.6 Quelles sont les ressources, responsabilités et nuisances environnementales qui peuvent soutenir la famille ou lui nuire dans le changement ?

   4.7 Existe-t-il d'autres facteurs qui affectent la motivation, la capacité ou les perspectives de changement de ce système familial ?

   4.8 Est-ce que les attentes du système et de l'environnement envers cette famille sont réalistes ?

   4.9 Quels sont les forces et les défis auxquels la famille fait face dans la situation actuelle, et leur lien avec la satisfaction des besoins ?

Source : Adapté de Johnson, L. C. et Yanca, S. J. (2007). *Social Work Practice. A Generalist Approach* (pp. 319-320). Toronto, Ontario : Pearsons/Allyn & Bacon.

La reformulation du problème à partir de l'évaluation

Une fois l'évaluation initiale terminée, il faut reformuler le problème en tenant compte de l'ensemble de l'information recueillie. Comme dans le cas d'une personne, il peut arriver qu'une famille, après l'évaluation, comprenne mieux la nature du problème et qu'elle le voie autrement. Il devient alors très important de le reformuler, avec la famille, pour que chacun en ait la même compréhension.

Cette étape peut être difficile et douloureuse pour la famille, surtout si celle-ci s'est investie émotionnellement dans le problème et si ce dernier répond à certains besoins non formulés ; elle aura alors du mal à définir ce qu'elle vit. Si, par exemple, un enfant joue le rôle de bouc émissaire, les comportements qu'il adopte peuvent permettre à la famille d'éviter d'autres problèmes plus importants, comme des conflits de couple, surtout si les conflits sont assez graves pour provoquer la rupture du couple. Pendant que l'enfant manifeste des comportements indésirables, l'attention est concentrée sur autre chose que les problèmes conjugaux. Il se peut alors que la famille insiste pour continuer à dire que le problème réside dans les comportements de l'enfant et qu'elle refuse d'envisager un autre point de vue.

L'intervenant doit être attentif. Sa tâche est d'aider la famille à accepter une autre perspective, et c'est parfois très difficile. S'il réussit et que la famille accepte l'idée que le problème se situe ailleurs, une bonne partie de la solution est déjà trouvée.

La planification

L'élaboration du plan d'intervention est maintenant possible. Nous avons déjà étudié cette démarche dans les chapitres précédents. Rappelons que le plan et le contrat se préparent avec la famille et que les buts, les objectifs et les stratégies sont choisis conjointement. La nature des stratégies peut varier beaucoup; les problèmes mis en lumière et les attentes des clients permettent de choisir les plus pertinentes. Une famille peut vouloir améliorer la communication; dans une autre, les parents veulent être plus efficaces dans le contrôle des crises de leur enfant; une troisième famille peut avoir besoin d'aide pour surmonter une période difficile, par exemple à la suite de la perte d'un emploi; enfin, de plus en plus de couples entreprennent une démarche de médiation pour faciliter la séparation.

L'action

En ce qui concerne l'action, les étapes de l'intervention auprès d'une famille sont les mêmes que celles qui ont été exposées au chapitre précédent; il s'agit de mettre en œuvre les stratégies inscrites dans le contrat et d'évaluer les résultats de l'intervention.

La fin du processus d'intervention

Finalement, il faut mettre un terme à l'intervention auprès de la famille en question. Il est important de revoir tous les éléments du contrat et d'évaluer les résultats en fonction des objectifs fixés. La famille doit maintenant se responsabiliser entièrement afin de poursuivre le travail entrepris.

✓ ÉTUDE DE CAS

Mme Leduc a téléphoné à l'organisme pour lequel vous travaillez parce qu'elle est préoccupée par la baisse des résultats scolaires de sa fille de 15 ans, Catherine. Comme intervenant, vous avez invité les deux parents ainsi que leur fille à venir vous rencontrer.

Après avoir souhaité la bienvenue aux membres de la famille, vous invitez chacun à vous exposer la situation qui les amène. Il est souvent utile de commencer par la personne qui a appelé. Dans ce cas-ci, il s'agit de la mère. Elle vous fait donc part de ce qu'elle perçoit comme étant un problème. Il semble qu'il y a quelques semaines, Catherine soit tombée de sa bicyclette et se soit cogné la tête sur le pavé. Elle aurait des conduites très imprudentes à bicyclette. Depuis ce temps, elle souffre de maux de tête et a de la difficulté à dormir. Vous invitez ensuite Catherine à raconter ce qui se passe. Elle confirme que ses maux de tête l'empêchent de se concentrer en classe, d'où ses piètres résultats scolaires, mais elle estime être prudente, même si elle ne porte pas de casque. Enfin, vous demandez à M. Leduc de décrire la situation. M. Leduc est très proche de sa fille ; il est très préoccupé par les maux de tête et moins par les résultats scolaires. Il souhaite que sa fille se sente mieux et espère que les réussites scolaires reviendront.

Dans ce cas-ci, vous pouvez choisir d'explorer davantage comment Catherine gère ses conduites à risque. Vous pouvez l'interroger aussi sur ce qu'elle aimerait changer en ce qui concerne l'école. Vous voulez savoir précisément en quoi les maux de tête dont elle souffre affectent son travail à l'école et si sa chute a fait l'objet d'une évaluation médicale afin de déterminer s'il y a des séquelles physiques. La nature de ce cas ne nécessite pas l'élaboration d'un génogramme.

Vous connaissez à présent les différentes préoccupations des membres de la famille Leduc. Vous retenez la même définition du problème qu'au départ, sauf que, chacun ayant apporté certaines précisions, les attentes spécifiques sont plus claires. Il s'agit donc de travailler sur les conduites à risque de la fille et sur la confiance des parents à son égard.

Dans le cas de la famille Leduc, deux buts ont été déterminés : le premier est de réduire le conflit sur les conduites à risque de la fille. L'autre but a trait aux résultats scolaires, dont l'amélioration est liée en partie à la disparition des maux de tête. En attendant, des éléments des activités quotidiennes de Catherine peuvent probablement être modifiés pour l'aider dans ses travaux scolaires. Il faut déterminer comment ces changements peuvent répondre aux attentes de Catherine et de ses parents.

? QUESTIONS

1. Pourquoi est-il utile d'inviter chacun des membres d'une famille à exprimer sa perception du problème ?
2. Comment relier la réalité d'un problème et la perception de ce dernier ?
3. À quoi sert d'explorer l'histoire d'un problème ?
4. Dans un contexte familial, un problème est-il individuel ou familial ?

+ LECTURES SUGGÉRÉES

Beauvolsk, M.-A. (2001). Intervention auprès d'une adolescente dépressive en milieu scolaire. *Reflets, 7*(1), 152-160.

Johnson, L. et Yanca, S. J. (2007). *Social Work Practice. A Generalist Approach.* Toronto, Ontario : Pearson/Allyn & Bacon.

Schützenberger, A. A. (1999). *Aïe, mes aïeux.* Bruxelles : Desclée de Brouwer.

Chapitre 20 — L'intervention de groupe

Ce chapitre porte sur l'intervention auprès des groupes. Le groupe comme technique de travail se justifie pour plusieurs raisons. En effet, il est ainsi possible de rencontrer simultanément plusieurs personnes aux prises avec le même problème, ce qui amène une économie de temps. De plus, le groupe peut parfois exercer une influence plus grande que ne le ferait un intervenant seul sur la reconnaissance par le client du fait que son problème a une importante composante collective. Une autre raison est qu'une personne peut se sentir mieux comprise par d'autres qui souffrent du même problème. Quoi qu'il en soit, il faut bien comprendre que le travail social auprès des groupes est une méthode spécialisée qui requiert une formation particulière.

Dans le travail avec un groupe, la cible directe de l'intervention est le groupe ; les personnes faisant partie de celui-ci deviennent des cibles indirectes. Si l'on considère les quatre quadrants de l'approche généraliste (*voir la figure 13.1, page 141*), cette technique se situe dans le quadrant B ; il s'agit d'une forme de travail auprès des personnes.

L'intervention de groupe demande que le travailleur social agisse sur deux niveaux : 1) auprès de chacun des individus qui feront partie du groupe ; 2) auprès du groupe comme tel. Le travail auprès des individus, qui correspond à l'étape de l'évaluation, implique des rencontres individuelles avant la formation du groupe. Le travail auprès du groupe commence à la première réunion avec celui-ci. Les étapes se déroulent en fonction du niveau d'intervention et de l'évolution du groupe.

Ce chapitre abordera, dans un premier temps, la théorie qui est à la base de l'intervention de groupe. Seront ensuite présentées les étapes de l'intervention de groupe selon l'approche généraliste. Puis, dans une autre perspective, nous examinerons la façon dont un groupe évolue en passant par diverses étapes qui appellent, chacune, une action particulière de la part de l'intervenant. Enfin, trois approches importantes dans le domaine du travail auprès des groupes seront brièvement décrites. Pour finir, une étude de cas illustrera le processus d'intervention de groupe.

Le groupe, système d'entraide

L'humain est un être social qui a besoin de faire partie de groupes. À l'époque préhistorique, c'était une question de survie, car l'éloignement de la tribu signifiait la mort. Aujourd'hui, essayez de vous imaginer une existence sans groupe. Ce dernier exerce une influence très forte sur les personnes. Solomon E. Asch (1951) a mené des expériences qui sont devenues des classiques. Il a formé des groupes de huit étudiants du niveau collégial. L'expérience consistait à montrer au groupe une ligne d'une longueur déterminée, puis trois autres lignes de longueur inégale. Le groupe devait choisir parmi ces trois lignes celle qui était de la même longueur que la première. Au préalable, sept membres du groupe avaient reçu la directive de donner une mauvaise réponse; le huitième membre du groupe se trouvait alors devant un dilemme: donner la même mauvaise réponse ou donner la bonne et être dissident. Dans un tiers des cas, le huitième étudiant choisissait de donner la mauvaise réponse pour ne pas être à l'écart du groupe.

Parfois, dans des circonstances particulières, l'énergie du groupe peut générer des effets négatifs. Dans un groupe de jeunes délinquants, par exemple, l'influence du groupe peut amener un membre à commettre un délit pour relever un défi. Par ailleurs, le groupe est protecteur et donne un soutien à l'adolescent qui perçoit l'environnement et la société comme des mondes menaçants.

Le principe à la base de notre propos est que le groupe thérapeutique agit comme système d'entraide. Laurence Shulman (1968) a bien décrit le phénomène du système d'entraide. Il explique que le groupe exerce une très forte influence sur les individus et que, dans des conditions favorables, cette influence est positive. Il suggère que le travailleur social utilise ce pouvoir d'influence pour provoquer des changements chez les personnes. L'objectif de l'intervention de groupe devient donc la création d'un système d'entraide. Le rôle de l'intervenant est de s'assurer que les conditions sont favorables à l'éclosion d'un tel système.

Les étapes du processus d'intervention

En ce qui concerne le processus d'intervention de groupe selon l'approche généraliste, Johnson (2007) nous présente un schéma utile pour l'étude d'un petit groupe comme système social. En voici les principales dimensions:

1. L'évaluation
- La description du problème
- L'évaluation initiale des membres

2. La planification
- L'organisation du groupe

3. L'action
- La mise en œuvre du plan

4. La fin du processus d'intervention
- L'évaluation finale

Voyons les étapes de cette démarche plus en détail.

L'évaluation

La description du problème

Il faut d'abord choisir le problème sur lequel on veut travailler. Quand un intervenant constate que plusieurs des clients qu'il voit ont un problème commun, il peut voir là une occasion de former un groupe. Un grand nombre de problématiques se prêtent bien au travail de groupe, notamment l'alcoolisme et la toxicomanie. D'ailleurs, les intervenants de groupe sont souvent, dans ces cas, des alcooliques ou des toxicomanes qui ont réussi à s'en sortir et font profiter aux autres de leur expérience. Leur vécu leur assure une certaine crédibilité auprès de ces clients.

Le groupe peut aussi servir dans les cas de divorce ou de séparation. Il peut aider les personnes à traverser plus sereinement cette étape difficile de leur vie. Il existe aussi des groupes pour les femmes victimes de violence et d'autres pour les hommes violents ; la liste est longue.

L'intervenant doit donc choisir le problème sur lequel il veut travailler en groupe. Il doit ensuite expliquer pourquoi le travail en groupe serait plus efficace pour les gens avec qui il est en relation et le problème qu'ils ont en commun.

L'évaluation initiale des membres

Après avoir repéré les personnes qui pourraient faire partie d'un groupe, l'intervenant doit procéder à une évaluation en profondeur de chacune d'entre elles. Il suivra la démarche que nous avons exposée dans la troisième partie du livre. Avec chacune de ces personnes, il déterminera des buts et des objectifs individuels. Il discutera également de la pertinence du travail en groupe. Il se peut que cette expérience soit perçue comme trop menaçante et qu'il faille d'abord faire du counselling individuel avec certaines personnes. Enfin, le praticien doit laisser au client le choix de se joindre ou non au groupe ; ce choix relève d'une réflexion personnelle, et un client peut décider de ne pas participer et demander à être dirigé vers un autre intervenant.

La planification

L'organisation du groupe

L'intervenant doit planifier la fréquence des rencontres, les rôles respectifs des membres et les siens, la composition du groupe et la durée des activités. Combien de personnes devraient faire partie du groupe? Généralement, il est convenu que de 8 à 12 personnes constituent un groupe idéal. Il faut décider si le groupe devra se limiter à un nombre de séances prédéterminé ou s'il continuera ses activités sans restriction de temps. Un groupe peut être ouvert ou fermé ; dans le premier cas, il peut recevoir de nouveaux membres en tout temps et, dans le second, les membres sont les mêmes pendant toute la durée de l'intervention. Un intervenant est plus ou moins actif durant les rencontres du groupe ; parfois, il est de mise d'intervenir, d'autres fois, il vaut mieux être un observateur. Avec des délinquants, par exemple, il vaut mieux être actif au début pour établir les règles. Finalement, le praticien doit se donner des indicateurs pour évaluer les résultats.

L'action

La mise en œuvre du plan

L'intervenant est maintenant prêt à commencer le travail avec le groupe. Ce travail peut se faire en duo interdisciplinaire, composé par exemple d'une travailleuse sociale et d'une infirmière pour un groupe en périnatalité. Quand le groupe se rencontre régulièrement, l'intervenant doit s'assurer qu'il exerce une influence positive sur chacun des membres et que le groupe est véritablement un système d'entraide. Il est important d'évaluer le cheminement du groupe. Johnson et Yanca (2007) proposent une grille pour aider l'intervenant à évaluer le groupe et à déterminer les objectifs poursuivis. Le tableau 20.1 en donne une adaptation.

TABLEAU 20.1   Une grille d'évaluation d'un petit groupe

1. **Structure**
    1.1 Frontière
        1.1.1 But du groupe
        1.1.2 Identification des membres du groupe
        1.1.3 Critères de sélection
        1.1.4 Histoire et évolution du groupe
        1.1.5 Position du travailleur social dans ce groupe
        1.1.6 Influence de l'environnement sur le groupe et son fonctionnement
        1.1.7 Caractère ouvert ou fermé de cette frontière
    1.2 Cadre relationnel
        1.2.1 Statut de chaque membre
        1.2.2 Présentation d'un sociogramme
        1.2.3 Rôles des membres
    1.3 Lien qui unit les membres
        1.3.1 Intérêts et amitiés
        1.3.2 Description du climat du groupe
        1.3.3 Consensus sur les buts
        1.3.4 Normes de fonctionnement
        1.3.5 Gains pour les membres du groupe
        1.3.6 Priorité au groupe accordée par chacun des membres

2. **Fonctionnement**
    2.1 Équilibre et stabilité
        2.1.1 Adaptation du groupe aux conditions du changement
        2.2.2 Équilibre entre le temps passé sur le maintien et sur la prise de décision en ce qui concerne les tâches
    2.2 Prise de décision
        2.2.1 Comment le groupe prend-il les décisions ?
        2.2.2 Décrire les mécanismes de résolution des problèmes du groupe
        2.2.3 Décrire le leadership
        2.2.4 Comment les membres influencent-ils les décisions du groupe ?
        2.2.5 Comment le conflit est-il résolu ?
    2.3 Communication
        2.3.1 Décrire les modalités de communication
        2.3.2 Le groupe possède-t-il assez de mécanismes de rétroaction ?
        2.3.3 Tous les membres du groupe ont-ils une occasion adéquate de communiquer ?
        2.3.4 Existe-t-il des sujets tabous ?
        2.3.5 Une attention est-elle prêtée aux difficultés de communication ?

▼

TABLEAU 20.1 (suite)

2.4	Mise en œuvre des tâches
	2.4.1 Décrire la manière dont les tâches sont mises en œuvre
	2.4.2 Certains membres engagent-ils des tactiques qui bloquent ou réorientent les plans des tâches?
3. Stades de développement	
3.1	Identifier le stade de développement dans lequel le groupe opère
3.2	Décrire tout facteur qui peut nuire au développement du groupe
4. Forces et limites	
4.1	Quelles sont les forces du groupe?
4.2	Quelles sont les limites du groupe?

Source: Adapté de L. C. Johnson et S. J. Yanca (2007). *Social Work Practice: A Generalist Approach* (pp. 344-345). Toronto, Ontario: Pearson/Allyn & Bacon.

La réalisation d'une évaluation comme celle présentée ci-dessus demande une bonne préparation au travail de groupe. La plupart du temps, l'élaboration d'un **sociogramme** est requise; cette technique, mise au point par Mary L. Northway (1967), permet d'illustrer les relations entre les membres d'un petit groupe. Une analyse du fonctionnement du groupe peut être faite à l'aide d'un sociogramme représentant les façons dont les membres interagissent. La figure 20.1 en donne un exemple.

Sociogramme
Représentation graphique des relations individuelles au sein d'un groupe.

FIGURE 20.1 Le sociogramme

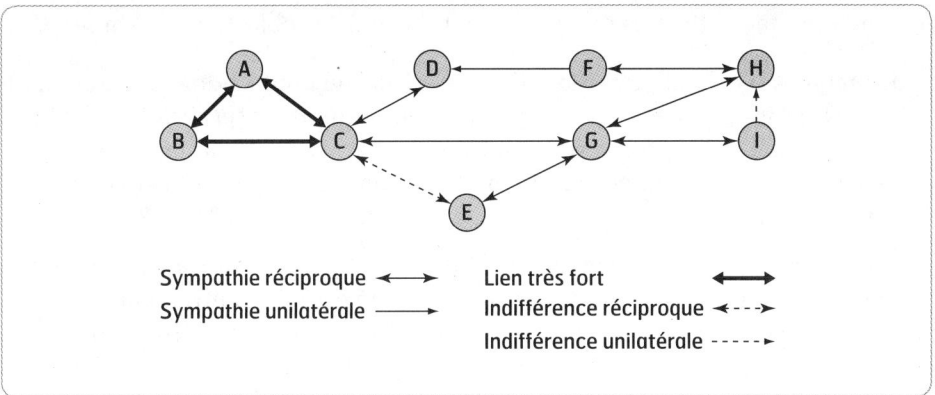

Sympathie réciproque ⟵⟶
Sympathie unilatérale ⟶
Lien très fort ⬅⟶
Indifférence réciproque ⟵--⟶
Indifférence unilatérale -----▶

La fin du processus d'intervention

L'évaluation finale

L'évaluation finale d'un groupe suppose que l'on examine si les buts et les objectifs de chacun des membres ainsi que ceux du groupe ont été atteints.

Les étapes de l'évolution d'un groupe

Tous les groupes, dans leur évolution, traversent une série d'étapes. Selon Wickham (1993), celles-ci sont au nombre de cinq. Il est normal que des étapes se chevauchent, mais en général, elles se présentent plus ou moins dans l'ordre suivant :

1. La préaffiliation
2. La prise de pouvoir et de contrôle
3. L'intimité
4. La différenciation
5. La dissolution

L'intervenant doit connaître ces étapes pour être en mesure d'aider le groupe à se rendre au terme du processus. Par exemple, il doit aider le groupe à se sentir en sécurité pour que les membres prennent des risques. Nous allons maintenant voir en quoi consistent ces cinq étapes.

La préaffiliation

L'étape de la préaffiliation comprend les tâches suivantes :

- L'intervenant aide les membres à se sentir en sécurité.
- Il explique l'objectif général du groupe.
- Il détermine les thèmes qui pourraient devenir les objectifs du groupe.

L'intervenant doit informer les clients sur la façon dont ils doivent se comporter dans le groupe. À cette fin, ses propres comportements serviront de modèles que les membres du groupe pourront imiter. Par exemple, la façon dont l'intervenant se présente au groupe montre comment les membres doivent à leur tour se présenter.

Il est normal que les membres éprouvent de l'anxiété durant l'étape de la préaffiliation. En fait, un certain degré d'anxiété est même utile. Par contre, si celle-ci devient trop forte, le fonctionnement du groupe peut être compromis. L'intervenant doit aider les membres à se sentir à l'aise, mais sans non plus leur donner trop d'assurance.

Le dialogue, à cette étape, est poli et prudent. Les membres ne sont pas prêts à prendre des risques. Même s'ils parlent de choses qui n'ont pas une très grande importance, l'intervenant doit respecter le fait que les membres ne sont pas prêts à aller plus loin.

Avant que les relations deviennent intimes, le groupe commence à définir des objectifs généraux et fait preuve d'une plus grande cohésion. Des relations plus intimes s'établiront peu à peu tout naturellement. Encore une fois, l'intervenant doit respecter le rythme du groupe et ne pas exercer de pression trop forte.

Souvent, les membres ont vécu des expériences antérieures de counselling individuel ou en groupe qui ont été très différentes. Certaines ont été positives et d'autres, négatives. L'intervenant doit prendre en considération ces expériences variées lorsqu'il accompagne le groupe dans cette étape. En même temps, il doit chercher à éviter le transfert d'expériences négatives au groupe actuel.

Les membres vont osciller entre le désir de se rapprocher du groupe et le refus des risques que cela comporte. L'intervenant doit encourager les membres à apprivoiser le groupe, à poser des questions, mais sans chercher à les influencer trop fortement. Ici encore, il doit créer une atmosphère de sécurité sans qu'elle soit trop détendue. Chacun des membres doit se reconnaître minimalement dans la problématique commune identifiée. La reconnaissance du problème par les individus peut prendre un certain temps.

Un objectif important à cette étape est l'établissement d'un terrain commun entre les membres et l'intervenant. Il faut commencer par fixer les normes du groupe. À ce stade, la discussion porte principalement sur ce qui est important pour les membres. Il ne serait pas utile pour l'intervenant d'imposer son propre programme.

Le besoin de confidentialité est très important. Toutefois, il est difficile d'assurer la confidentialité stricte dans un tel contexte. L'intervenant, les membres et ceux qui sont des observateurs doivent s'engager, oralement ou par écrit, à respecter le principe selon lequel rien, dans ce qui sera dit, ne sortira du groupe.

L'intervenant doit aider le groupe à préciser les décisions concernant les objectifs et les stratégies, et à préparer un contrat. Il n'est pas nécessaire d'employer le mot « contrat » ; il s'agit plutôt, en fait, d'une entente sur la façon dont le groupe procédera. En résumé, l'étape de la préaffiliation donnera le ton pour la suite du processus. Les normes qui seront établies durant cette étape auront une incidence sur le succès du groupe.

Il est important que cette étape soit achevée avant que s'amorce l'étape suivante. La conclusion de l'entente signale d'habitude la fin de l'étape de la préaffiliation. L'entente doit porter sur les éléments suivants :

- le rôle de l'intervenant et ses attentes à l'égard de chaque membre ;
- le rôle de chaque membre et ses attentes par rapport à lui-même ;
- la façon dont les thèmes de discussion seront abordés par le groupe ;
- le type et le degré d'interaction et de participation de chaque membre ;
- le principe de confidentialité et le type d'information à considérer comme confidentielle ;
- les dates de début et de fin des activités du groupe, la liberté de chacun de participer ou non à toutes les séances et la ponctualité ;
- les objectifs de chaque membre et ceux du groupe ;
- le rôle et les attentes de l'organisme.

La prise de pouvoir et de contrôle

Durant l'étape de la prise de pouvoir et de contrôle, les membres évaluent à quel point ils sont prêts à prendre des risques. Quand les membres commencent à dévoiler des renseignements personnels, l'intervenant doit aider les autres membres à réagir d'une façon constructive. Il doit toujours veiller à respecter les sentiments exprimés.

Peu à peu, les membres se sentent plus à l'aise et certains manifestent les comportements qu'ils adoptent habituellement dans la vie quotidienne. Cela donne à l'intervenant l'occasion de vérifier les hypothèses qu'il a émises concernant les besoins de chaque membre.

Il est normal, durant cette étape, que les membres remettent en question la compétence de l'intervenant. Ce doute survient une fois que les membres se sentent plus autonomes et moins dépendants de lui. Il est possible que ce dernier soit mal à l'aise devant cette remise en question, surtout s'il a peu d'expérience. La solution est de retourner au terrain commun, c'est-à-dire à l'entente qu'il a conclue avec les membres. L'intervenant doit faire le lien entre cette remise en question et les expériences antérieures des membres.

Au cours de l'étape de la prise de pouvoir et de contrôle, une hiérarchie commence à s'instaurer au sein du groupe. Certains membres adoptent des rôles plus passifs, tandis que d'autres établissent leur domination, cherchant à redéfinir la problématique commune. Bien souvent, les membres plus passifs deviennent les boucs émissaires du groupe, et ce phénomène est normal. L'intervenant doit demander à ces membres d'exprimer leurs sentiments par rapport à une telle situation ; de même, ceux qui attribuent le rôle de bouc émissaire aux autres sont invités à s'expliquer.

L'intervenant amène ensuite le groupe à réfléchir sur la façon dont il veut s'occuper de cette situation dans le futur.

En résumé, cette étape risque d'être difficile, surtout pour l'intervenant inexpérimenté. Il est important que celui-ci se sente à l'aise face au conflit. Il n'a pas à se sentir menacé quand les membres contestent son autorité. La solution dans ce cas est de retourner à l'entente, et donc de conserver une attitude clinique à l'égard de ces tensions.

L'intimité

Au moment où les membres s'entendent sur les objectifs du groupe, les tâches à accomplir, les règles, les normes et les rôles, le groupe entame l'étape de l'intimité. Cette étape est caractérisée par l'apparition d'un esprit de groupe. Les membres se sentent en sécurité et plus proches les uns des autres.

Le sentiment de sécurité qu'éprouvent les membres est plus faux que réel. Il est encore nécessaire de vérifier la justesse de ce sentiment. Pour mettre le groupe à l'épreuve, les membres peuvent dévoiler des renseignements d'ordre personnel ou contester les objectifs choisis par le groupe. L'intervenant doit les aider à réexaminer les objectifs et au besoin les ramener aux objectifs préalablement établis. L'approche centrée sur la résolution de problèmes est utile pour aider le groupe à gérer ces contestations.

Une des caractéristiques de l'étape de l'intimité est l'esprit de groupe. Les membres font maintenant partie du groupe et ils sont plus disposés à partager de l'information personnelle. C'est durant cette étape que la solidarité et l'entraide sont les plus marquées. La cohésion est aussi très importante si le groupe veut être efficace.

Même si le groupe montre une grande cohésion, il arrive que des membres hésitent à dévoiler de l'information au sujet de choses pénibles. Il arrive aussi que l'intimité mette des membres mal à l'aise. Chez certains, l'intimité suscite un sentiment étrange, et ils peuvent se sentir menacés.

À cause de ce sentiment ambivalent, des membres se mettent à régresser. Ils vont jusqu'à douter du bien-fondé des décisions du groupe. La tâche de l'intervenant est alors de demander au groupe d'examiner cette remise en question et de considérer les succès obtenus jusqu'à maintenant. Il en profite pour montrer, encore une fois, comment on se sert de l'approche centrée sur la résolution de problèmes pour gérer ce conflit.

Durant l'étape de l'intimité, les membres se sentant plus à l'aise, ils ont de plus en plus tendance à reprendre les comportements qu'ils ont dans leur famille. Ils veulent recréer les conditions qui leur sont familières. C'est le rôle de l'intervenant de reconnaître cette dynamique pour ensuite aider ces membres à en prendre conscience (*insight*).

L'étape de l'intimité est très importante dans l'évolution du groupe. La cohésion qui caractérise cette étape apporte aux membres une certaine sécurité et leur donne la possibilité de prendre des risques en dévoilant des renseignements personnels parfois douloureux. Il est important que l'intervenant sache comment favoriser la cohésion et qu'il se sente à l'aise vis-à-vis de l'intimité et du conflit.

La différenciation

C'est durant l'étape de la **différenciation** que le plus gros du travail se fait. Quelques éléments des étapes précédentes persistent toutefois, mais, en règle générale, l'accent est mis sur le travail choisi par le groupe.

En travaillant sur les besoins du groupe, les caractéristiques uniques de chaque membre deviennent évidentes. Comme c'était le cas durant l'étape de l'intimité, les membres se sentent à l'aise dans le groupe et sont moins réticents à prendre des risques. Ils ont repris leurs comportements habituels. Le rôle de l'intervenant, durant cette étape, est d'encourager le travail et, en même temps, de surveiller le processus pour être certain que les objectifs de chaque membre sont atteints. Les membres continuent d'apprendre à se connaître un peu plus. Ils deviennent aussi conscients du fait que l'intervenant est un individu ayant des forces et des faiblesses. Cela les aide à se concentrer sur leurs propres besoins sans chercher à imiter l'intervenant. Le degré de cohésion est au plus haut durant cette étape. Les membres se sont fait une bonne idée des qualités et des besoins des autres. Ils manifestent beaucoup d'empathie et veulent répondre aux besoins de chacun.

Différenciation

Phénomène qui répartit les gens dans l'échelle sociale et dont la stratification sociale est l'aboutissement.

Dans sa démarche d'entraide, le groupe peut parfois rencontrer une résistance chez les membres. Ceux-ci ont besoin de changer, mais ils ne sont pas toujours prêts à abandonner leurs attitudes et comportements habituels. L'appui du groupe, le soutien mutuel font que ces membres finissent par accepter de changer.

Le groupe fonctionne comme un laboratoire dans lequel les uns sont encouragés par les autres à adopter des attitudes et des comportements plus adéquats. Certains membres apprennent à communiquer de façon plus claire et directe. D'autres, par le biais des jeux de rôle, s'initient à des façons différentes d'interagir avec ceux qui les entourent. Tout cela se réalise dans une atmosphère d'appui et d'encouragement.

Avec l'apprentissage de nouveaux comportements et de nouvelles attitudes, les membres sont amenés à passer du groupe à la société. Le défi est de mettre les nouveaux comportements en pratique dans la vie quotidienne. Les membres sont également sensibilisés à l'importance de la démarche de résolution de problèmes et à son utilité dans la vie de tous les jours. Durant l'étape de la différenciation, l'intervenant joue un rôle moins important dans le groupe. Il encourage les membres à répondre aux besoins individuels de chacun.

La dissolution du groupe

Dissolution
Procédure par laquelle l'intervenant met fin au mandat du groupe.

La préparation de l'étape de la **dissolution** doit commencer dès la formation du groupe. Les membres doivent comprendre dès le départ que le processus a une fin et s'y préparer. Pour l'intervenant, cette étape est le moment de mettre en évidence et de renforcer ce qui a été accompli par le groupe.

À l'idée que le groupe sera dissous, les gens réagissent de façon différente. Certains auront tendance à fuir au lieu de faire face à cette étape. D'autres membres seront portés à se fâcher et à dire qu'ils n'ont rien accompli et qu'on ne les y reprendra plus. L'intervenant doit réagir en mettant encore une fois en relief les succès du groupe. L'approche centrée sur la résolution de problèmes est utile pour gérer ce conflit.

Une autre réaction possible est de nier qu'il y aura une fin. Quand l'intervenant soulève la question de la fin du travail de groupe, certains membres peuvent contester l'échéance fixée. L'intervenant leur rappelle alors l'entente conclue.

D'autres membres, voyant la fin approcher, diront qu'ils ont besoin de plus de temps pour résoudre leurs problèmes personnels. L'intervenant doit ici encore mettre en évidence ce que les membres ont accompli.

Dans le contexte de la préparation à la dissolution du groupe, il arrive que les membres soient portés à évoquer les discussions qu'ils ont eues auparavant. Ils repenseront à ces discussions avec tristesse et, parfois, avec humour. L'intervenant exploite ces échanges pour renforcer les progrès du groupe. De plus, ces échanges permettent aux membres d'évaluer l'expérience qu'ils viennent de vivre, d'évaluer le progrès fait par chacun et de voir comment mettre un terme aux relations d'une façon constructive.

La fin du travail de groupe est une réalité souvent difficile à accepter. Elle suscite un sentiment de perte et de deuil. L'intervenant doit amener les membres à établir un lien entre la perte du groupe et celles qu'on doit vivre dans la vie. Il doit les aider à explorer des façons de traverser ces périodes difficiles. Il arrive que, sur une base affinitaire, des microréseaux d'entraide perdurent au-delà de la dissolution du groupe, ce qui est très valorisé, par exemple dans l'intervention de groupe de type féministe ou en éducation populaire.

Quatre approches pertinentes pour l'intervention de groupe

Diverses approches sont utilisées en intervention de groupe. Gerald Corey (1995), dans son livre *Group Counselling*, décrit une douzaine d'approches parmi les mieux connues. Les prochains paragraphes présentent un résumé de trois approches qui comptent parmi les plus importantes : l'approche centrée sur la personne, l'approche centrée sur la modification du comportement et l'approche basée sur les groupes d'entraide. Outre ces approches dont traite Corey, nous évoquerons les groupes à visée éducative.

L'approche centrée sur la personne

L'approche centrée sur la personne est fondée sur l'approche humaniste élaborée par Rogers (1951) et sur la théorie de la motivation de Maslow (1954). Selon cette dernière théorie, la personne tend toujours vers l'actualisation de soi. Le rôle de l'intervenant est donc de créer une atmosphère d'acceptation et de soutien. C'est une technique non directive qui permet au groupe de choisir son propre cheminement et dans laquelle l'intervenant ne conseille une direction que si nécessaire. L'intervenant agit plutôt comme un animateur qui facilite l'autodétermination du groupe. Parmi les principes relevés par Corey (1995), mentionnons la confiance totale dans la démarche du groupe, c'est-à-dire la conviction que le groupe va choisir ce qui est le mieux pour lui ; l'authenticité de l'intervenant, qui commande d'exprimer ouvertement ce qu'il ressent ; l'acceptation sans condition de sa part, qui fait que les membres du groupe se sentent libres de dire ce qu'ils ressentent ; et, finalement, l'empathie, c'est-à-dire la capacité de se mettre dans la peau de l'autre. S'il respecte ces principes, l'intervenant sera capable de créer l'atmosphère nécessaire pour permettre au groupe d'avancer et d'atteindre ses objectifs.

L'approche centrée sur la modification du comportement

L'approche centrée sur la modification du comportement repose sur la théorie de l'apprentissage de Pavlov (1927), de Skinner (1938) et de Watson (1978). Cette théorie suppose que les comportements, les connaissances et les émotions sont appris et qu'ils peuvent être changés par l'apprentissage. C'est une approche plus directive dont l'objectif général est d'aider la personne à apprendre de nouveaux comportements qui lui permettront de vivre plus harmonieusement dans la société. L'intervenant qui adopte cette approche avec un groupe utilise une gamme de techniques, parmi lesquelles on peut mentionner le renforcement, le modelage (apprentissage par l'observation) et la restructuration des connaissances. Les principes qui sous-tendent cette approche comprennent une évaluation détaillée du comportement, des connaissances ou des émotions problématiques. On établit ensuite des objectifs très clairs. Finalement, les résultats sont évalués de façon précise.

L'approche basée sur les groupes d'entraide

L'approche basée sur les groupes d'entraide découle de la théorie des systèmes élaborée par Shulman (1968). Comme tels, ces groupes ont toujours existé dans la société. Ils peuvent être formels ou informels, et se créer spontanément ou de façon volontaire (Johnson, 1989). Les personnes qui vivent des situations provoquant un sentiment d'aliénation éprouvent souvent le besoin de rompre leur isolement en se rapprochant d'autres individus partageant les mêmes préoccupations. Les travailleurs sociaux peuvent faciliter la création de groupes d'entraide, dont ils veillent à respecter l'autonomie. Quelques exemples parmi les mieux connus comprennent les groupes d'entraide à l'intention des personnes toxicomanes, des femmes victimes de violence, des ex-détenus et des adolescents.

Enfin, plusieurs groupes sont formés à des fins éducatives. Par exemple, un groupe peut être créé dans le but de fournir une formation sur la planification budgétaire ou d'acquérir des compétences parentales. De tels groupes sont moins menaçants pour les clients, car ils n'exigent pas de « tout déballer ». Néanmoins, ils sont très utiles, car ils permettent les apprentissages évoqués précédemment, la collectivisation des vécus et la constitution de réseaux de solidarité qui dépassent la durée de la formation. Ces groupes sont présentement très valorisés, car ils sont centrés sur les solutions à court terme et favorisent l'*empowerment* des individus.

✓ ÉTUDE DE CAS

Luc Lacasse, un homme de 45 ans, doit suivre un programme de counselling de groupe après avoir été déclaré coupable de harcèlement à l'endroit de 6 personnes sous 12 chefs d'accusation. Il a été envoyé dans un service de réhabilitation sociale de sa région, qui offre un programme de counselling de groupe pour les agresseurs sexuels, programme fondé sur l'approche centrée sur la modification du comportement. Le groupe, qui peut accueillir 12 hommes à la fois, fonctionne de façon ouverte, c'est-à-dire qu'il n'y a ni début ni fin. Le groupe se rencontre une fois par semaine, et chaque séance dure deux heures ; il peut accepter de nouveaux membres s'il y a de la place. Chaque membre doit participer à 15 rencontres. En général, la moitié des membres s'inscrivent sur une base volontaire ; les autres participants sont envoyés par la Cour.

Durant l'étape de l'évaluation, l'animateur demande à Luc d'expliquer devant les membres pourquoi le juge lui a ordonné de suivre ce programme. Tout de suite, Luc nie sa culpabilité. « Toute la preuve est circonstancielle », dit-il. Ensuite, les membres l'interrogent sur les accusations. Luc souligne que personne ne peut prouver que c'est lui qui a envoyé les lettres de menaces ou fait les appels téléphoniques. Les membres estiment que, vu le grand nombre d'accusations, il est impossible qu'il ne soit pas coupable. « Nous n'acceptons pas ton histoire. »

La discussion porte ensuite sur les émotions ; on demande à Luc de parler des siennes. Il dit qu'il n'a pas besoin d'un groupe pour agresseurs sexuels, mais qu'il a besoin d'un groupe pour des personnes ayant des problèmes d'agressivité. Luc admet qu'il nourrit beaucoup de haine envers certaines personnes. On lui demande de nommer ces gens et Luc donne les noms des six personnes qu'il a menacées. Quand l'animateur informe le groupe de la concordance des noms, les membres interrogent Luc de nouveau et lui disent qu'il s'est mis dans le pétrin.

Durant la phase de l'action, le groupe réussit graduellement à pénétrer les défenses de Luc. Pour sa part, Luc réalise lentement qu'il n'a pas le choix, qu'il doit être honnête avec les membres du groupe. Par contre, il continue de minimiser ce qu'il a fait. Un membre du groupe le met au pied du mur en lui demandant s'il a déjà fait de la prison. Luc répond par la négative. L'autre poursuit : « Sais-tu ce que les détenus font avec un gars qui agresse les femmes ? Parce que moi, j'en ai fait de la prison et si tu savais le traitement qu'ils réservent aux gars qui agressent les femmes, tu prendrais ça plus sérieusement. » Luc comprend que, pour être accepté par le groupe, il doit changer son attitude. Avec le temps, il arrête de minimiser ses actes et commence à en assumer la responsabilité. Il sait que le groupe lui offre sa dernière chance d'éviter la prison et de continuer à vivre libre dans la société. Il a même commencé à aider les nouveaux membres à assumer la responsabilité de leurs actes.

QUESTIONS

1. Quel a été l'apport de Laurence Shulman ?
2. En quoi le groupe est-il utile comme contexte d'intervention ?
3. Combien de personnes devraient faire partie du groupe sur lequel porte l'intervention ?
4. Quelles sont les caractéristiques de l'étape de la prise de pouvoir et de contrôle ?
5. À quelle étape l'esprit de groupe apparaît-il ?
6. Comment se présente l'étape de la différenciation dans un groupe ?
7. Pourquoi y a-t-il une résistance à l'idée que le travail de groupe arrive à sa fin ?
8. En utilisant le schéma pour l'étude d'un petit groupe, décrivez un groupe auquel vous avez participé. Comment ce cadre vous aide-t-il à comprendre ce qui s'est passé dans ce groupe ?
9. Rappelez-vous une situation conflictuelle s'étant produite dans un groupe avec lequel vous êtes familier. Quelle était la cause de ce conflit ? Comment le groupe a-t-il réglé ce conflit ? Existait-il une meilleure manière de le régler ?
10. Comment justifier à l'administrateur d'un établissement social l'octroi d'une période de temps requise pour acquérir une bonne formation en travail de groupe ?

LECTURES SUGGÉRÉES

Johnson, L. C. et Yanca, S. J. (2007). *Social Work Practice : A Generalist Approach*. Toronto, Ontario : Pearson/Allyn & Bacon.

Shulman, L. (1984). *The Skills of Helping : Individuals and Groups*. Itasca, Illinois : F.E. Peacock Publishers.

Turcotte, D. et Lindsay, J. (2001). *L'intervention sociale auprès des groupes*. Boucherville, Québec : Gaëtan Morin Éditeur.

Chapitre 21 — L'intervention communautaire

Dans le premier chapitre, lorsque nous avons présenté le modèle de médiation de Schwartz (1961), il a été question de l'interdépendance entre la personne et l'environnement. Nous avons aussi souligné qu'un problème peut provenir de la personne, de l'environnement ou des deux. Dans cette optique, l'intervenant joue le rôle de médiateur entre la personne et son milieu. Dans les trois chapitres précédents, la personne, la famille et le petit groupe étaient la cible de l'intervention. Il s'agissait alors de micro-intervention. Dans le présent chapitre, nous aborderons l'intervention à l'échelle « macro ». L'environnement, c'est-à-dire la communauté, sera la cible de l'intervention.

Ce dernier chapitre porte donc sur l'intervention communautaire ou l'intervention collective, comme certains praticiens l'appellent. Dans le modèle de l'approche généraliste, ce type d'intervention se situe dans les quadrants C et D (*voir la figure 13.1, page 141*).

La finalité de l'intervention communautaire

Au milieu du XXe siècle, le Canada, tout comme d'autres pays industrialisés, a connu une forte migration de la population qui quittait la campagne pour aller à la ville, où les usines attiraient les gens qui espéraient y trouver de l'emploi. Les gens devaient cependant quitter un milieu où régnait un bon esprit d'entraide. La famille étendue et les voisins formaient une structure d'aide informelle et un système d'entraide. Les villages étaient de véritables communautés où une personne pouvait trouver tout le soutien qui lui était nécessaire. La ville, au contraire, se caractérise par un tout autre style de vie; la mobilité géographique des personnes, c'est-à-dire les arrivées et les départs, rend difficile l'établissement de liens communautaires et la création de systèmes d'entraide.

L'intervention communautaire veut s'assurer que la communauté fournit à ses membres tout ce qui leur est nécessaire pour satisfaire leurs besoins et avoir un fonctionnement biopsychosocial adéquat. La notion de système d'entraide, que nous avons abordée au chapitre 20 à propos des petits groupes, s'applique aussi aux communautés.

L'évolution de l'intervention communautaire au Québec

L'évolution des pratiques communautaires au Québec est étroitement associée à celle de la société québécoise et du mouvement populaire et communautaire.

Il n'est donc pas surprenant que plusieurs professionnels de l'organisation communautaire soient issus des grands mouvements populaires, syndicaux et coopératifs (Duperré, 2007 ; Lamoureux et coll., 2008).

Avant les années 1960

Au Québec, avant la Révolution tranquille, l'action communautaire était fortement liée à l'Église catholique, aux syndicats et aux coopératives (Duperré, 2007). À cette époque, les pratiques communautaires s'inspiraient des mouvements américains de contestation sociale, liés au travail d'animation en rénovation urbaine effectué dans les *settlement houses* depuis la fin du XIXe siècle, qui se sont transformées en *community centers* à partir des années 1920, pour être finalement remplacés par des *citizen committees*, des regroupements de citoyens qui cherchaient à améliorer la situation de leurs quartiers. Ces pratiques prenaient surtout la forme d'initiatives émergeant des organisations et des leaders de la communauté ou du quartier (Duperré, 2007).

Au Québec, durant la première moitié du XXe siècle, l'organisation communautaire se distinguait de celle du reste du pays par l'influence très importante exercée par la doctrine sociale de l'Église catholique. D'ailleurs, dans les années 1940 et 1950, certains mouvements d'action catholique joueront un rôle particulièrement important, comme la Jeunesse ouvrière catholique (JOC), la Ligue ouvrière catholique (LOC) ou encore la Jeunesse ouvrière catholique féminine (JOCF). C'est en fait à trois pionnières du service social que l'on doit la dimension communautaire de l'action sociale de l'époque : Marie Gérin-Lajoie, Thérèse Casgrain et Simonne Monet-Chartrand (Lamoureux et coll., 2008).

Les années 1960

Les années 1960 voient apparaître la première génération de groupes communautaires organisés, qui prennent alors la forme de comités de citoyens dans les quartiers défavorisés des principales villes du Québec (Lamoureux et coll., 2008). Duperré (2007) y voit le produit de la société industrielle et une réponse à la crise urbaine. Ces initiatives se veulent un exercice de démocratie locale visant à redonner aux citoyens la possibilité de s'exprimer et de participer à l'amélioration des conditions de vie de leur collectivité. C'est d'ailleurs à cette époque que le terme « animateur social » fait son apparition au Québec. Ces expériences d'animation prennent vie en milieu rural (par exemple, le Bureau d'aménagement de l'est du Québec ou BAEQ) et en milieu urbain (tels les comités de citoyens).

En milieu urbain, l'action de ces comités se base sur le bénévolat. Cette action vise à soulager les plus démunis en empruntant à la fois à l'idéologie caritative et à une certaine solidarité de classe. Ces comités sont le fer de lance du mouvement populaire québécois. Ils remettent en question l'approche traditionnelle de la charité chrétienne et privée. Ces expériences sont fortement influencées par les expériences américaines et latino-américaines, notamment par les travaux de Saul Alinsky, organisateur et animateur dans les quartiers pauvres de Chicago et d'autres grandes villes américaines, et de Paulo Freire, adepte d'une approche visant à conscientiser les opprimés des zones les plus pauvres du Brésil (Duperré, 2007). Au pays, le développement de telles initiatives est favorisé par la Révolution tranquille et la mise en place de l'État-providence, qui favorisent une vision plus collective des problèmes sociaux (Lamoureux et coll., 2008).

Les années 1970

Au Québec, les années 1970 sont marquées par une politisation de l'action et des organisateurs communautaires. À titre d'exemple, le Front d'action populaire devient très actif sur la scène politique municipale montréalaise à partir de 1970. L'action communautaire entre alors dans une période de grande désillusion à la suite des nombreux constats d'échecs et de contradictions dans la stratégie d'animation sociale des années 1960. Au sein des comités de citoyens, on sent une volonté grandissante de passer de l'animation sociale à l'action politique. On se lance dans de nouvelles revendications, notamment celle des ressources autogérées répondant mieux aux besoins et aux aspirations d'une population ou d'une collectivité qui veulent se prendre en main et exercer le contrôle de leur développement (Lamoureux et coll., 2008). Avec la mise sur pied des CLSC, l'appellation d'emploi d'organisateur communautaire est reconnue pour la première fois dans la convention collective des employés du secteur public.

Cette période marque aussi une diversification de l'action communautaire en vue de répondre aux besoins que l'État n'arrive pas à combler. Une variété de groupes populaires apparaît: coopératives d'alimentation, coopératives de services, cliniques communautaires, centres de santé pour les femmes, groupes de défense des chômeurs et assistés sociaux, garderies populaires, comités de logement, coopératives d'habitation, groupes d'éducation populaire et d'alphabétisation, etc. (Duperré, 2007; Lamoureux et coll., 2008). Plusieurs associations de défense des droits voient aussi le jour: associations pour la défense des droits des personnes assistées sociales, associations de locataires, Front d'action populaire en réaménagement urbain (FRAPRU), Association québécoise pour la défense des droits des retraités (AQDR), etc.

Les années 1980

La récession qui frappe l'économie mondiale au début des années 1980 n'épargne personne. Faisant face à des dépenses publiques qui augmentent de façon exponentielle, l'État repense son rôle et les acquis antérieurs du filet de protection sociale sont remis en question. L'offensive néolibérale accentue le débat sur le rôle régulateur de l'État-providence dans la distribution des services sociaux et de santé. Cette remise en question de l'État-providence marque un tournant décisif pour l'action communautaire (Duperré, 2007). De nouvelles avenues sont suggérées, telles que la valorisation de la responsabilité individuelle, le bénévolat et le retour à l'entraide communautaire. Ce repli de l'État favorise le développement de l'activité communautaire dans de nouveaux secteurs et la reconnaissance de l'action communautaire par les pouvoirs publics dans la fourniture de services (Lamoureux et coll., 2008).

La notion de groupes populaires est remplacée par celle de groupes communautaires. Ces groupes se disent désormais autonomes, afin de se démarquer des activités communautaires encadrées par l'État, notamment dans les CLSC. La crise de l'emploi, qui est loin de se résorber, entraîne l'émergence de groupes qui poursuivent à la fois des objectifs économiques et sociaux: coopératives de travail, groupes de soutien à la réinsertion professionnelle, corporations de développement communautaire (CDC), corporations de développement économique communautaire (CDEC), entreprises d'insertion, sociétés d'aide au développement des collectivités (SADC), cercles d'emprunt, etc. Cette période est aussi marquée par une transformation du militantisme et la redécouverte du bénévolat et de l'entraide, qui modifient le rapport avec la sphère politique en faisant porter l'intervention politique ailleurs que sur le seul terrain de l'action politique partisane. Du côté de la pratique de l'intervention communautaire en CLSC, celle-ci se bureaucratise et se professionnalise de plus en plus à la suite des transformations apportées au mandat des CLSC et des nombreuses crises d'identité vécues par ceux-ci (Lamoureux et coll., 2008).

Les années 1990 et 2000

Les effets de la mondialisation se font sentir partout. Sur le plan local, les problèmes sociaux se multiplient et s'aggravent: récessions économiques, précarisation du marché du travail, identification de nouveaux aspects de la pauvreté, vieillissement de la population, débordement des établissements publics, etc. Aux yeux des pouvoirs publics, ces problèmes exigent des solutions nouvelles et plus efficaces, et surtout moins coûteuses. Le virage ambulatoire et le projet de l'économie sociale, si controversés par leur nature, s'inscrivent dans cette optique (Lamoureux et coll., 2008). On entre dans l'ère de la concertation et du partenariat, mouvement amorcé dans les années 1980 (Duperré, 2007). Une nouvelle génération d'organismes communautaires fait donc son apparition, se démarquant de ses prédécesseurs par un effort de concertation et de partenariat avec les services publics. Ces groupes cherchent à participer activement aux différents processus consultatifs des nombreuses réformes apportées au système de santé et des services sociaux (Lamoureux et coll., 2008).

À l'aube du troisième millénaire, les organismes communautaires deviennent ainsi des acteurs incontournables du système public de santé et des services sociaux. Ils sont désormais officiellement reconnus comme des partenaires dans l'orientation et la distribution des services à la population, comme en témoigne la création du Secrétariat à l'action communautaire autonome du Québec (SACA) en 1995 (Duperré, 2007; Lamoureux et coll., 2008). Ce nouveau partenariat public communautaire favorise une multiplication des actions collectives, les organismes communautaires investissant de nouveaux champs, tels ceux du développement local et régional (CDC, CDEC), des programmes de santé publique, de l'économie sociale et de l'emploi (Duperré, 2007). Toutefois, cette reconnaissance a un prix: « Le financement des organismes communautaires est maintenu à la condition expresse et de plus en plus claire qu'ils s'intègrent aux orientations des services publics de santé et de services sociaux » (Lamoureux et coll., 2008). Il n'est donc pas étonnant que ce nouveau discours de l'État sur le partenariat suscite un certain scepticisme et un malaise au sein d'un grand nombre de groupes communautaires, qui ne manquent pas de souligner à quel point la concertation avec l'État exige du temps et de l'énergie, alors que les gains financiers et politiques demeurent plutôt minces. Plusieurs se sentent utilisés, encadrés, dirigés et confinés dans des rapports de sous-traitance et de subordination qui n'ont rien à voir avec de véritables relations de partenariat (Lamoureux et coll., 2008).

Les trois modèles d'intervention communautaire

Le service social auprès des communautés s'exerce de diverses façons. Comme une grande confusion entourait autrefois les formes variées d'intervention communautaire, Jack Rothman, dans un article publié en 1968, a présenté une typologie des différentes formes d'action communautaire, qu'il a ensuite révisée à maintes reprises pour aboutir à une sixième édition en 2001. Cette typologie comprend trois modèles qui couvrent bien la pratique dans ce champ d'intervention : le développement local, la planification sociale et l'action sociale. L'article de Rothman est d'ailleurs devenu un classique dans le domaine. Ces trois modèles sont brièvement exposés ci-dessous.

Le développement local

La première forme d'intervention communautaire que Rothman (2001) met en lumière est le développement local. De style humaniste, cette première forme d'intervention vise à améliorer les compétences d'une communauté locale, en tant qu'entité géographique, à résoudre ses problèmes actuels et futurs (Duperré, 2007). Selon ce modèle, la solution aux problèmes sociaux que vit une communauté passe par la création d'entreprises communautaires de services ou de production de biens, de coopératives et de divers groupes communautaires (Lamoureux et coll., 2008). L'hypothèse qui sous-tend ce modèle est que le changement dans une communauté peut être optimisé par une participation la plus large possible de tous les groupes de la population dans la détermination des buts, des objectifs et des stratégies de changement. Cela implique un travail avec la base, avec les membres de la communauté, car ils connaissent souvent mieux les besoins de la communauté qu'un intervenant qui vient de l'extérieur. Les membres de la communauté ont ainsi un droit de regard sur le processus d'intervention, qui ne vient pas « d'en haut », qui ne leur est pas imposé. De ce fait, ils deviennent partie prenante du processus de changement. Cela suppose évidemment une volonté d'agir collectivement pour trouver des solutions aux problèmes et un fort sentiment d'appartenance à la communauté. La stratégie privilégiée est alors de type consensuel, misant sur les intérêts communs ou les différences conciliables. Dans le cadre de ses interventions, le travailleur social ou l'organisateur communautaire est surtout appelé à jouer un rôle de personne-ressource, de formateur et d'agent de liaison (Lamoureux et coll., 2008).

La planification sociale

Une deuxième forme d'intervention communautaire, le modèle de la **planification sociale**, est présenté par Rothman (2001) comme une intervention centrée sur un processus rationnel de résolution de problèmes mené par des experts (Duperré, 2007). Dans ce modèle, la tâche de l'intervenant consiste à apporter des solutions à des problèmes sociaux que vit une communauté, dans une démarche de changement planifié (Lamoureux et coll., 2008). Ce modèle part du postulat que, dans un environnement urbain et industriel complexe, des experts en planification, ou des acteurs professionnels spécialisés en la matière comme c'est le cas des organisateurs communautaires, sont nécessaires. Pour influer sur les grandes organisations et guider des processus de changement complexes, il faut en effet des personnes qui ont une expertise technique. Ce sont généralement des planificateurs sociaux qui travaillent à l'élaboration des politiques sociales qui intéressent la population, mais aussi des acteurs de terrain qui conçoivent des microprogrammes adaptés aux besoins d'une communauté réelle. Ceux-ci utilisent habituellement une stratégie consensuelle, mais l'action conflictuelle peut aussi parfois se révéler nécessaire (Lamoureux et coll., 2008).

> **Planification sociale**
> Processus qui permet de déceler le problème social, ses causes et sa résolution possible.

L'action sociale

Le troisième modèle proposé par Rothman (2001) est l'action sociale. D'abord centrée sur la défense des droits sociaux, cette forme d'intervention peut aussi se concrétiser dans l'action politique, le plus souvent au niveau municipal (Lamoureux et coll., 2008). L'idée sous-jacente est que la population défavorisée doit s'organiser pour exiger de la société plus de pouvoir et une redistribution de la richesse plus équitable. Ce modèle est associé à des stratégies comme les manifestations, les grèves, le boycott et la désobéissance civile, mais aussi à l'auto-organisation de services ou d'activités, comme dans le cas des coopératives d'habitation ou des coalitions ou regroupements de défense des droits sociaux ou collectifs, telles la Coalition Urgence rurale du Bas-Saint-Laurent ou la Coalition des Tables régionales d'organismes communautaires (Duperré, 2007). C'est sans aucun doute l'approche la plus radicale dans la profession, et elle provoque maints débats éthiques concernant les moyens à utiliser pour atteindre les buts et les objectifs sociaux. L'intervenant y joue davantage un rôle de militant. Il a recours à des tactiques de changement qui comprennent souvent des techniques de conflit (confrontations, action directe), agissant ainsi comme activiste, agitateur, négociateur, agent et partisan (Lamoureux et coll., 2008).

Il est pertinent d'évoquer ici des activités communautaires très en vogue actuellement et qui correspondent à des stratégies de *reaching out*, c'est-à-dire des activités qui visent à rejoindre des clientèles, plus ou moins marginalisées, là où elles se trouvent. Cette stratégie se fonde sur deux principes :

- Certaines personnes ne demandent pas d'aide.
- L'intervention en situation réelle de vie, dans les milieux de vie, est efficace. Il peut s'agir de travail de rue, de travail de milieu ou de diverses activités d'animation sociale en contexte scolaire, en habitations supervisées, etc.

> **Reaching out**
> Processus par lequel l'intervenant cherche à rejoindre un client marginalisé là où il se trouve, même s'il ne demande pas d'aide lui-même.

Certes, dans la « vraie vie », l'intervention communautaire est beaucoup plus complexe que le laissent entendre ces modèles d'intervention. Ces derniers, explique Duperré (2007), sont des idéaux, qui ont leurs limites. Aucun groupe ne correspond parfaitement à l'un de ces modèles. Ceux-ci décrivent plutôt des pratiques, des conduites, des actions, et non des groupes comme tels. Dans le feu de l'action, ces pratiques prennent plutôt des formes hybrides, mélangeant divers éléments de ces modèles. C'est pourquoi ceux-ci exigent une compréhension nuancée. S'ils sont utiles pour analyser les pratiques, ils ne disent rien sur le processus d'intervention en tant que tel, ni sur ses principales étapes (Duperré, 2007) ; c'est ce que nous verrons dans la prochaine section de ce chapitre.

Quelques exemples permettent d'illustrer les contextes d'application de ces modèles. Quand le problème consiste en un manque de services dans la communauté, l'intervenant fait bien de choisir le développement local comme stratégie d'intervention pour arriver à créer et à implanter des services adéquats. Par contre, si le problème dépasse la communauté et est de nature sociale, le modèle de la planification sociale est plus approprié ; il faut alors agir de concert avec les gouvernements et les autres organismes voués à la planification sociale. Enfin, si le problème que connaît la communauté est le résultat d'une oppression systémique, l'action sociale est le modèle d'intervention qui permet de neutraliser les sources de la persécution.

Les étapes de l'intervention communautaire

S'inspirant de l'approche généraliste de Johnson (1989), la plupart des auteurs définissent le processus d'intervention communautaire en trois ou quatre grandes étapes. Duperré (2007) et Lamoureux et coll. (2008) fournissent une description détaillée de chacune de ces grandes étapes, que nous présentons ici dans leurs grandes lignes.

Selon Duperré (2007), le processus d'intervention communautaire comprend quatre grandes étapes :

1. L'exploration et l'analyse de la situation
2. La planification et l'organisation de l'action
3. La réalisation de l'action
4. L'évaluation de l'action

Pour leur part, Lamoureux et ses collègues (2008) divisent le processus d'intervention communautaire en trois grandes étapes, la première couvrant les deux premières étapes proposées par Duperré :

1. La préparation
2. La réalisation
3. L'évaluation

Afin d'illustrer les différentes étapes de l'intervention communautaire, telles que proposées par Johnson (1989), nous allons résumer une intervention selon le modèle du développement local. Les étapes seront les suivantes :

1. **L'évaluation de la situation et la préparation de l'intervention**
   - La caractérisation de la situation ou du problème
   - La mise à contribution des leaders de la communauté
   - L'évaluation de la communauté

2. **La planification et le choix d'un projet d'action**
   - La détermination des buts et des objectifs
   - La planification des stratégies et l'élaboration du plan d'intervention

3. **L'action ou la réalisation de l'intervention**
   - La mise en œuvre des stratégies

4. **La fin du processus**
   - L'évaluation des résultats

L'évaluation de la situation et la préparation de l'intervention

La première étape consiste à comprendre le contexte dans lequel on intervient, c'est-à-dire à connaître les caractéristiques de l'organisme employeur, de l'organisme auprès duquel l'intervention est faite (s'il n'est pas l'employeur) et celles de la communauté (Duperré, 2007).

Connaître sa base d'intervention est une condition préalable à la mise en œuvre de tout projet relevant de l'action communautaire. Celle-ci comprend deux étapes essentielles : connaître l'organisme dans lequel on intervient, puis préciser son mandat afin de bien clarifier les attentes réciproques de chacun, tout en étant conscient qu'un mandat peut évoluer au fur et à mesure que l'action progresse (Lamoureux et coll., 2008).

La caractérisation de la situation ou du problème

Cette analyse d'une situation ou d'un problème s'avère :

> [une] étape d'enquête ou de recherche servant soit à cerner les problèmes et les besoins d'une communauté locale, c'est-à-dire ceux d'une population spécifique, soit à analyser un problème social particulier, soit à faire l'étude d'une situation-problème précise ou encore à vérifier l'existence d'un besoin ou la faisabilité d'un projet. (Lamoureux et coll., 2008, p. 155)

Dans le cas d'un problème vécu par une communauté, par exemple, la situation peut être mise en lumière par cette dernière, par le truchement de certains de ses membres, par un agent extérieur ou par un travailleur social. Dans certains cas, un intervenant qui travaille au niveau individuel pourra constater que beaucoup de ses clients connaissent la même difficulté et en conclure que le véritable problème tient à l'environnement et non aux personnes. Un intervenant dans le cadre de l'approche généraliste pourrait alors se servir de cette information pour intervenir auprès de la communauté. Il fera appel à la démarche de résolution de problèmes pour évaluer la situation et choisir les interventions adéquates pour résoudre ce problème.

La mise à contribution des leaders de la communauté

Quand le problème a été cerné, il est important de s'assurer de la contribution des leaders de la communauté. Cette étape, qui est propre à l'intervention communautaire, est très importante, car, pour que les membres d'une communauté aient confiance en l'intervenant, il faut que ses leaders soient partie prenante du processus. Il s'agit d'abord de voir qui sont les leaders de la communauté. Il y a des leaders formels, comme les élus, les administrateurs d'institutions ou les médias, et des leaders informels, c'est-à-dire des personnes qui n'ont pas nécessairement un titre officiel mais qui exercent une forte influence sur les membres de la communauté ; ce peut être par exemple une personne âgée connue dans le quartier. L'intervenant doit convaincre les leaders de l'importance de l'intervention proposée et insister sur le fait que leur appui au projet est essentiel afin, entre autres choses, d'encourager les membres de la communauté à s'investir dans la démarche. Sans cette collaboration des leaders, les chances que la communauté s'engage dans une démarche de changement sont plus minces.

L'évaluation de la communauté

Les étapes subséquentes sont semblables à celles que nous avons présentées pour les autres types de clientèle. Après la formulation du problème et les démarches auprès des leaders de la communauté, il faut procéder à l'évaluation. Dans nombre de situations, le portrait de la communauté ou l'évaluation de la problématique précède la mobilisation des leaders qui, le plus souvent, veulent prendre connaissance d'un tel portrait avant de s'engager. Avec les leaders, l'intervenant utilise la grille reproduite dans le tableau 21.1 pour observer la situation sous tous ses angles. Cette grille est une adaptation de celle qu'a élaborée Johnson (1989).

La planification et le choix d'un projet d'action

Après avoir analysé la situation à changer ou le problème à résoudre, on doit choisir collectivement, parmi toutes les solutions possibles, celle qui convient le mieux, c'est-à-dire celle qui est réalisable compte tenu des ressources disponibles, puis voir comment on pourra la réaliser (Duperré, 2007). Une fois les problèmes ou les besoins déterminés, il s'agira d'établir ce qu'il faut faire pour résoudre ces problèmes ou répondre à ces besoins (Lamoureux et coll., 2008).

La mise en œuvre du changement souhaité à l'aide des solutions retenues doit faire l'objet d'un plan d'action. Ce plan doit préciser les objectifs généraux et spécifiques de l'intervention, puis faire état des moyens envisagés pour les

TABLEAU 21.1 Une grille d'étude d'une communauté

1. **Description de la communauté**
   - 1.1 Situation géographique de la communauté
   - 1.2 État de l'environnement
   - 1.3 Densité de la population

2. **Histoire de la communauté**
   - 2.1 Début, installation
   - 2.2 Événements significatifs de son histoire
   - 2.3 Changements dans le temps

3. **Démographie de la communauté**
   - 3.1 Distribution de la population selon l'âge et le sexe
   - 3.2 Distribution selon l'origine ethnique et la culture
   - 3.3 Distribution socioéconomique

4. **Structure économique**
   - 4.1 Description des industries
   - 4.2 Distribution des emplois

5. **Éducation**
   - 5.1 Écoles, collèges et universités
   - 5.2 Nombre d'élèves à chaque niveau scolaire
   - 5.3 Programmes pour les élèves qui ont des besoins spéciaux

6. **Système de santé**
   - 6.1 Hôpitaux et cliniques
   - 6.2 État de santé de la population
   - 6.3 Besoins spéciaux de la communauté en matière de santé

7. **Système politique**
   - 7.1 Structures politiques de la communauté
   - 7.2 Engagement de la population dans le système politique
   - 7.3 Processus de prise de décision dans la communauté

8. **Système juridique**
   - 8.1 Service de police
   - 8.2 Système correctionnel
   - 8.3 Système d'aide juridique
   - 8.4 Programmes pour les jeunes contrevenants

TABLEAU 21.1 (*suite*)

9. Loisirs	
9.1	Programmes organisés de loisirs, parcs, bibliothèques et autres services
9.2	Programmes informels
9.3	Programmes commerciaux
9.4	Programmes s'adressant aux différents groupes culturels
9.5	Description et distribution des clubs sociaux
10. Religion	
10.1	Distribution de la population selon la religion
10.2	Distribution des églises ou autres temples selon la religion
10.3	Programmes pour les fidèles des différentes religions
11. Système d'aide sociale	
11.1	Programmes organisés d'aide sociale
11.2	Agences de service social
11.3	Besoins sociaux de la population
11.4	Programmes s'adressant aux personnes qui ont des besoins spéciaux
11.5	Organismes de financement pour les programmes spéciaux
11.6	Systèmes de soutien informels de la communauté
12. Préoccupations de la communauté	
12.1	Priorités
12.2	Besoins secondaires
12.3	Forces et faiblesses de la communauté

Source: Adapté de L. C. Johnson (1989). *Social Work Practice: A Generalist Approach.* Scarborough, Ontario: Allyn & Bacon.

atteindre (Duperré, 2007). Le plan doit aussi définir et préciser l'échéancier, les ressources humaines et matérielles nécessaires, le mode de fonctionnement du groupe et le choix d'une structure organisationnelle (Lamoureux et coll., 2008).

La détermination des buts et des objectifs

Au risque de répéter ce qui a déjà été dit dans les chapitres précédents, rappelons qu'après l'évaluation, l'intervenant doit réexaminer le problème en prenant en considération les nouveaux éléments d'information dont il dispose. Dans la détermination des buts et des objectifs de l'intervention, il faut tenir compte du potentiel, des capacités et des limites du client. Il faut définir des buts et des objectifs réalistes. Les stratégies doivent être adaptées aux besoins et aux capacités du client. Enfin, les stratégies retenues doivent être celles que le client préfère; on s'assure ainsi d'un engagement plus actif.

La planification des stratégies et l'élaboration du plan d'intervention

Une fois les stratégies arrêtées, il faut préparer un plan d'intervention détaillé et le concrétiser dans un contrat écrit signé par l'intervenant et les représentants de la communauté.

L'action ou la réalisation de l'intervention

À cette étape, il s'agit simplement de mettre en œuvre le plan d'intervention qui a été élaboré afin d'en réaliser les objectifs, avec des moyens aussi variés que des activités de sensibilisation et de mobilisation, ou l'utilisation des médias pour conscientiser la population à une situation donnée (Lamoureux et coll., 2008). Dans certains cas, cela peut nécessiter la création d'un organisme à but non lucratif (OBNL). Cette phase comprend aussi la recherche de financement, une préoccupation constante de bien des groupes (Duperré, 2007).

La mise en œuvre des stratégies

Il ne reste donc plus qu'à appliquer les stratégies sur lesquelles il y a eu consensus. À l'instar des autres modes d'intervention, celle qui se pratique dans la communauté requiert des connaissances et des habiletés spécifiques. Il faut avoir une bonne compréhension de l'organisation sociale et du fonctionnement de la société. Une connaissance de base des concepts propres à la politique sociale et à l'économie permet de mieux intervenir. Enfin, l'habileté à organiser des rencontres avec différentes catégories de personnes et à travailler avec des réseaux variés est nécessaire pour œuvrer dans le secteur communautaire. Ces compétences d'intervention sont transférables vers des métiers plus cliniques comme la gestion de cas. Elles sont symptomatiques du caractère généraliste de la profession.

Les stratégies que l'on décide d'utiliser pour réaliser le plan d'action peuvent prendre des formes très variées. Voici comment Lamoureux et coll. (2008, pp. 174-177) définissent quelques-unes de ces stratégies :

- Les stratégies de sensibilisation « visent à favoriser la réflexion et à susciter une prise de conscience par rapport à une situation problématique ou à un besoin commun, et à promouvoir des solutions alternatives ou des idées nouvelles afin de transformer cette situation ou de répondre à ce besoin commun ».
- Les stratégies de mobilisation « visent à susciter l'engagement et à regrouper des personnes touchées par un problème social ou partageant un même besoin autour d'une action visant à résoudre ce problème ou autour d'un projet destiné à satisfaire ce besoin ».
- La création d'une organisation à but non lucratif (OBNL) permet de fournir au groupe une structure ou un cadre plus formel pour l'aider à réaliser l'intervention.

Ce ne sont là que quelques exemples parmi une panoplie de stratégies dont l'intervention peut faire l'objet et qui peuvent être prévues dans le plan d'action.

L'intervenant ne doit jamais oublier que le plan d'action qu'il mettra en œuvre doit être vérifié :

> Cette étape constitue une période d'évaluation du cheminement critique d'un plan d'action. Elle confirmera la pertinence de poursuivre ou non l'action de la manière prévue et permettra les corrections de trajectoire sans lesquelles le groupe pourrait rater sa cible. (Lamoureux et coll., 2008, p. 180)

La fin du processus

L'évaluation de l'intervention et de ses résultats

Cette dernière étape du processus d'intervention communautaire est un élément essentiel, car elle permet de jeter un regard critique sur l'intervention réalisée afin de prendre des décisions appropriées. Il faut prévoir et planifier cette étape dès le début de l'intervention (Duperré, 2007). Il est d'ailleurs fortement recommandé de privilégier une démarche d'évaluation participative. Outre le bilan de l'intervention comme tel, cette étape consiste aussi à préciser les conditions dans lesquelles prendra fin le mandat de l'intervenant. Voici la définition de ces étapes :

> Le bilan de l'intervention permet d'effectuer un retour critique sur les diverses étapes du projet d'intervention, de déterminer les forces et les faiblesses de l'intervention et de cerner aussi bien les éléments de réussite que les éléments qui ont plus ou moins failli.
>
> La fin d'une intervention ou d'un projet d'action communautaire coïncide souvent avec une redéfinition du rôle de certaines personnes, en particulier celui des intervenants extérieurs au groupe. Cette redéfinition signifiera, selon les circonstances, le départ de l'intervenant, le retrait graduel de l'intervenant ou le maintien du soutien au groupe en fonction de nouvelles perspectives d'action. (Lamoureux et coll., 2008, pp. 181-183)

Encore une fois, dans notre exemple, il faut reprendre les objectifs fixés et vérifier l'ampleur des résultats. La communauté devra poursuivre les actions entreprises.

✓ ÉTUDE DE CAS

L'administration de la Ville a récemment lancé son programme de revitalisation des vieux quartiers. Peu de temps auparavant, deux groupes communautaires en habitation ont mené une étude sur les conditions de vie des habitants des vieux quartiers, qui a mis en lumière leur précarité combinée à un problème de logement. Il apparaît alors évident qu'un seul programme de revitalisation des vieux quartiers ne pourra apporter une solution durable et qu'une véritable stratégie de lutte contre la pauvreté sera nécessaire. Un projet en ce sens commence à prendre forme.

Vu l'ampleur de la problématique, il est essentiel de faire appel à divers acteurs du milieu. L'étude réalisée par les deux groupes communautaires est envoyée à une centaine de partenaires (Ville, institutions financières, commission scolaire, écoles, commerçants, Centre de santé et de services sociaux [CSSS], Centre local d'emploi [CLE], organismes communautaires, etc.).

Une évaluation de la communauté permet de dégager certaines caractéristiques :
- La ville compte 40 000 habitants.
- Elle est marquée par un passé ouvrier.
- Le centre-ville compte une forte proportion de ménages à faible revenu.
- Les vieux quartiers sont « sous-développés » et présentent, en gros, le profil suivant :
  – des conditions de vie et de logement (qualité, loyer) précaires. Beaucoup de ménages consacrent plus du tiers de leurs revenus au logement ;
  – un taux de chômage élevé ;
  – un faible niveau d'instruction des résidants ;
  – une vie communautaire déficiente ;
  – un sentiment généralisé d'exclusion et d'impuissance au sein de la population.

Les responsables du projet devront tenir compte de ce contexte dans l'élaboration de leur projet et de leur plan d'action. Il est à noter que plusieurs organismes dans la communauté ont produit ou possèdent de l'information utile à cette étape.

La problématique déborde la simple question du logement. L'aménagement urbain, l'éducation, le marché de l'emploi, le revenu et l'engagement social des citoyens, entre autres, sont des aspects sur lesquels on décide de centrer les efforts. Autrement dit, on cherche à améliorer non seulement les conditions de logement, mais aussi les conditions de vie. Par exemple, une ville qui tiendrait compte des besoins des personnes âgées pourrait aménager des passages piétonniers aux carrefours routiers.

Avant d'élaborer un plan d'intervention, on prévoit tenir une assemblée publique à laquelle seront invités les organismes communautaires et des représentants de citoyens, voire l'ensemble de la population au besoin. On compte aussi former des groupes de discussion sur la santé, le logement, la vie économique et l'éducation, composés d'acteurs du milieu et d'experts. Ces actions devraient déboucher sur la formulation d'un cadre d'intervention, qui devra être sanctionné par des partenaires de la région. Un plan de travail doit être préparé pour préciser les interventions.

L'intervention envisagée, dont le plan a finalement été ratifié par plusieurs partenaires, s'étend sur une période de 10 ans, divisée en trois phases. Selon le plan de travail pour la première phase, on devrait, entre autres choses :
- rencontrer le plus grand nombre de citoyens possible, afin de faire le point sur les compétences et les besoins ;
- favoriser la création de comités de citoyens ;
- amener les résidants des vieux quartiers à s'engager dans la vie communautaire (par exemple, en organisant une fête de quartier en collaboration avec des commerçants et des groupes communautaires) ;
- concevoir des projets à l'intention des chômeurs de longue date et encourager ces derniers à y participer ;
- travailler à l'ouverture d'un centre communautaire de quartier.

Au terme de la première phase de la planification stratégique, une étude devra être réalisée pour vérifier si l'intervention a donné les résultats escomptés, soit une amélioration des conditions de vie et de logement des résidants des vieux quartiers.

Déjà, on peut constater que des comités de résidants ont été créés et qu'un local de quartier a été ouvert[1].

? QUESTIONS

1. Quel est le but de l'intervention communautaire ?
2. Quels sont les trois modèles d'intervention communautaire de Rothman ?
3. Ce champ d'intervention devient de plus en plus populaire. Comment expliquez-vous ce phénomène ?

+ LECTURES SUGGÉRÉES

Duperré, M. (2007). L'organisation communautaire : une méthode d'intervention du travail social. Dans J.-P. Deslauriers et Y. Hurtubise (dir.), *Introduction au travail social* (pp. 193-218). Québec, Québec : Les Presses de l'Université Laval.

Duval, M. et coll. (2005). *Les organismes communautaires au Québec. Pratiques et enjeux*. Montréal, Québec : Gaëtan Morin Éditeur, Chenelière Éducation.

Freynet, M.-F. (2000). *Les médiations du travail social. Contre l'exclusion, (re)construire les liens*. Lyon : Éditions Chronique sociale.

Johnson, L. C. (1989). *Social Work Practice : A Generalist Approach*. Scarborough, Ontario : Allyn & Bacon.

Lamoureux, H., Lavoie, J., Mayer, R. et Panet-Raymond, J. (2008). *La pratique de l'action communautaire*. Québec, Québec : Les Presses de l'Université du Québec.

Rothman, J. (2001). Approaches in Community Intervention. Dans J. Rothman, J. Erlich et J. Tropman (dir.), *Strategies of Community Intervention* (pp. 27-34). Belmont, Californie : Wadsworth/Thompson Learning.

Sites Web à consulter

Comité sectoriel de main-d'œuvre (CSMO) Économie sociale et Action communautaire

www.csmoesac.qc.ca

Secrétariat à l'action communautaire autonome et aux initiatives sociales

www.mess.gouv.qc.ca/saca

Table des regroupements provinciaux d'organismes communautaires et bénévoles

www.trpocb.typepad.com

Regroupement québécois des intervenants et intervenantes en action communautaire en CSSS (RQIIAC)

www.rqiiac.qc.ca

---

1. Cet exemple s'inspire du cas de la ville de Salaberry-de-Valleyfield.

Conclusion

Comme l'ont dit certains auteurs, le travail social repose sur deux grands présupposés : 1) toute personne est en partie semblable aux autres ; 2) toute personne est en partie différente des autres.

Le premier présupposé rend légitimes les interventions du travailleur social. Ces dernières exigent un décodage objectif du vécu du système client, c'est-à-dire une interprétation de ce vécu qui fait appel à un savoir organisé. Puisqu'une personne est en partie semblable aux autres, ce que la psychologie ou tout autre savoir scientifique nous dit de la personne en général a de bonnes chances de s'appliquer et d'être vrai pour le client qui se trouve devant le travailleur social.

Le second présupposé rejoint cette observation de St-Arnaud (1995, p. 170) :

> Comme l'individu humain est le plus personnalisé que l'on connaisse dans la nature, l'aidant qui utilise son savoir professionnel est le plus souvent en face de nombreuses hypothèses pour comprendre la situation de l'aidé.

Ainsi, l'humain est si complexe, les façons qu'il a de faire usage de son énergie varient tant qu'il devient hautement recommandé d'individualiser les interventions.

Avec cet ouvrage, nous voulons apporter quelques éclaircissements sur ces deux présupposés. Le travail social a été décrit comme une profession pouvant figurer parmi les disciplines scientifiques, et les aspects particuliers du processus d'intervention sociale ont été examinés. Toutefois, nous n'avons donné qu'une vue d'ensemble de ce qui constitue le travail social, et d'autres ouvrages restent à écrire pour combler le manque de littérature scientifique francophone dans le domaine.

Sharon McKay (1999) présente le travail social comme une profession assiégée. Selon elle, la course à la mondialisation, l'obsession de la réduction des déficits qui hante nos gouvernements, le virage vers la privatisation de plusieurs services de santé et services sociaux et la réduction des subventions des bailleurs de fonds font en sorte que la viabilité même de la profession est menacée. L'auteure ajoute par ailleurs que, en ce qui concerne les services sociaux, la société canadienne est aujourd'hui à la croisée des chemins et qu'elle a un besoin urgent d'une profession de travail social solide. Cette profession se trouve à l'avant-scène de la misère sociale de notre société. Un grand nombre de Canadiens et de Canadiennes vivent une situation économique extrêmement précaire. Jeunes, moins jeunes et personnes âgées, diplômés universitaires et professionnels spécialisés, tous sont susceptibles d'être un jour aux prises avec un problème : rupture de la structure familiale, situation de violence, toxicomanie, maladie, désespoir, etc. La profession du travail social doit déterminer la place qu'elle veut occuper et agir en collaboration avec ces personnes et en leur nom, qu'il s'agisse de personnes opprimées, victimes d'abus ou économiquement moins choyées. Toutefois, pour le moment, la voix de la profession est encore faible et sa portée, minimale.

Le plus grand défi qu'aura à relever la profession au cours des prochaines années est de bien ancrer la pratique dans une identité et une mission cohérentes et, surtout, revitalisées. La clarification du degré d'autonomie professionnelle, la définition de l'identité spécifique du travail social et la promotion du lien social (Deslauriers et Hurtubise, 2000) sont partie prenante de l'évolution de la profession. Dans le contexte social actuel, qui voit fleurir une diversité d'opinions et de valeurs, il est encore plus important pour notre profession de maintenir sa poursuite de la justice sociale, valeur de base du travail social.

> Reconnaître en quoi notre discipline est une perspective qui exige d'avoir, face à elle, un regard critique qui permet de situer comment elle construit sa perspective. Le travail multidisciplinaire (ce qui est la réalité de la majorité des organismes pour lesquels nous travaillons) exige ainsi, au départ, que chaque personne précise le lieu de l'élaboration de son savoir disciplinaire. Plus encore, il faut que la discussion puisse permettre d'arrimer l'approche disciplinaire à des méthodologies concrètes de cueillette et d'interprétation des données. (Legault, 1999b, p. 14)

En faisant la promotion de la recherche, Legault, de l'Université de Sherbrooke, nous bouscule un peu, mais c'est là le seul moyen dont nous disposons pour faire valoir que notre discipline est aussi importante que d'autres, plus reconnues.

À vrai dire, la reconnaissance est en grande partie tributaire de ce qui se publie dans une discipline donnée. En travail social, il est plus difficile de revendiquer une position scientifique étant donné la quasi-absence d'écrits sérieux décrivant les interventions propres aux travailleurs sociaux. Pour le constater, il n'y a qu'à écouter les débats qui ont lieu à propos de certains projets de loi, en Ontario, au sujet de la catégorisation des disciplines. Schon (1996) invite à une « approche réflexive » où la pratique doit servir de base aux recherches et au développement de nouveaux modèles. Legault reprend cette idée en encourageant les membres de la profession à construire un « lien dialectique entre ces deux tendances souvent polarisées que représentent la pratique et la théorie » (Legault, 1999a, p. 110). C'est ce défi majeur que la profession doit relever.

Des enjeux pour les années 2010

Aujourd'hui, les travailleurs sociaux continuent de faire face à un dilemme généré par leur travail dans un système de plus en plus oppressif. L'État demande aux travailleurs sociaux d'agir comme agents de contrôle social et de contrôler les victimes de la mondialisation, c'est-à-dire du chômage, de l'inflation, de la négligence économique, ainsi que d'appliquer des politiques qui placent le profit privé au-dessus des besoins humains (Mullaly, 2007). Au même moment, les travailleurs sociaux sont forcés de faire plus avec moins, ce qui donne lieu à une augmentation incessante des charges de travail et au remplacement d'employés à temps plein et permanents par des employés à temps partiel qui travaillent à forfait. Enfin, de plus en plus d'organismes s'appuient davantage sur les bénévoles et de moins en moins sur des employés salariés.

D'un point de vue plus optimiste, une résistance croissante à la mondialisation apparaît. Le paradigme moderniste, basé sur le principe qu'il y a une solution globale rationnelle aux problèmes de la pauvreté et de la maladie dans le monde, a été remplacé par une perspective postmoderniste qui propose qu'un éventail diversifié de solutions est nécessaire pour répondre aux besoins complexes et spécifiques des individus et des communautés.

Dans le contexte de la perspective moderniste, la pratique anti-oppressive (PAO) s'est développée. Elle a été élaborée au cours des deux dernières décennies à la suite d'une prise de conscience du fait que les méthodes traditionnelles de travail social ont échoué à atténuer les effets de la mondialisation. Elle a pour but de régler les problèmes de l'individu en gardant à l'esprit une perspective plus large des causes des problèmes. Selon Donna Baines (2007), le travail social traditionnel a une tendance à dépolitiser la profession en réduisant la prise de conscience politique de son discours. Mais rien n'est politiquement neutre : le travail social devrait reconnaître qu'il n'existe pas de zones libres de politique et que tout implique une lutte de pouvoir. Baines insiste sur le fait que le travail social traditionnel continue de s'appuyer sur les étiquettes médicales et pénalise le client puisque, en ce qui a trait aux problèmes sociaux, il jette le blâme sur l'individu. Selon elle, on ne peut séparer la « dépression clinique » des problèmes de la pauvreté et de l'exclusion sociale. Le travail social traditionnel tend à considérer dans la plupart des cas les formes d'intervention ciblées sur l'individu comme la meilleure des approches disponibles. La PAO, pour sa part, permettra d'intervenir auprès d'un individu sans jamais perdre de vue la perspective plus large des causes des problèmes (Baines, 2007).

Dans les années à venir, notre réflexion sur la détermination et l'examen de nouveaux contextes, des conditions et des formes de la pratique du travail social en émergence devra se poursuivre. Aussi, leurs relations avec les structures et organisations de service et leur influence sur la formation professionnelle devront être analysées.

Devant ces enjeux, des questions surgissent : Devons-nous toujours travailler dans le système ou œuvrer en dehors de celui-ci ? La complexité des besoins des individus est-elle vraiment reconnue ou un changement radical devient-il nécessaire ?

Glossaire

Accommodement : Action de s'adapter avec facilité à une situation, de se prêter à des concessions (CNRTL).

Acculturation : Processus par lequel un groupe d'humains assimile les valeurs culturelles d'un autre groupe d'humains.

Action : Étape où l'intervenant et le client mettent en œuvre les éléments du contrat qu'ils ont établi de concert.

Affirmation de soi : Objectif de l'approche féministe qui vise à aider la femme à s'affirmer, par exemple dans le domaine du travail où la femme a souvent peur de protester contre des conditions de travail inacceptables.

Aîné : Dans la culture amérindienne, enseignant traditionnel.

Alliance : Lien établi entre l'intervenant et chacun des membres de la famille.

Antécédent (A) : Terme faisant partie de la méthode ABC : événement qui précède le comportement non désiré.

Approche à court terme centrée sur la tâche : Approche populaire dans les années 1980, qui centrait l'effort sur l'identification et l'exécution des tâches.

Approche centrée sur la modification du comportement : Approche basée sur la théorie de l'apprentissage qui cherche à changer les comportements non désirés.

Approche centrée sur les solutions : Perspective proposant de se centrer sur les solutions au lieu de se centrer sur le problème.

Approche écologique : Perspective qui met l'accent sur la relation d'adaptation et de réciprocité entre la personne et son environnement.

Approche familiale structurale : Thérapie familiale élaborée par Salvador Minuchin, qui considère que la famille est composée de structures qui correspondent aux règles tacites régissant le fonctionnement de la famille.

Approche féministe : Approche qui remet en question les approches traditionnelles qui renforcent le système patriarcal et néoconservateur selon lequel les problèmes sont causés par la déviance ou la faiblesse personnelles.

Approche fonctionnelle : Théorie de Malinowski qui analyse la société à partir des fonctions qui assurent sa stabilité. Cette approche a été conçue en réaction au modèle psychosocial et plus particulièrement à la dimension déterministe de ce dernier.

Approche généraliste : Approche établie par Middleman et Goldberg qui comprend quatre quadrants possibles d'intervention : auprès des individus, auprès des familles et des groupes, auprès d'organismes ou d'une communauté en faveur de l'individu, et auprès d'organismes ou d'une communauté en faveur d'une collectivité.

Approche psychosociale : Approche qui vise l'exploration et la compréhension du passé de la personne afin de poser un diagnostic sur la situation actuelle.

Approche stratégique : Thérapie familiale élaborée par Haley et Madanès où le rôle de l'intervenant est de concevoir des stratégies pour résoudre les problèmes qu'éprouve la famille.

Approche structurelle : Selon Mullaly, approche qui cherche à changer le système social et non l'individu qui subit les effets des arrangements sociaux problématiques. La cible de l'intervention est donc le système et non l'individu.

Assimilation : Processus par lequel un individu d'une culture minoritaire est absorbé par une collectivité de la culture dominante.

Autodétermination : Capacité de l'individu à prendre ses propres décisions pour gérer sa vie.

***Behaviour* (B) :** Terme faisant partie de la méthode ABC : mot anglais désignant le comportement non désiré.

Bien-être social : Ensemble des lois, politiques sociales, programmes, établissements, professions, ressources et services qui existent afin d'assurer à chaque personne l'accès à la gamme de biens et services nécessaires pour se réaliser comme individu dans la société (Turner, 1995).

But : Finalité ultime d'une intervention, ce pour quoi elle s'effectue.

Centre d'action sociale (*settlement house*) : En Angleterre, résidence sociale issue du mouvement et d'organismes de lutte contre la pauvreté.

Colonialisme : Idéologie justifiant et prônant la colonisation de territoires hors des frontières nationales.

Commission d'enquête sur la santé et le bien-être social : Commission d'enquête connue aussi sous le nom de « rapport Castonguay-Nepveu », qui a engendré une réorganisation totale des programmes de la santé et des services sociaux au Québec, les faisant passer sous le contrôle de l'État.

Conception holistique : Conception du monde ou d'un phénomène où l'on considère le tout et non seulement les éléments qui forment le tout.

***Conjoint Family Therapy* :** Thérapie élaborée par Virginia Satir, qui suggère que la famille est un système en équilibre cherchant à répondre aux besoins de ses membres.

Conséquence (C) : Terme faisant partie de la méthode ABC : conséquence du comportement non désiré.

Contrat : Document ou entente qui définit clairement le problème, les buts et les objectifs de l'intervention, les moyens et les stratégies qui seront utilisés, la durée et les échéances ainsi que les indicateurs de résultats.

Corporation des travailleurs sociaux professionnels du Québec (CTSPQ) : Organisation québécoise, aujourd'hui appelée « Ordre des travailleurs sociaux et des thérapeutes conjugaux et familiaux du Québec (OPTSQ) », qui représente les travailleuses et travailleurs sociaux. Pour utiliser le titre « travailleur social professionnel » (tsp) au Québec, il faut être membre de l'Ordre.

Déculturation : Processus par lequel un groupe d'humains perd ses croyances et ses valeurs culturelles, c'est-à-dire son identité culturelle.

Défense du client : Technique utilisée par l'intervenant qui consiste à bien connaître les organismes sociaux et les règlements de ceux-ci que l'on peut utiliser et même détourner au profit du client.

Déontologie : Ensemble de règles visant à guider le comportement moral de catégories d'individus s'adonnant à des activités techniques spécifiques qui exigent un degré élevé de responsabilité morale et de conscience professionnelle.

Devoir : Obligation morale souvent liée à un corps professionnel précis.

Diagnostic : Terme médical référant à la problématique du client.

Différenciation : Phénomène qui répartit les gens dans l'échelle sociale et dont la stratification sociale est l'aboutissement.

Discrimination : Traitement différencié et inégalitaire, appliqué à des personnes sur la base de critères variables (CNRTL).

Dissolution : Procédure par laquelle l'intervenant met fin au mandat du groupe.

Écomap : Représentation graphique de tous les systèmes en jeu dans la vie d'un individu.

Empowerment : Démarche que doit entreprendre le client pour passer de la passivité à l'affirmation de soi ou à la prise en main de sa vie.

Éthique : Science qui traite des principes régulateurs de l'action et de la conduite morale (CNRTL, 2010).

Évaluation de la pratique : Recherche sur l'efficacité des techniques d'intervention.

Évaluation des résultats : Action posée pour déterminer si les objectifs visés initialement ont été atteints, et qui permet de juger, au moins en partie, de la qualité de l'intervention.

Évaluation psychosociale : Selon Hollis (1972), procédé de collecte de données, d'observation et de classification des faits concernant le client et sa situation.

Exploration : Recherche des événements, des faits qui entourent une situation donnée, et dont la mise en évidence permet de compléter l'évaluation psychosociale.

Famille : Unité composée de deux personnes ou plus qui œuvrent ensemble selon leurs différents rôles.

Fin de l'intervention : Achèvement de l'intervention, au moment où les buts et les objectifs ont été atteints ou qu'il n'y a plus de progrès et qu'il est inutile de poursuivre.

Fonctionnement adéquat : Manière de fonctionner en société que l'on attend d'un individu et qui est appropriée à son rôle, à son environnement et aux individus qui l'entourent.

Frontière : Dans un système familial, règle en vertu de laquelle des personnes font partie du système et d'autres en sont exclues.

Génogramme : Carte qui illustre le réseau relationnel familial sur plusieurs générations.

Groupes de conscientisation : Groupes qui permettent aux femmes de se rendre compte que plusieurs ont eu les mêmes expériences et que leur problème n'est pas personnel, mais bien collectif.

Image de soi : Image que la personne a d'elle-même et l'une des cibles de l'approche féministe visant à aider la femme à accepter qu'elle n'est pas toujours la cause de ses problèmes.

Immigration : Action de venir s'installer et travailler dans un pays étranger de façon définitive ou pour une longue durée. (CNRTL)

Individualité : Principe selon lequel il convient d'accorder à chaque cas une attention importante et personnalisée.

Industrialisation : Croissance industrielle dans les grandes villes et passage, sur les plans social et économique, d'une société rurale basée sur l'agriculture à une société urbaine basée sur l'industrie.

Intervention de crise : Modèle d'intervention qui permet au client d'adopter de nouveaux comportements (*patterns*) d'adaptation à la suite d'une crise qui a brisé son équilibre, en vue d'atteindre un nouvel équilibre, aux assises plus solides.

Intervention directe : Intervention à l'échelle « micro » pour aider le client (petit système), c'est-à-dire une personne, une famille ou un petit groupe.

Intervention indirecte : Intervention à l'échelle « macro » faite pour aider le client (grand système), c'est-à-dire un organisme, une communauté ou la société.

Liberté de choisir : Troisième concept de base de l'approche fonctionnelle, selon lequel le client a le choix d'entreprendre des actions pour apporter des changements à sa situation.

Matérialisation et collectivisation des problèmes : Analyse faite par l'intervenant visant à comprendre les rapports politiques, économiques et psychologiques, qui gardent la classe dominée dans un état d'oppression constant.

Modèle de médiation : Modèle d'action où le rôle de médiateur est de faciliter le dialogue qui permet aux parties de discuter de l'impact du conflit, d'assister l'une et l'autre dans la détermination de la solution la plus acceptable et de reconnaître leur humanité commune (Burns, 2002).

Modernisme : Vision liée à l'application de la méthode scientifique qui soutient que la théorie de la pratique du travail social est une proposition générale concernant le monde réel qui est essentiellement la vérité.

Multiculturalisme : Politique gouvernementale proclamée par le gouvernement fédéral qui vise à reconnaître également tous les Canadiens en tant que participants dans la société canadienne.

Neutralité : Attitude de l'intervenant qui donne la même importance à chacun des membres de la famille dans leur définition de la situation.

Objectif: Cible spécifique et idéalement observable vers laquelle tendent les actions.

Organisme: Deuxième concept de base de l'approche fonctionnelle, qui réfère à l'établissement du travail social, soit le lieu où les intérêts et les besoins de la personne ainsi que ceux de la société se rencontrent.

Perspective conflictuelle: Perspective qui envisage la société comme une lutte entre les différents groupes d'intérêts et de pouvoir.

Perspective horizontale et verticale: Double perspective adoptée pendant l'évaluation qui permet dans le premier cas de se faire une idée générale de la situation, et dans le second, de procéder à une étude en profondeur du problème spécifique.

Planification: Étape du processus d'intervention où, en se servant de l'information recueillie à l'étape de l'évaluation et de l'analyse, l'intervenant planifie une démarche logique d'intervention.

Planification sociale: Processus qui permet de déceler le problème social, ses causes et sa résolution possible.

Postmodernisme: Paradigme qui se caractérise par une diversité de perspectives et qui envisage la société comme le lieu d'une lutte entre les différents groupes d'intérêts et de pouvoir.

Reaching out: Processus par lequel l'intervenant cherche à rejoindre un client marginalisé là où il se trouve, même s'il ne demande pas d'aide lui-même.

Réciprocité: Concept selon lequel l'évaluation est un processus qui engage autant l'intervenant que le client.

Régression: Retour des vieux problèmes vécus par le client qui émergent de nouveau vers la fin de l'intervention.

Renforcement: Élément utilisé pour encourager le comportement désiré; par exemple, l'étoile qu'on colle sur un tableau.

Service social: Action que la société entreprend pour s'assurer que ses membres disposent d'un système d'assistance et de soutien en vue d'éviter que certains besoins fondamentaux ne soient pas minimalement comblés (Gouvernement du Québec, 1972).

Sociogramme: Représentation graphique des relations individuelles au sein d'un groupe.

Système d'aide informel: Ensemble de ressources auxquelles la plupart des personnes peuvent recourir: famille, amis, collègues de travail.

Système d'entraide: Ensemble de ressources et de services qui existent dans la communauté autres que les services sociaux formels; par exemple, les Alcooliques Anonymes.

Temps: Premier des trois concepts à la base de l'approche fonctionnelle. L'intervention est conçue comme un processus dynamique qui s'inscrit dans un espace de temps qui a un commencement et un aboutissement.

The Poor Laws: Ensemble de lois qui établit la responsabilité de l'État (en Angleterre et dans certaines provinces canadiennes) envers les pauvres. En vertu de ces lois, les paroisses devaient s'occuper des pauvres.

Théorie de l'apprentissage: Théorie qui appartient au courant de la psychologie qu'on appelle le «béhaviorisme». Selon cette perspective, tous les comportements sont appris, c'est-à-dire qu'ils proviennent de réactions à des stimuli de l'environnement. Pavlov et Skinner en sont les théoriciens les plus connus.

Théorie de la communication: Théorie élaborée par le Mental Research Institute de Palo Alto en Californie sur les principes de la communication qui expliquent la transmission de l'information.

Théorie des systèmes: Théorie selon laquelle un système est un ensemble d'éléments en interaction formant un tout qui est plus grand que la totalité des éléments qui le composent. Toute modification de l'un ou l'autre des éléments entraîne une modification de tout le système.

Théorie féministe: Théorie qui affirme que l'oppression existe, soutenue et nourrie par les structures et les valeurs patriarcales qui maintiennent l'inégalité entre les hommes et les femmes et qui sont la cause des problèmes personnels de ces dernières.

Théorie marxiste: Théorie selon laquelle le système capitaliste crée deux classes de personnes: la classe bourgeoise, qui détient les moyens de production (usine, machines, etc.), et la classe ouvrière, dont la survie dépend de sa force de travail.

Théorie psychanalytique: Théorie issue des travaux de Freud et des psychologues du moi qui met l'accent sur les instincts et les conduites inconscientes expliquant les comportements individuels. Ce type de théorie a servi de fondement à l'approche psychosociale en travail social.

Thérapie cognitivo-comportementale: Intervention basée sur la théorie de l'apprentissage qui vise à modifier les pensées négatives.

Transfert: Action d'adresser le client à un autre intervenant ou organisme qui sera plus en mesure de l'aider.

Travail social: Profession qui cherche à promouvoir le changement social, la résolution de problèmes dans le contexte des relations humaines, la capacité et la libération des personnes, afin d'améliorer le bien-être général (Fédération internationale des travailleurs sociaux, 2001).

Troisième vague du féminisme: Courant féministe né dans les années 1990 se caractérisant par une diversité des perspectives et remettant en question les positions féministes traditionnelles sur le sexisme et le fait que les gens sont divisés en «nous» et «eux».

Urbanisation: Migration de la population des villages ruraux vers les grandes villes causée par l'industrialisation et la croissance de l'emploi dans les usines.

Valeur: Aspiration profonde à la source d'un engagement professionnel. Elle est le reflet de ce qui a de l'importance pour une personne, un groupe ou une communauté.

Bibliographie

Abravanel, H. (1986). La motivation. Dans N. Côté et coll., *Individu, groupe et organisation*. Boucherville, Québec: Gaëtan Morin Éditeur.

Ackerman, N. W. (1958). *The Psychodynamics of Family Life*. New York: Basic Books.

Addams, J. (1910/1960). *Twenty Years at Hull House*. New York: Macmillan.

Alinsky, S. (1971). *Rules for Radicals*. New York: Random House.

Asch, S. E. (1951). Effects of Group Pressure upon the Modification and Distortion of Judgement. Dans H. Guetzkow (dir.), *Group Leadership and Men* (pp. 177-190). Pittsburgh, Pennsylvanie: Carnagie Press.

Benton-Banai, E. (1988). *The Mishomis Book: The Voice of the Ojibway*. St. Paul, Minnesota: Red School House.

Berlin, S. B. (2002). *Clinical Social Work Practice. A Cognitive-Integrative Perspective*. New York: Oxford University Press.

Berlin, S. et Kravetz, D. (1981). Women as Victims: A Feminist Social Work Perspective. *Social Work, 26*(6), 447-449.

Bertalanffy, L. von (1956). General Systems Theory. *General Systems Yearbook, 1*(4).

Bertalanffy, L. von (1968). *General Systems Theory. Foundation, Development, Applications*. New York: Braziller.

Boisvert, Y. (1996). *Le monde postmoderne*. Paris: Éditions de L'Harmattan.

Bopp, J. et coll. (1984). *The Sacred Tree*. Lethbridge, Alberta: Four Winds Development Project.

Bowen, M. (1975). Family Therapy after Twenty Years. Dans S. Arieti, D. X. Freeman et J. F. Dyrud (dir.), *American Handbook of Psychiatry*. Vol. V. *Treatment* (pp. 367-392). New York: Basic Books.

Burghardt, S. (1996). A Materialist Framework for Social Work Theory and Practice. Dans F. J. Turner (dir.), *Social Work Treatment: Interlocking Theoretical Approaches* (pp. 409-430). New York: Free Press.

Burns, H. (2002) *Humanistic Mediation: Peacemaking Grounded in Core Social Work Values*. Présentation au Center for Restaurative Justice and Peacemaking. University of Minnesota, 15 mai.

Centre national de ressources textuelles et lexicales (CNRTL). *Lexicographie*. Repéré à www.cnrtl.fr/definition/, le novembre 2010.

Chambers, C. (1986). Women and the Creation of the Profession of Social Work. *Social Service Review, 60*(mars), 8-12.

Collectif (1987). *Encyclopédie du Canada*. Montréal, Québec: Éditions internationales Alain Stanké.

Communication Canada (2001). *Le Canada, une mosaïque multiculturelle dynamique*. Repéré à publications.gc.ca/site/eng/354367/publication.html, le 24 février 2011.

Compton, B. et Galaway, B. (1984). *Social Work Processes*. Chicago: Dorsey Press.

Corey, G. (1995). *Group Counselling*. Pacific Grove, Californie: Brooks/Cole Publishing.

de Jong, P. et Berg, I. (1998). *Interviewing for Solutions*. Pacific Grove, Californie: Brooks/Cole Publishing.

De Robertis, C. (1981). *Méthodologie de l'intervention en travail social*. Paris: Centurion.

de Shazer, S. (1985). *Keys to Solution in Brief Therapy*. New York: W. W. Norton.

Deslauriers, J.-M. et Hurtubise, Y. (dir.) (2000). *Introduction au travail social*. Sainte-Foy, Québec: Presses de l'Université du Québec.

Djao, A. W. (1983). *Inequality and Social Policy: The Sociology of Welfare*. Toronto, Ontario: Wiley.

Domenelli, L. (2002). *Anti-oppressive Social Work Theory and Practice*. Londres: Palgrave.

Donadello, G. (1980). Women and the Mental Health System. Dans E. Norman et A. Mancuso (dir.), *Women's Issues and Social Work Practice*. Itasca, Illinois: Peacock.

du Ranquet, M. du (1981). *L'approche en service social*. Montréa, Québec: Edisem/Le Centurion.

du Ranquet, M. (1989). *Les approches en service social: intervention auprès des personnes et des familles*. Québec, Québec: Edisem.

Epstein, L. (1992). *Brief Treatment and a New Look at the Task-Centered Approach*. Needham Heights, Massachusetts: Allyn and Bacon.

Erikson, E. (1950). *Childhood and Society*. New York: Norton.

Evene.fr. *Biographie de Jane Addams*. Repéré à www.evene.fr/celebre/biographie/jane-addams-14811.php, le 20 décembre 2010.

Faulkner, A. (1980). Aging and Old Age: The Last Sexist Rip-off. Dans E. Norman et A. Mancuso (dir.), *Women's Issues and Social Work Practice*. Itasca, Illinois: Peacock.

Favreau, L. (1989). *Mouvement populaire et intervention communautaire*. Montréal, Québec: Éditions du Fleuve.

Fecteau, J.-M. (1989). *La pauvreté, le crime, l'État au Québec, de la fin du XVIIIe siècle à 1840*. Montréal: VLB éditeur.

Fortin, P. (1995). *Guide de déontologie en milieu communautaire*. Sainte-Foy, Québec : Presses de l'Université du Québec.

Freeman, J. (1973). The Origins of the Women's Liberation Mouvement. *American Journal of Sociology, 7*(4), 792-811.

Freud, S. (1938). *The Basic Writings of Sigmund Freud*. New York : Random House.

Friedan, B. (1974). *The Feminine Mystique*. New York : Dell.

Germain C. et Gitterman, A. (1980). *The Life Model of Social Work Practice*. New York : Columbia University Press.

Gitterman, A. et Germain, C. B. (2008). *The Life Model of Social Work Practice*. New York : Columbia University Press.

Goldenberg, I. et Goldenberg, H. (1985). *Family Therapy : An Overview*. Pacific Grove, Californie : Brooks/Cole Publishing.

Gornick, V. et Moran, B. K. (dir.) (1971). *Woman in Sexist Society*. Scarborough, Ontario : Basic Books.

Gouvernement du Québec (1972). *Les services sociaux. Rapport de la Commission d'enquête sur la santé et le bien-être social*, 4e partie, vol. VI, t. 1, Québec, Québec : Éditeur officiel.

Grenwood, E. (1957). Attributes of a Profession. *Social Work, 2*, 45-55.

Groulx, L. H. (1983). Le service social confessionnel au Canada français : ses énoncés et son rôle. *La Revue canadienne de service social, 1*, 141-160.

Haley, J. (1976). *Problem-Solving Therapy*. San Francisco, Californie : Jossey-Bass.

Hartman, A. et Laird, J. (1983) *Family-Centered Social Work Practice*. New York : Macmillan.

Heinonen, T. et Spearman, L. (dir.) (2001). *Social Work Practice Problem Solving and Beyond*. Toronto, Ontario : Irwin Publishing.

Hepworth, P. (1980). *Foster Care and Adoption in Canada*. Ottawa, Ontario : Canadian Council on Social Development.

Herbert, M. (1989). *Working with Children and Their Families*. Chicago : Lyceum Books.

Hollis, F. (1972). *Casework : A Psychosocial Therapy*. New York : Random House.

Immigration et Communautés culturelles (2010). *Fiche synthèse sur l'immigration au Québec*. Repéré à www.micc.gouv.qc.ca/publications/fr/recherches-statistiques/FICHE_syn_an2009.pdf, le 17 février 2011.

Jackson, D. (1960). *The Etiology of Schizophrenia*. New York : Basic Books.

Jaenen, C. J. (2010). *L'Encyclopédie canadienne*. Biographie de Marguerite-Bourgeoys. Institut Historica-Dominion. Repéré à www.thecanadianencyclopedia.com, le 20 décembre 2010.

Johnson, L. C. et Yanca, S. J. (2007). *Social Work Practice. A Generalist Approach*. Toronto, Ontario : Pearson/Allyn and Bacon.

Johnson, L. C. (1989). *Social Work Practice : A Generalist Approach*. Scarborough, Ontario : Allyn and Bacon.

Johnston, P. (1983). *Native Children and the Child Welfare System*. Toronto, Ontario : Canadian Council on Social Development, James Lorimer & Co.

Kruger, A. (1999). Une réflexion personnelle : le social Gospel et le Code de déontologie des travailleurs sociaux du Canada. *Travail social canadien, 1*(1).

Legault, G.-A. (1999a). *L'intervention : analyses et enjeux méthodologiques*. Sherbrooke, Québec : Éditions G.G.C.

Legault, G.-A. (1999b). *Professionnalisme et distribution éthique*. Sainte-Foy, Québec : Presses de l'Université du Québec.

Leonard, P. (1995). Postmodernism, socialism, and social welfare. *Journal of Progressive Human Services, 6*(2), 3-19.

Lévesque, J. et Panet-Raymond, J. (1994). L'évolution et la pertinence de l'approche structurelle dans le contexte social actuel. *Service Social, 43*(3), 23-40.

Levine, H. (1983). Feminist Counselling Techniques. Dans J. C. Turner et L. Emery (dir.), *Perspectives on Women in the 1980's*. Winnipeg, Manitoba : University of Manitoba Press.

Lundy, C. (2004). *Social Work and Social Justice*. Peterborough, Ontario : Broadview Press.

Madanès, C. (1981). *Strategic Family Therapy*. San Francisco, Californie : Jossey-Bass.

Maslow, A. (1954). *Motivation and Personality*. New York : Harper & Row.

Mathieu, R. (1999). Le travail social : actif ou à la remorque du changement social ? *Nouvelles pratiques sociales, 11*(2), et *12*(1), 1-7.

Mcgoldrick, M. et Gerson, R. (1985). *Genograms in Family Assessment*. New York : W. W. Norton.

Mckay, S. (1999). Postmodernism, Social Work Well-Being, and the Mainstream/Progressive Debate. Dans F. J. Turner (dir.), *Social Work Practice : A Canadian Perspective*. Scarborough, Ontario : Prentice-Hall/Allyn and Bacon.

Meadows, K. (1989). *Earth Medicine. A Shamanic Way to Self-Discovery*. Rockport, Massachusetts : Element Books.

Merton, R. K. et Nisbet, R. (1971). *Contemporary Social Problems*. New York : Harcourt, Brace and World.

Middleman, R. R. et Goldberg, G. (1974). *Social Service Delivery : A Structural Approach to Social Work Practice*. New York : Columbia University Press.

Mishra, R. (1981). *Society and Social Policy : Theories and Practice of Welfare*. Londres : Macmillan.

Mullaly, B. (1993). *Structural Social Work: Ideology, Theory, and Practice.* Toronto, Ontario: Oxford University Press.

Mullaly, B. (1997). *Structural Social Work: Ideology, Theory, and Practice*, 2e éd. Toronto, Ontario: Oxford University Press.

Mullaly, B. (1998). *Structural Social Work: Ideology, Theory, and Practice*, 3e éd. Toronto, Ontario: Oxford University Press.

Mullaly, B. (2007). *The New Structural Social Work.* Toronto, Ontario: Oxford University Press.

Nabigon, H. et Mawhiney, A. M. (1996). Aboriginal Theory: A Cree Medicine Wheel Guide for Healing First Nations. Dans F. J. Turner (dir.), *Social Work Treatment: Interlocking Theoretical Approaches* (pp. 18-36). New York: Free Press.

Nelsen, J. (1986). Communication Theory and Social Work Treatment. Dans F. J. Turner (dir.), *Social Work Treatment: Interlocking Theoretical Approaches,* New York: Free Press.

Northway, M. L. (1967). *A Primer of Sociometry.* Toronto, Ontario: University of Toronto Press.

O'Neil, L. (1998). *Initiation à l'éthique sociale.* Montréal, Québec: Fides.

Ordre professionnel des travailleurs sociaux du Québec (1999). *Les travailleuses sociales à l'aube du 3e millénaire. Les États généraux de la profession,* rapport final. Montréal: OPTSQ.

Parent, C. et Saint-Jacques, M.-C. (1999). Les deux solitudes en service social: la recherche et la pratique. *La Revue canadienne de service social, 16*(1), 65-85.

Parton, N. et O'Byrne, P. (2000). *Constructive Social Work: Towards a New Practice.* Basingstoke, Royaume-Uni: Macmillan.

Pavlov, I. (1927). *Conditioned Reflexes.* Londres: Oxford University Press.

Perron, J. (1986). *Administration sociale et services sociaux.* Boucherville, Québec: Gaëtan Morin Éditeur.

Pincus, A. et Minnahan, A. (1973). *Social Work Practice: Model and Method.* Itasca, Illinois: Peacock.

Popple, P. R. et Leighninger, L. (1990). *Social Work, Social Welfare, and American Society.* Boston, Massachusetts: Allyn and Bacon.

Radov, C., Masnick, B. et Hauser, B. (1977). Issues in Feminist Therapy: The Work of a Women's Study Group. *Social Work,* novembre, p. 508.

Rain, M. S. (1990). *Earthway: A Native American Visionary's Path to Total Mind, Body, and Spirit Health.* New York: Pocket Books.

Ravec, E. et Larson, C. C. (1996). *Ethical Decision Making in Therapy: Feminist Perspectives.* New York: Guilford Press.

Reasons, C. E. et Perdue, W. D. (1981). *Ideology of Social Problems.* Scarborough, Ontario: Nelson Canada.

Richmond, M. E (2002). *Les méthodes nouvelles d'assistance.* Rennes, France: Éditions de l'École Nationale de la Santé Publique.

Richmond, M. E. (1917). *Social Diagnosis.* New York: Russel Sage Foundation.

Robinson, V. P. (1930). *A Changing Psychology in Social Casework.* Chapel Hill, Caroline du Nord: University of North Carolina Press.

Rogers, C. (1951). *Client Centered Therapy.* Boston, Massachusetts: Houghton Mifflin.

Rothman, J. (1979). Three Models of Community Organization Practice, Their Mixing and Phasing. Dans F. Cox et coll. (dir.), *Strategies of Community Organization.* Itasca, Illinois: Peacock Publishers.

Satir, V. (1964). *Conjoint Family Therapy.* Palo Alto, Californie: Science and Behavior Books.

Satir, V. (1972). *People Making.* Palo Alto, Californie: Science and Behavior Books.

Schon, D. A. (1996). *Le tournant réflexif.* Montréal, Québec: Éditions Logiques.

Schwartz, W. (1961). The Social Worker in the Group. *The Social Welfare Forum* (pp. 146-171). New York: Columbia University Press.

Sengre, P. (1997). *Questions d'éthique pratique.* Paris: Bayard.

Services sociaux et communautaires de l'Ontario (1986). *Résumé de la loi sur les services à la famille et aux enfants.* Toronto, Ontario: Gouvernement de l'Ontario.

Shipton, R. (2010). *L'Encyclopédie canadienne.* Biographie de John Joseph Kelso. Institut Historica-Dominion. Repéré à www.thecanadianencyclopedia.com, le 20 décembre 2010.

Shulman, L. (1968). *Une technique de travail social avec des groupes.* Paris: ESF.

Siporin, M. (1975). *Introduction to Social Work Practice.* New York: Macmillan.

Skidmore, R. A., Thackeray, M. G. et Farley, O. W. (1994). *Introduction to Social Work.* Englewood Cliffs, New Jersey: Prentice-Hall.

Skinner, B. F. (1938). *The Behavior of Organisms.* New York: Appleton-Century-Crofts.

St-Arnaud, Y. (1995). *L'interaction professionnelle: efficacité et coopération.* Montréal, Québec: Presses de l'Université de Montréal.

Statistique Canada (2006). *Immigration au Canada: un portrait de la population née à l'étranger. Recensement de 2006.* Repéré à www12.statcan.ca/census-recensement/2006/as-sa/97-557/pdf/97-557-XIF2006001.pdf, le 17 février 2011.

Summers, C. L. (1991). *The Circle of Health: Recovery through the Medicine Wheel.* Freedom, Californie: Crossing Press.

Sun Bear et Wabun Bear (1980). *The Medicine Wheel: Earth Astrology.* Englewood Cliffs, New Jersey: Prentice-Hall.

Taft, J. (1937). The Relation to Function to Process in Social Casework. *Journal of Social Work Process, 1*(1), 1-18.

Thomlinson, R. (1986). Behavior Therapy in Social Work Practice. Dans F. J. Turner (dir.), *Social Work Treatment: Interlocking Theoretical Approaches* (pp. 131-154). New York: Free Press.

Turner, F. J. (1986). Psychosocial Theory. Dans F. J. Turner (dir.), *Social Work Treatment: Interlocking Theoretical Approaches* (pp. 484-513). New York: Free Press.

Turner, F. J. (1995). Social Welfare in Canada. Dans F. J. Turner et J. C. Turner (dir.), *Canadian Social Welfare* (pp. 2-11). Scarborough, Ontario: Allyn and Bacon.

Turner, F. J. (1996). An Interlocking Perspective for Treatment. Dans F. J. Turner (dir.), *Social Work Treatment: Interlocking Theoretical Approaches* (pp. 699-711). New York: Free Press.

Turner, F. J. et Turner, J. C. (dir.) (1995). *Canadian Social Welfare.* Don Mills, Ontario: Collier Macmillan Canada.

Umbreit, M. S. et Burns, H. (2002). *Humanistic Mediation: Peacemaking Grounded in Core Social Work Values.* Repéré à www.cehd.umn.edu/ssw/rjp/Resources/RJ_Dialogue_Resources/Humanistic_Approach/Humanistic_Mediation_Peacemaking_Grounded_%20in_Core_SW_Values.pdf, le 10 février 2011.

Vaillancourt, Y. (1988). *L'évolution des politiques sociales au Québec: 1940-1960.* Montréal: Presses de l'Université de Montréal.

van de Sande, A., Naidoo, J. et Gloade, F. (1989). The Adoption of Aboriginal Children: An Annotated and Selected Bibliography. *Native Studies Review, 5*(2), 163-183.

Watson, R. I. (1978). *The History of Psychology and the Behavioral Sciences: A Bibliographic Guide.* New York: Springer.

Watzlawick, P., Beavin, J. et Jackson, D. (1967). *Pragmatics of Human Communication: A Study of Interactional Patterns, Pathologies, and Paradoxes.* New York: Norton.

Weber, P. (2008). *L'intervention du travailleur social. Dynamiser les pratiques.* Lyon, France: Chronique Sociale.

Wickham, E. (1993). *Group Treatment in Social Work.* Toronto: Thompson Educational Publishing.

Woods, M. E. et Hollis, F. (1990). *Casework: A Psychosocial Therapy.* New York: McGraw-Hill.

Yelaja, S. (1985). *An Introduction to Social Work Practice in Canada.* Scarborough, Ontario: Prentice-Hall.

Yelaja, S. (1986). Functional Theory for Social Work Practice. Dans F. J. Turner (dir.), *Social Work Treatment: Interlocking Theoretical Approaches* (pp. 46-67). New York: Free Press.

Zastrow, C. (1985). *The Practice of Social Work.* Homewood, Illinois: Dorsey Press.

Zuniga, R. (1993). La théorie et la construction des convictions en travail social. *Service social, 4*(23), 33-54.

Index

A
accommodement, **114**
acculturation, **130**
action, 81, **170**, 185, 193, 197-199, 219-220
    sociale, 213
ACTS, 48-49
Addams, Jane, 25-26, 59-60
adolescent, travailleur social et, 9-10, 14
affirmation de soi, **109**
aîné, **133**
alliance, **189**
Amérindiens. *voir* autochtones
antécédent (A), **78**
appareil psychique, 32-33
approche. *voir aussi* intervention
    amérindienne, 128-138
    centrée sur la modification du comportement, **76-84**, 205-206
    centrée sur la résolution des problèmes, 142-143
    centrée sur les solutions, **143**-144
    à court terme centrée sur la tâche, **141**-142
    écologique, **144-145**
    familiale structurale, 85-93, **87**
    féministe, 104-111, **105**
    fonctionnelle, 67-73, **70**
    généraliste, **141**
    généraliste du travail social, 140-141
    interculturelle en contexte multiculturel, 113-125
    intervention de groupe, 205-206
    du milieu ou proactive, 145-146
    psychosociale, 59, **60**-65
    stratégique, **87**
    structurelle, **95**-101
assimilation, **128**
autochtones, 43-44
    approche amérindienne, 132-138
    historique, 128-129
    au Québec, 129-131
    roue médicinale, 42-44, 130-133
autodétermination, 9, **62**, 171
autonomisation. *voir* empowerment

B
béhaviorisme, 34, 35, 76-77
behaviour (B), **78**
besoin, concept de, 3-4
bien-être social, 4-6, **5**
Bourgeois, Mgr Charles-Édouard, 26
Bourgeoys, Marguerite, 24
but, **164**

C
capitalisme, 36-38
casework, 20, 21, 87
centration culturelle, 120-121
centre d'action sociale (*settlement house*), **59**
centres de santé et de services sociaux (CSSS), 23-24
champ social, 10
changement planifié, 11-12
client
    devoirs envers, 49-50, 51-52
    travailleur social et, 11-12, 166
Code de déontologie
    de Fraser et Briskman, 54-56
    de l'ACTS, 9, 49-51
    des travailleurs sociaux du Québec, 9, 51-54
colonialisme, **129**
comité d'éthique, 56
Commission d'enquête sur la santé et le bien-être social, **21**
communauté, intervention de la, 208-222
comportement, modification du, 76-84
conception holistique, **131**
conditionnement, théories du, 35
confidentialité, 50-51, 52
Conjoint Family Therapy, 87
conséquence (C), **78**
constructivisme, 45
contrat, 160, **167**-168
Corporation des travailleurs sociaux professionnels du Québec (CTSPQ), **21**, 22
crise, intervention de, 146-149
crises psychosociales, 34
critique, 65, 74, 83-84, 93, 100-102, 110-111, 125, 137-138
CTSPQ, **21**, 22
culturalisme, 44

D
déculturation, **130**
défense du client, **99**
déontologie, **47**
    codes de, 9, 48, 49-56
    définition, 47-48
développement local, 212
devoir, **51**
diagnostic, **60**, 61
différenciation, **203**
discrimination, **114**
discussion réflexive, 63
dissolution, **204**

E
écoles de service social, 26-27
écomap, **190**
Église, rôle de l', 17, 18, 20
ego. *voir* moi
émotions, expression des, 63
empowerment, 4, 9, 62, **97**, 99, 101-102
environnement, personne et, 10, 11, 145, 174
éthique, **47**-48, 56
évaluation, 79-80, 97-98, 155-163, 181-185, 189-193, 196-197, 215-216
    méthodes, 160-162
    de la pratique, **178**
    psychosociale, **61**
    des résultats, **178**-179
exploration, **155**
exploration descriptive, 63

F
famille, **189**
    approche structurale, 85-93
féminisme
    approche féministe, 104-111
    principes, 107-108
    vagues du, 40-42, 105
femmes
    approche féministe, 104-111
    premières travailleuses sociales, 19
fin de l'intervention, **177**, 186, 193, 199, 220
fonctionnalisme, 67-70
fonctionnement adéquat, **72**
Fraser et Briskman, code de déontologie de, 54-56
Freud, théories de, 32-33, 60, 70, 106
frontière, **89**

G
génogramme, **190**
Gérin-Lajoie, Marie, 26
gouvernement, réformes, 22-23
groupes
    de conscientisation, **109**
    d'entraide, 195-207
    étapes de l'évaluation, 200-205
    interventions, 205-206

H
Herbert, Martin, 79-82
histoire du travail social, 17-26
honoraires, 52, 53, 54

I

image de soi, **109**
immigration, **113**-115
inconscient, 32-33, 61
individualité, **158**
industrialisation, **18**-19
influence directe, 62-63
interactionnisme symbolique, 44
intervenant. *voir* travailleur social
intervention. *voir aussi* approche ;
planification
- communautaire, 208-222
- de crise, **146**-149
- directe, **170**-172, 174-175
- étapes de l', 143, 181-186
- évaluation, 155-163
- familiale, 188-194
- de groupe, 195-207
- indirecte, **173**-174
- individuelle, 21, 26, 181-186
- interculturelle, 116-119
- du milieu, 151-152
- plans d', 160, 164-165
- en réseau, 149
- techniques d', 61-64, 72, 78-82, 91, 98-99, 108-110, 122-124, 134-136

intimité, étape de l', 202-203

K

Kelso, John Joseph, 24-25

L

liberté de choisir, **72**
libido, 32
Lois sur les pauvres, 18

M

marxisme, 36-38
matérialisation et collectivisation des problèmes, **98**
matérialisme, 36
mécanismes de défense, 33-34
médiateur, rôle de, 10-11
méthode
- ABC, 78-79
- dialectique, 36

milieu, intervention du, 149, 151-152
Minuchin, Salvador, 87, 88-91
modèle
- interculturel systémique, 116-119
- de médiation, **182**

modernisme, 8

moi, 33, 34
morale, définition, 47
Moreau, Maurice, 95, 98, 99
Mullaly, 95, 96
multiculturalisme, **115**
Mvilongo-Tsala, 120-121

N

neutralité, **189**

O

objectif, **164**
OPTSQ, 48
organisme, **71**
outil d'évaluation multiclientèle (OEMC), 156-157

P

Parsons, modèle de, 68-70
Perlman, Helen Harris, 142-143
personnalité, formation de la, 32
perspective
- conflictuelle, **96**
- horizontale et verticale, **158**

pionniers de la profession, 24-26, 41
planification, 81, 164-169, **167**, 185, 193, 197, 216-219
- sociale, 213

Poor Laws, The, **18**
postmodernisme, **8**, 111
pratique anti-oppressive (PAO), 225
pratique réflexive, 151
pratiques alternatives, 149-151
prise de pouvoir et de contrôle, 202
profession, devoirs envers la, 53-54
psychanalyse, concepts, 31-34
psychologues du moi, 34
publicité, 54

R

rapport Castonguay-Nepveu, 21
reaching out, **213**
réciprocité, **157**
régression, **178**
régulation sociale, 45
renforcement, **79**
réseau social, importance du, 4
Richmond, Mary, 25
roue médicinale, 42-44, 130-133

S

Satir, Virginia, 87
sciences humaines, 31
service social, **6**
- bien-être social et, 5

création d'établissements, 20, 25-26
- dimensions du, 6-7
- écoles, 26-27

sociocentrisme identitaire, 121-122
sociogramme, **199**
sociologie, apports, 31
soutien, technique de, 62
stratégie, **165**
stress, adaptation au, 91, 146-149
système
- d'aide informel, **171**
- d'entraide, **171**
- familial, 88-93
- théorie des, 38-40, 68-69, 96, 116

T

techniques d'intervention, 61-64, 72, 78-82, 91, 98-99, 108-110, 122-124, 134-136
temps, **71**
théorie
- de la communication, **86**
- de l'apprentissage, **34**-35, 76-78
- définition, 30
- féministe, 40-42, **42**
- fonctionnalisme, 67-70
- marxiste, 36
- psychanalytique, 31-34
- des systèmes, **38**-40, 68-69, 96, 116

thérapie cognitivo-comportementale, **78**
transfert, 33-34, **177**
travail social. *voir aussi* approche ; intervention
- définition du, **3**, 5-6, 7-8
- formation en, 12-13, 26-27
- histoire du, 17-26, 41, 208-212
- marxisme et, 38
- origines du, 19-20, 59-60
- valeurs du, 8-9

travailleur social
- client et, 11-12, 14, 172
- progressiste, 54-56
- rôle du, 9-10, 172

troisième vague de féminisme, **105**

U

urbanisation, 18, **19**

V

valeur, **48**, 49-50